总第90集

U1074571

行政执法与行政审判

中华人民共和国最高人民法院
行政审判庭 编

中国法制出版社
CHINA LEGAL PUBLISHING HOUSE

目　录

高端论坛

意思自治与公共秩序

——公共秩序对合同效力的影响及其限度

贺小荣

意思自治是民事主体在民事活动中的基本特征。市场经济的发展离不开意思自治。没有意思自治、合同自由，市场配置资源也就难以实现。民事主体从事民事活动，应当遵循意思自治原则。但是，意思自治也要与民法典确立的公序良俗原则相协调。公序良俗原则是社会主义核心价值观在民法典中的重要体现，离开了公序良俗，经济社会健康发展就会成为空中楼阁。如何更好发挥司法功能，在民事审判中尊重公序良俗、弘扬社会主义核心价值观、维护社会公共利益，是民事法律制度理论研究的重要课题。

从法理上讲，意思自治与公序良俗在某些情况下可能会存在冲突。例如，民间高利贷给正常金融秩序和人民群众日常生活秩序带来冲击，人类基因编辑对社会伦理道德及公共利益造成冲击，等等。如果片面强调意思自治，放任当事人以此来逃避和逾越公序良俗，后果将不堪设想。世界上许多国家的民法在原则上均将违反公序良俗的民事法律行为确定为无效，我国也不例外。我国民法典鲜明体现时代特点、反映时代风貌，将社会主义核心价值观融入其中，丰富了公序良俗原则的时代内涵。人民法院只有准确适用民法典的公序良俗原则和相关条款，才能形成更多承载公平正义的判决。

从立法层面看，民法典明确规定，民事主体从事民事活动，不得违反法律，不得违背公序良俗；处理民事纠纷，应当依照法律，法律没有规定的，可以适用习惯，但是不得违背公序良俗；违背公序良俗的民事法律行为无效。这表明，恪守公序良俗是民事主体从事民事活动的原则和底线，也是民法立法和司法的重要原则。民法典还在许多具体条款中体现公序良俗的要求。比如，针对套路贷、校园贷、高利贷等人民群众反映强烈的行为，明确禁止高利放贷、借款的利息不得预先在本金中扣除等重要原则。这也有力说明用公序良俗对意思自治加以适当约束，不仅是可行的，也是必要的。

从司法实践来看，已经产生了许多案例，充分体现社会主义核心价值观对司法裁判的引导功能。明者因时而变，知者随事而制。民法典颁布实施，对人民法院维护公序良俗提出了更高要求。对司法机关来说，如何在民法典时代更好地守护公序良俗，同样是一道重要考题。要加强对运用判例实现德法相融、以案明德的研究，有效回答适用公序良俗条款面临的具体司法问题。比如，在案件中哪些因素可以成为认定公序良俗的要件。对此，人民法院在实践中已经进行了不少探索。在具体个案中，判断某一民事法律行为是否违背公序良俗，可以从正反两个方面来考量：正向标准包括对象、时间、主观条件、客观条件等因素；反向标准包括违反公序良俗的性质、是否可通过单方处罚解决、是否使弱者处于更不利的境地、是否与日常经验法则相悖等因素。

目前，公序良俗中的公序，相比“社会公共利益”标准更加客观、科学，也便于在司法实践中更好地发挥作用。比如，个别电商用“暗刷流量”方式骗取消费者信任，人民法院就可以认定消费者受“暗刷流量”误导作出的交易无效，从而维护正当的市场秩序，保护消费者的合法权益。

民法典的颁布实施，为人民法院审理案件提供了更加全面、更加明晰、更加具体的裁判依据。人民法院只有自觉将社会主义核心价值观融入司法裁判全过程，深入研究公序良俗的法律适用，才能更好地保护民事主体合法权益，更好地维护公共秩序，让一个个鲜活的判例成为法治中国进步的时代标识。

（作者单位：最高人民法院）

行政处罚专题研究

行政处罚明显不当时变更判决适用规则之构建

——以中国裁判文书网92份行政判决为样本

曹　实

【摘要】 行政诉讼法规定人民法院认为行政处罚明显不当的可以判决变更，但实践中变更判决运用极少、近乎虚置。本文基于对中国裁判文书网92份行政判决的实证分析，发现行政处罚明显不当时变更判决的适用存在选择随意性、前提模糊性、变更结果无规律性的问题，内在原因是法官对司法权与行政权关系认识的偏差及规则缺失下裁判能力的不足。

针对上述问题，笔者通过对行政裁量司法规制的理论阐释，结合域外经验，从权力关系、行诉目的、司法能力、执法环境四个方面证成我国在行政处罚明显不当时“优先”适用变更判决的合理性。在此基础上，沿着“廓清适用范围、明晰适用条件、确定适用结果”的逻辑进路，以刑罚“基准刑与幅度刑裁量方法”为镜鉴，对变更判决适用规则进行全面构建，以期为司法实践提供参考。

【关键词】 变更判决　明显不当　行政处罚

引言

变更判决属于形成判决，其改变行政行为内容并直接发生法律效力，被称为“行政诉讼判决中最能体现司法权利保障和纠纷解决功能的一种判决形式”。[①] 根据《中华人民共和国行政诉讼法》（以下简称行政诉讼法）第七十七条规定，人民法院认为行政处罚明显不当可以判决变更，这为行政裁量的司法监督提供了有力手段。[②] 随着行政处罚体量和力度的增加，变更判决具有发挥作用的空间，但审判实践中却适用极少，固有价值未能充分彰显。因此有必要在实证考察的基础上，对行政处罚明显不当时为何适用、何时适用、如何适用变更判决进行厘清，为审判实践提供参考。

一、检视：行政处罚明显不当时变更判决适用的现状考察

笔者通过中国裁判文书网检索得出 2015 年至 2019 年全国一审行政判决共 346367 件，将判决结果设定为“变更”、法律依据设定为“行政诉讼法第七十七条”、审判程序设定为“行政一审”检索获得初始样本 123 件。剔除因养老保险金等款额计算错误而被判决变更的案件，最终得到针对行政处罚明显不当判决变更的行政案件 92 件，数量极少。通过样本分析可以大致勾勒出行政处罚明显不当时变更判决适用的图景。

（一）外在特点归纳

1. 适用选择的随意性

根据行政诉讼法第七十条规定，行政行为明显不当的，人民法院判决撤销或者部分撤销，并可以判决被告重新作出行政行为。这与变更判决的规定产生竞合，加之第七十七条规定“可以”而非“应当”变更，法官享有选择适用权。从裁判文书网的数据来看，判决理由中认定行政处罚明显不当的一审行政判决有 305 件，其中 213 件被判决撤销，占比高达 69.8%，可见大多数法官更倾向于适用撤销判决。同时，在认定行政处罚明显不当后，何时应当撤销、何时应当变更，均基于法官主观意愿，无法律规定，亦无规律可循。

---

① 江必新、梁凤云：《行政诉讼法理论与实务（第三版）》，法律出版社 2016 年版，第 867 页。

② 1989 年《行政诉讼法》第五十四条规定，行政处罚显失公正的，可以判决变更。2015 年《行政诉讼法》修订，第七十七条第一款规定，行政处罚明显不当，或者其他行政行为涉及对款额的确定、认定确有错误的，人民法院可以判决变更。该条有两处修改：一是改变原有“显失公正”的提法，以“明显不当”取代之；二是扩了大变更判决的适用范围。本文仅围绕针对行政处罚明显不当时变更判决的适用问题展开论述。

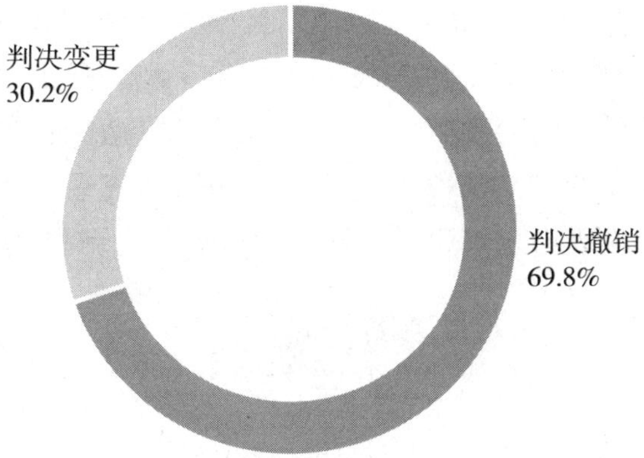

图 1：行政处罚明显不当时判决方式对比

2. 适用前提的模糊性

“明显不当”是针对行政处罚作出变更判决的前提条件。观察样本发现实践中对明显不当的认定存在混乱，变更判决适用前提不明确。具体表现在：一是对“明显不当”界定不明，范围指向包括事实认定、程序、法律适用、处罚结果等方面，使用泛化，存在合法性与合理性问题混淆的现象。

表 1：“明显不当”使用情况

使用语境	典型例证（摘自判决本院认为部分）
法律适用方面	被告桦甸市人民政府作出的被诉房屋征收补偿决定未按《桦甸市城市国有土地上房屋征收与补偿办法》规定的补偿安置标准执行，适用法律错误，对被告的补偿安置明显不当。 ——（2015）吉中行终字第 39 号行政判决书
行政程序方面	被告遂溪县人民政府在作出责令关闭决定前没有告知原告拟作出行政处罚决定的事实、理由、依据以及原告依法享有的权利，程序明显不当。 ——（2016）粤 08 行初 96 号行政判决书
事实认定方面	本案被诉行为是因程序违法而被判重作的行政行为，但被告在事实未发生变化下在原处罚款基础上加罚 3800 元，属证据不足，明显不当。 ——（2015）石法行初字第 00049 号行政判决书
处罚结果方面	原告未经批准占用农民集体所有土地违法，但原告占地用途为堆放煤炭且并未修建建筑物和其他设施，情节较轻。被告对其处以顶格罚款，明显不当。 ——（2015）阳行初字第 30 号行政判决书

二是“明显不当”认定标准多元化，且较为原则和笼统，何种程度可以认定“明显”普遍缺乏说理，“判决书公式化，判决理由过于简单，缺少法律论证和推理的问题较为突出”[①]。例如，有些样本适用比例原则认定明显不当，但对于比例原则的三个子原则是什么、如何递进适用、被诉行为违反了哪一子原则、如何推理得出等语焉不详，判决说服力和权威性不强。

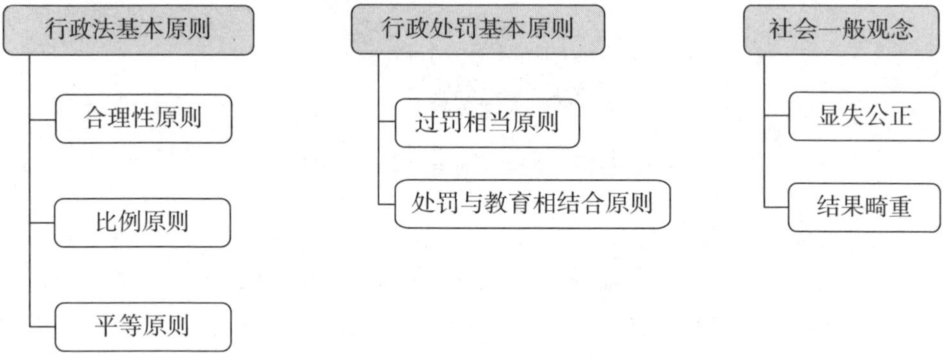

图 2：“明显不当”认定标准

3. 适用结果的无规律性

从样本看，判决变更的结果有将较重处罚手段变更为较轻手段、将并用处罚手段变更为一种手段、在原处罚幅度区间以下变更处罚幅度、在原处罚幅度区间内变更处罚幅度等样态。仅就罚款而言，样本中变更幅度从 22%到 83%不等，变更结果呈不稳定性。如何变更缺乏客观标准，判决对变更结果为何是“最优方案”亦缺乏论证，司法裁量权正当性易受质疑。据笔者统计，样本判决作出后，仍有 87%的案件当事人提起上诉，有时甚至出现双方上诉的情况，服判息诉效果不尽人意。

① 苏力：《判决书的背后》，载《法学研究》2001 年第 3 期。

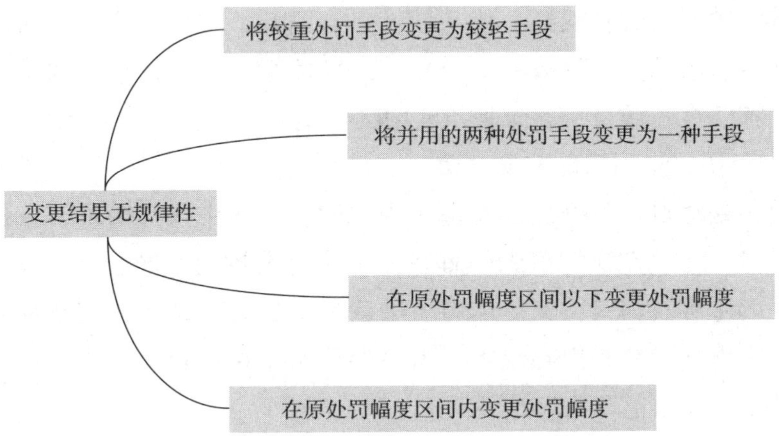

图 3：变更判决结果

（二）内在原因探寻

结合笔者亲历的行政审判实践，上述问题归因于法官对司法权与行政权关系认识的偏差以及规则缺失下裁判能力的不足，具体表现为：

1. 不敢僭越权力运行边界

在行政诉讼法颁布之初，对行政处罚明显不当的情况能否适用变更判决就颇具争议。反对观点认为，变更判决超出了法院对行政活动的合法性监督范畴，有违司法权与行政权的职能分工定位。① 该观点并未随着立法对变更判决的承认而消失，许多法官认为行政权是一种积极的、面向未来的活动，能够应对纷繁复杂并不断变化的社会现实，行政机关是行政管理的“权威”和“专家”。与之相较司法权对社会关系的调整具有消极性和被动性，面对过去且立足个案，对法律以外的因素考量并不见长。因此，实践中司法权对行政权尊重有余，直接调整不足。法官对变更判决的适用非常谨慎，避免造成司法干预行政之嫌。

2. 担心干扰执法规则的统一

行政权行使具有统一性和连续性，对行政政策实施能够整体把握、全盘考量。行政机关在对违法行为进行处罚时通常遵循一定规律，如规范性文件、行政裁量基准或是行政惯例等。这一规律的形成往往立足于行政管理的目的、

① 转引自江必新、邵长茂、李洋编著：《新行政诉讼法导读：附新旧条文对照表及相关法律规范》，中国法制出版社 2015 年版，第 96 页。

经验、环境等，具有长期性、普遍性特点。因此，许多法官担心司法仅仅着眼于个案或有限的类案径行变更处罚结果可能会对长期形成的执法规律和习惯造成干扰，令行政机关在未来执法中无所适从。

3. 避免招致滥用司法裁量之嫌

行政诉讼法对变更判决的规定较为原则，实践中操作困难。一是对“明显不当”这一不确定法律概念的解释要求法官发挥主观能动性、综合考量行政执法中的主客观因素；二是运用司法裁量变更处罚结果亦使案件判决的说理难度大大增加，法官担心使用不当将招致滥用司法裁量权之嫌，不仅无益于争议化解，还可能陷入舆论风险。

二、思辨：行政处罚明显不当时变更判决适用的理论分析

如上所述，虽然法律明确规定行政处罚明显不当时可以适用变更判决，但法官心有顾虑“避而不用”，导致制度虚置。因此有必要对变更判决的逻辑基础及现实合理性进行分析，以厘清主观认识的顾虑和混乱。

（一）逻辑基础：行政裁量的司法规制

1. “明显不当”的本质是效果裁量的滥用

行政行为适当与否是针对行政裁量而言。传统观点认为裁量问题作为行政权自由空间属于司法审查的禁区。但随着公共行政的发展，法治国家普遍经历了从传统的“裁量不审理原则”向“裁量必须受司法控制主义”的转变，“对裁量的司法审查，已成为现代法治的基本标志”。①

行政行为是一个动态、连续的过程，发现其中裁量空间之所在是司法审查的前提。根据形式逻辑的三段论公式，行政行为可以被抽象为四个阶段：确定小前提（调查证据、认定事实）——寻找大前提（明确法律规范、解释法律）——涵摄（法律推理、判断事实是否符合法律要件）——得出结论（确定法律后果）。第一阶段基于证据调查和认定，事实要么存在、要么不存在，行政机关并无裁量余地；第二阶段中法律规范所大量使用的不确定法律概念需要行政机关综合运用解释方法及经验法则确认其含义，由此获得裁量空间，学理上称之为要件裁量；第三阶段是寻找事实与法律要件相似性的过

① 周佑勇：《依法行政与裁量权治理》，载《法学论坛》2011年第2期。

程，亦不存在裁量空间；第四阶段当法律规范授权行政机关具有是否采取措施以及采取何种措施的选择权时，裁量空间产生，学理上称之为效果裁量。①要件裁量的滥用往往表现为法律适用错误，而明显不当则归属于效果裁量的滥用。

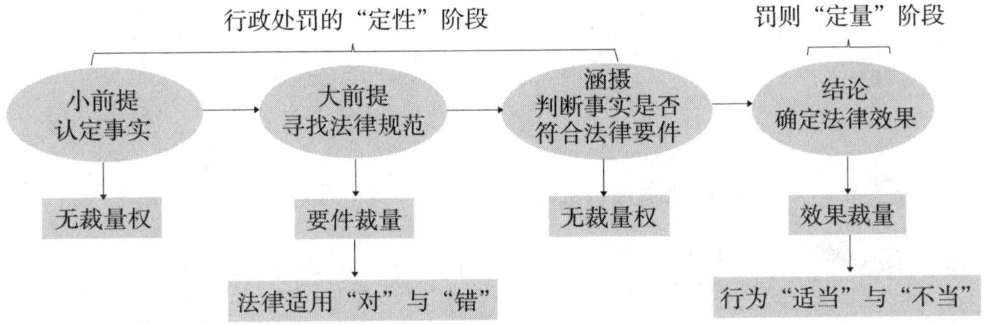

图 4：行政处罚裁量空间

2. 效果裁量判决方式的比较分析

效果裁量明显不当时适用何种判决影响行政裁量司法规制的实际效果。撤销判决和变更判决同属形成判决，均能实现对行为效力的否定性评价，但最终效果存在显著差异。

撤销判决消灭原行为效力并交还行政机关重新判断，对行政权给予充分尊重。但撤销判决的缺陷在于表面上排除了违法的“行政侵害”，但行政法律关系难因撤销而确定。在违法行为具有当罚性而行政机关有职责重作处罚时，被处罚人的权利面临“二次剥夺”，极易引发反复诉讼，争议化解具有一定的不彻底性。另外，撤销判决难以对重作行为给予有效约束，司法监督效果可能受到削减或延宕。

变更判决改变原行为内容并直接发生效力，以司法判断代替行政判断。由于一次性化解争议，变更判决能够避免反复诉讼和程序空转，诉讼经济价值突出。同时其对行政权的监督效果因既判力产生即时实现且稳定存在。但因阻断行政机关重新判断，对司法权和行政权的关系冲击较大。因此，对效果裁量问题适用撤销判决自不待言，但能否适用变更判决、多大程度上适用变更实质上是对司法权与行政权边界的划分，而这种划分并无定论，取决于

① 参见王贵松：《行政裁量的构造与审查》，中国人民大学出版社 2016 年版，第 47 页。

各国的司法政策及实际环境。

表 2：撤销判决与变更判决对比分析

	撤销判决	变更判决
判决内容	消灭原行为效力 行政机关可以自行重作	改变原行为内容 直接发生效力
行政干预	较低 尊重行政机关判断	较高 代替行政机关判断
争议化解	不彻底 可能引发反复诉讼	较为彻底 不会引发反复诉讼
权利救济	暂时获得救济 因行政机关重作面临“二次剥夺”	一次性获得救济
监督效果	可能因重作延宕或消减	即时实现且稳定

（二）域外经验：变更判决适用的差异性选择

对于行政裁量问题是否适用变更判决，大陆法系各国家和地区的态度存在差异。以德国和我国台湾地区为代表采“严格主义”立场，倡导“裁量收缩理论”，认为当法律没有为行政机关留下裁量余地或因特殊情形行政机关裁量权收缩至零时，方可适用变更判决。① 例如，《德国行政法院法》第 113 条规定，行政行为内容为某一欠款的认定，原告要求对此变更，法院可以确定以其他数目的钱款或者以其他方式对钱款进行认定。如确定或者认定该钱款需较大精力或者花费的，法院可以在变更行政行为的同时指出未考虑或未公正考虑到的事实或法律关系，以使行政机关能够根据法院判决计算钱款数目。我国台湾地区所谓“行政诉讼法”第一百九十七条亦规定，撤销诉讼，其诉讼标的之行政处分涉及金钱或者其他代替物之给付或确认者，行政法院得以确定不同金额之给付或以不同的确认代替之。

以法国、韩国为代表持“宽松主义”立场的国家认为，“撤销诉讼中‘法官不能直接变更’的观念不可过分强调，尤其是关于金钱诉讼当事人可

① 参见［德］哈特穆特·毛雷尔：《行政法学总论》，高家伟译，法律出版社 2000 年版，第 238-239 页；［印］M.P. 赛夫：《德国行政法——普通法的分析》，周伟译，山东人民出版社 2006 年版，第 214-220 页；陈秀清：《行政诉讼法》，元照出版公司（台北）2015 年版，第 651 页。

以选择。在处罚诉讼中法院可以根据省长的请求，直接动用司法权实现行政目标。”① 韩国行政诉讼法对法院的司法变更权没有特别限制，法院对哪些违法行政处分认为变更比取消更适当时可以判决变更。② 可见，部分国家认为行政机关尚需裁量的问题司法机关不应干预。但也有国家不绝对排斥变更判决对裁量问题的适用，而是遵循较为实际的路径和方法。

（三）因地制宜：我国“优先”适用变更判决的合理性证成

我国早在1989年行政诉讼法颁布之初即规定了“行政处罚显失公正，人民法院可以变更”。2015年修改的行政诉讼法以“明显不当”替代了“显失公正”，并将其新增为撤销判决的适用条件，至此“滥用职权与明显不当双重标准下的行政裁量司法审查框架形成”，③ 并在实质法治观下与合法性审查的基本原则自洽于我国行政诉讼体系。笔者认为，在我国行政处罚明显不当时不仅“可以”适用，更应“优先”适用变更判决，理由如下：

1. 从权力关系来看，我国的权力分工不等于互不逾越，权力之间存在合作的需要和可能。在立法权居上的政体下，司法审查既是权力监督也体现权力合作，强调司法权与行政权的统一性。④ 我国行政权处于强势地位，且这种强势包含一定非理性因素，有学者概括为“主体绝对权威性、高度独立性、客观优先性、多重保护性”。⑤ 与之相较司法监督乏力，不仅体现为司法审查的有限性，也体现为行政机关消极执行法院判决的情况时有发生。实践中一些行政机关采取许多办法削弱撤销判决的实际效果，如以不同事实和理由作出同一处罚、避重就轻微调罚额甚至加重处罚等，“撤销—重作—再撤销—再重作”的现象并不少见。因此，在我国防止司法监督缺位与防止司法过度干预相较，前者的需求更加迫切，有必要在制度安排上赋予司法更强大的权力以对行政权滥用形成更有效的制约。

2. 从行诉目的来看，修订后的行政诉讼法确立了以“解决行政争议，保护公民、法人和其他组织的合法权益，监督行政机关依法行使职权”的多元诉讼目的。这需要高超的司法技巧实现公益与私益、公平与秩序、效率与稳

---

① 王名扬：《法国行政法》，中国政法大学出版社1989年版，第664-667页。
② 孔繁华：《行政变更判决研究——以比较法为视角》，载《当代法学》2006年第9期。
③ 郑春燕：《现代行政中的裁量及其规制》，法律出版社2015年版，第27页。
④ 章剑生主编：《行政诉讼判决研究》，浙江大学出版社2010年版，第650页。
⑤ 关保英：《论行政法中行政权力的维度》，载《东方法学》2011年第6期。

定之间的衡平。变更判决一方面肯定了行政机关对违法行为的定性，确认了行政程序效力，为依法打击违法、维护公共秩序提供了司法保障；另一方面，变更处罚手段和幅度对当事人的合法权益提供更直接、更及时的保护。在“监督”和“保护”间促进争议的实质化解，体现了对我国多元诉讼目的的兼顾。

3. 从司法能力来看，与西方国家所持的“政策判断并不是法院职责”的观点不同，我国法官对行政判决追求政治效果、法律效果和社会效果的统一，能有意识地对政策等非法律因素进行考量。这与中国封建社会长期以来行政兼理司法所形成的统筹考量、多方兼顾的审判思想有一定关系。[①] 同时由于现代法院人事、财政事务与行政机关密不可分，部分法官具有行政机关工作经历等原因，司法对政策和利益衡量问题并不陌生，这为司法“设身处地”地考量行政裁量是否适当并进行有限变更提供了能力准备。

4. 从执法环境来看，我国对行政行为明显不当的变更主要适用于行政处罚，这一方面展现出审慎行使司法变更权的态度；另一方面体现了对行政处罚领域的“特别关切”。行政处罚是传统秩序行政的重要手段，具有数量众多、种类浩繁、依据庞杂、裁量权大等特点。改革开放以后我国社会经济发展迅猛，但市场发育不成熟、相关制度不健全、公民法治意识薄弱等致使违法乱象频发。行政处罚力度持续增加，一些监管领域“天价”处罚不断刷新。作为典型的侵益行为，行政处罚自由裁量权过大将对公民合法权益形成巨大的潜在威胁。因此，对明显不当的行政处罚适用变更判决是基于本土执法环境提出的适应性方案。

三、构建：行政处罚明显不当时变更判决适用规则再造

行政处罚明显不当时变更判决的适用既有立法依据又有实践需要，如何用好有限的权力创造有为的司法空间依赖于明确具体的规则构建。对此笔者拟从三部分展开：

（一）廓清适用范围：明确变更判决与其他判决的界限

“明显不当”作为法律概念应有清晰的内涵和外延，但实践中“明显不

---

① 郑春燕：《现代行政中的裁量及其规制》，法律出版社2015年版，第167页。

当”使用泛化，变更判决的适用范围模糊，须予廓清。变更判决应当聚焦行政处罚效果裁量阶段，对下述问题排除适用：（1）行政机关不具有法定职权或超越法定职权作出处罚的；（2）对应罚行为不履行或怠于履行处罚职责的；（3）认定违法事实不清，证据不足，尚需行政机关进一步调查或考虑的；（4）适用法律规范、具体条款错误或不正当解释法律的；（5）处罚程序违反法律规定或正当程序原则的。这些问题应当根据行政诉讼法的相关规定诉诸变更判决以外的其他判决方式，变更判决仅适用于行政处罚手段和幅度问题。

（二）明晰适用条件：明显不当的认定

实践中对明显不当的认定通常结合是否符合行政目的、是否考虑不相关因素或不考虑相关因素、是否符合比例原则或社会一般公正观念等判断。但上述原则较为抽象，受法官主观认识和法律解释能力的影响较大，且对后续如何变更以获取最优处罚方案缺乏有效指引。行政处罚与刑罚在行为构成上具有相似性，只是程度的差别，故笔者尝试以刑罚“基准刑与幅度刑裁量方法”为镜鉴，[①] 以要素提取和整合为路径，确定行政处罚的量罚参考区间，再对照实际处罚判断是否构成明显不当。

1. 基础要素的提取与整合

通过对样本及行政处罚相关法律规范的分析，笔者梳理出影响行政处罚的基础要素。其中对处罚起到免予、从轻或减轻效果的可称为正向要素，对处罚起到从重或加重效果的可称为反向要素。具体如下图：

① 参见《最高人民法院关于实施修订后的〈关于常见犯罪的量刑指导意见〉的通知》（法发［2017］7号）。

表 3：行政处罚基础要素

基础要素		考量内容	作用方向
行为要素	行为动机	考量行为人实施违法行为的目的和愿望，如贪利、报复、追求刺激、自卫、激愤等，通常以社会一般伦理价值判断动机善良与否。①	正反均可
	主观过错	考量违法人实施违法行为的主观心理状态，通常直接故意的主观恶性大于间接故意，故意的主观恶性大于过失。②	正反均可
	行为对象	考量违法行为直接作用的人或物是否具有特殊性，如残疾人、孕妇、老年人或未成年人等特殊人群或防疫、救援物资等特殊物品。③	通常反向
	行为手段	考量违法行为所采取的方法、工具、技巧、途径等是否恶劣，如暴力、胁迫、诱骗等。	通常反向
	危害后果	考量违法行为造成人身、财产等损害程度及社会影响。前者通常依据专业鉴定、评估来判断；后者往往通过违法行为的社会知晓范围、普遍评论和公众情绪反映综合衡量。④	正反均可

---

① 例如，唐某诉永州市劳动教养管理委员会一案中，唐某对于周某某等人强迫自己未成年女儿卖淫一案的刑事判决不服，持续上访，以“扰乱社会秩序”为由被处以劳动教养 18 个月。生效判决认为，唐某的行为具有违法性，但永州市劳教委没有综合考虑唐某及其家人的特殊情况，对唐某实施了劳动教养，处理方式明显不当。参见（2013）湘高法行终字第 26 号行政判决书。

② 例如，庞某某诉日照市岚山区食品药品监督管理局一案，原告因销售使用未依法注册的医疗器械被处以 16 余万元罚款。生效判决认为，推销人员在向原告销售医疗器械时非法使用他人合法的医疗器械资质证明复印件欺骗原告，应当对原告减轻处罚。参见（2017）鲁 11 行终 70 号行政判决书。

③ 例如，根据《治安管理处罚法》第四十三条规定，殴打他人的，或者故意伤害他人身体的，处五日以上十日以下拘留，并处二百元以上五百元以下罚款；殴打、伤害残疾人、孕妇、不满十四周岁的人或六十周岁以上人的，处十日以上十五日以下拘留，并处五百元以上一千元以下罚款。

④ 例如，根据《环境噪声污染防治法》第五十二条规定，对经限期治理逾期未完成治理任务的企业事业单位，可以根据所造成的危害后果处以罚款，或者责令停业、搬迁、关闭。

续表

主体要素	责任能力	考量行为人辨认和控制自己行为的能力，判断是否具有年龄不满十四周岁、已满十四周岁不满十八周岁以及患有精神病而不能辨认和控制自己行为的情况。①	通常正向
	经济状况	考量行为人个人及家庭经济情况，是否有家人患有重大疾病或不可抗力蒙受重大经济损失，生活确有困难等情形。	通常正向
	事后表现	考量行为人对危害后果的处置行为、在查处程序中的配合程度、是否存在屡教不改因同一违法行为再次受罚等情形。②	正反均可
社会要素	行政机关阶段性中心工作	考量违法行为是否属于行政管理领域阶段性重点整治打击的对象，是否与阶段性中心工作精神相背离。	通常反向
	政策及经济社会环境变化	考量违法行为相关的政策导向和经济社会环境是否发生变化影响量罚。③	正反均可

个案审理中，法官需要从已认定的违法事实中提取基础要素。根据法律规定，参考行政裁量基准及行政惯例，运用经验法则，确定提取要素的作用方向，即哪些要素属于加重、从重、减轻、从轻和免予处罚的情形。

2. 处罚参考区间的确定

通常法律规范对违法行为的基准罚则进行规定，即不考虑任何情节因素下违法行为所对应的处罚手段和幅度。以基准罚为中心向两端延伸出减轻区间和加重区间，且每一区间再细化为从轻、一般和从重三个区间（如下图）。在单一因素影响下，罚则参考区间很好确定。如具有一种减轻情节的，应当在减轻区间的“b”区间量罚。但多重因素交织时需要根据如下原则确认处

① 例如，根据《行政处罚法》第三十条规定，不满十四周岁的未成年人有违法行为的，不予行政处罚，责令监护人加以管教；已满十四周岁不满十八周岁的未成年人有违法行为的，从轻或者减轻行政处罚。

② 例如，根据《海上海事行政处罚规定》第七条规定，当事人有下列情形之一的，应当依法从轻或者减轻给予海事行政处罚：（一）主动消除或者减轻海事行政违法行为危害后果的……（四）配合海事管理机构查处海事行政违法行为有立功表现的……

③ 例如，“专车第一案”中，生效判决认为原告的行为构成未经许可擅自从事出租汽车客运经营，但考虑网约车共享经济新业态的特殊背景，以及科技进步激发的社会需求、市场创新等因素，处罚畸重，明显不当。参见（2017）鲁01行终103号行政判决书。

罚参考区间：

一是“免予优先”原则。只要存在不予处罚情形的，应当选择不予处罚。如行为人不满十四周岁，即便存在其他从重情节，因满足“免予处罚”情形，应当不予处罚。

二是“同向相加”原则。存在多个从轻因素的，应当在多个处罚手段中选择较轻的手段，如选择罚款而非拘留，选择责令停业整顿而非责令关闭。该处罚手段可以量化时，应当在基准罚则的“a”区间内确定结果；存在多个从重因素的，应当在多个处罚手段中选择较重的，且当该手段可以量化时，应当在基准罚则的“c”区间内确定结果。

三是“逆向抵消”原则。同时存在从重和从轻或者加重和减轻情节的，一般可看作效果抵消，适用基准罚则“b”区间。

四是“先加（减）后从”原则。同时存在从轻和减轻的，应当在多个处罚手段中选择较轻的手段，且该手段可以量化时遵循“先减后从”原则，在减轻区间的“a”段内确定结果；反之，同时存在从重和加重的，应当在多个处罚手段中选择较重的手段，且该手段可以量化时在加重区间的“c”段内确定结果；同时存在加重和从轻因素的，应当遵循“先加后从”，在加重区间的“a”区间内确定结果；相反，同时存在减轻和从重因素的，在减轻区间的“c”区间内确定结果。

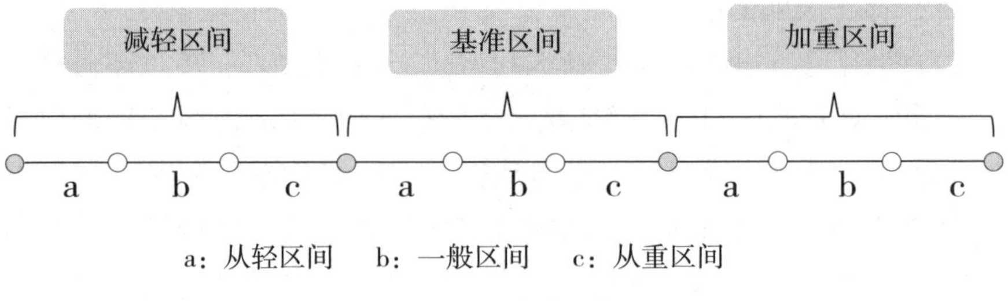

图 5：处罚参考区间

3. 对照实际处罚认定明显不当

在确定参考区间后，应与实际处罚结果对照。如果实际处罚结果较重且偏离参考区间的，应当认定为明显不当。如果实际处罚结果符合参考区间的，还应当结合对比要素（如下图）对处罚的适当性作进一步判断，对违反“平等对待”的处罚应当认定为明显不当。

表 4：行政处罚对比要素

对比要素	考量内容
共同违法行为的处罚结果	考量行为人在违法活动中的作用大小，对组织、领导、起主要作用违法人的量罚应当高于对辅助、起次要作用违法人的量罚。
对向性违法行为的处罚结果	考量违法活动的起因、违法人各自的表现及过错，典型的如斗殴行为，对主动发起、表现积极、过错较大的一方的量罚应当高于被动、表现消极、过错较小的一方。
同期同类违法行为的处罚结果	对当事人作为证据材料向法院提交的有关行政机关同期同类违法行为作出的处罚，应当结合案件具体情况对照参考，但当事人未提交的，法院不予主动审查。
行政裁量基准所规定的处罚结果	如果在处罚参考区间内，行政机关制定有更为明确、详细的行政裁量基准，应当予以尊重和参考，行政处罚如果违背裁量基准应当说明正当理由。

（三）确定适用结果：变更的作出及限制

1. 变更的标准

在对行政处罚认定明显不当之后，人民法院可以行使变更权。变更结果的确定应当遵循以下三个标准：第一，以处罚参考区间为坐标。上述逻辑过程所确认的处罚参考区间是通过对事实要素提取与整合得出，是认定行政处罚明显不当的参考系，也是作出最终变更结果的坐标系。第二，以原处罚结果为上限。行政诉讼法第七十七条第二款规定，人民法院判决变更，不得加重原告的义务或者减损原告的权益。也即变更后的处罚结果不得重于原处罚，否则将违背诉讼作为公民权利救济机制的定位。但针对同一违法行为，行为人和利害关系人（通常为受害人）均有可能作为原告提起相反的诉讼请求，受害人要求加大惩处而行为人要求降低处罚，此时可排除禁止不利变更原则的适用。第三，以对比要素为参考值。司法对原处罚结果进行调整时还要以共同违法行为的处罚结果、对向性违法行为的处罚结果、当事人提供的同期同类违法行为的处罚结果、行政机关制定的裁量基准作为参考，确保司法的平等对待。

2. 限制变更的情形

在司法审查中遇到以下问题时应当慎用变更判决：一是具有法院无法判断或判断成本过高的高度专业性、技术性问题。有些行政领域涉及高端科学、前沿技术等，法院不具备相应的专业知识和素养，无法作出科学准确的判断。即便可由专家辅助人提供帮助，也会导致司法效率低下、成本过高、司法资源的不合理配置。二是政策性较强、仅依据法律难以作出最佳判断的问题。有些行政案件与时代背景、社会基础、政策演变、利益博弈、风土人情、文化传统等密切相关，法院难以全面把握作出最佳判断，应考虑撤销为宜。同时，法院可在撤销判决中指出行政机关须进一步考量的因素，引导其按照法院的要求重新作出行为。如当事人不服重作行为再次起诉，法院审理认为仍属明显不当的，限制变更因素的影响力应当减弱，法院可考虑适用变更判决。

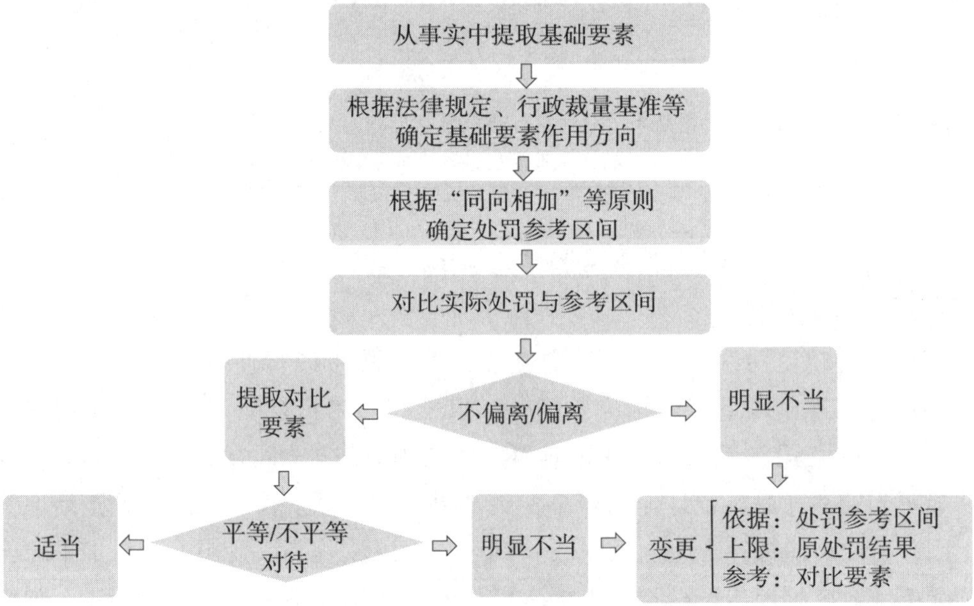

图 6：行政处罚明显不当时变更判决适用逻辑

结语

变更判决作为行政裁量司法规制的重要手段具有独特价值，其适用情况不仅关乎对公民权益及时有效的保护，更关乎司法权对行政权监督的程度和效果。唯有构建明确具体的操作规则，方能提高行政诉讼法第七十七条的适用效果，彰显变更判决的本来价值。

（作者单位：北京市西城区人民法院）

行政训诫的法律属性、可诉性与合法性审查

李　震　方杨敏

【摘要】 训诫有着一张普罗透斯似的脸，变化无常，随时可呈不同形状并且具有极不相同的面貌，在不同时空下、不同语境中，训诫有着不同内在属性与外在表现形式，我国民法、行政法、刑法及对应诉讼法体系中都存在有关训诫的具体规定，但从行政法角度来看，行政训诫作为非典型行政行为，学界与实务界对于其法律属性与可诉性均存在广泛争议。对此，有必要通过部门法中有关训诫规定的对比分析，特别是依托相关案例并结合行政法中与行政训诫相似或相近行政行为的对照分析，进而揭示行政训诫所具有的复合属性，并加以类型化归纳，最终根据不同类型作出可诉性判断、提出合法性审查的裁判规则，以完成对行政训诫的“三性”（属性、可诉性与合法性）的全方位厘定尝试。

【关键词】 行政训诫　法律属性　可诉性　合法性

引言

训诫广泛存在于立法、执法与司法全过程中，行政训诫作为训诫体系中一个特别种类，涉及社会生活的方方面面，对公民、法人及其他组织的合法权益有一定影响。因此，对以行政训诫为代表的非典型行政行为加以分析研究则很有必要：一是有助于以此为契机厘清行政训诫的法律属性，将该行政行为具体化，纳入相应规范体系加以规范与约束；二是有助于为被训诫人提供对应的救济渠道，尤其是明确各式行政训诫的可诉性，强化行政诉讼对行政执法的监督与纠错功能；三是有助于为裁判者提供针对此类非典型行政行为进行合法性审查时可采用的裁判标准与方法。从有关行政训诫的研究现状看，研究的热度、广度、深度还很有限，已有的研究成果主要围绕行政训诫

的定性展开，且分歧远大于共识，对于定性之后的可诉性与合法性审查少有涉及，是一张尚未完成的答卷。为此，笔者主张对行政训诫完成一次由“定性”——“可诉性”——“合法性”构成的“三性”一体化研究，并尝试提出各阶段相应的判断要件与实操方法。

一、训诫的规范梳理、实践现状与问题揭示

训诫有着一张普罗透斯似的脸，变化无常，随时可呈不同形状并且具有极不相同的面貌，不同时空下，不同语境中，训诫有着不同的内在属性与外在表现形式。[①] 要对训诫有一个较为全面而深入的认识，特别是要对行政训诫的“三性”作出准确判定，有必要先从规范与实践两个层面加以把握。

1. 训诫的规范梳理。笔者以“训诫”为关键词，通过国家法规数据库、法信、北大法宝等检索工具，共计收集到相关法律、法规、规章及规范性文件 350 余部，其中较为典型的有 10 余部。(见表 1)

表 1：涉及“训诫”的代表性规范汇总

序号	规范名称	主要内容
1	中华人民共和国刑法	第三十七条　对于犯罪情节轻微不需要判处刑罚的，可以免予刑事处罚，但是可以根据案件的不同情况，予以训诫或者责令具结悔过、赔礼道歉、赔偿损失，或者由主管部门予以行政处罚或者行政处分。
2	中华人民共和国预防未成年人犯罪法	第四十一条　对有严重不良行为的未成年人，公安机关可以根据具体情况，采取以下矫治教育措施：(一) 予以训诫……
		第六十一条　公安机关、人民检察院、人民法院在办理案件过程中发现实施严重不良行为的未成年人的父母或者其他监护人不依法履行监护职责的，应当予以训诫，并可以责令其接受家庭教育指导。
3	中华人民共和国社区矫正法	第二十八条　……社区矫正对象违反法律法规或者监督管理规定的，应当视情节依法给予训诫，警告……
4	中华人民共和国反家庭暴力法	第三十四条　被申请人违反人身安全保护令，构成犯罪的，依法追究刑事责任；尚不构成犯罪的，人民法院应当给予训诫……

① 参见［美］E. 博登海默：《法理学：法律哲学与法律方法》，邓正来译，中国政法大学出版社 2017 年版，第 265 页。

续表

5	中华人民共和国刑事诉讼法	第一百九十三条第二款 证人没有正当理由拒绝出庭或者出庭后拒绝作证的，予以训诫，情节严重的……
6	中华人民共和国民事诉讼法	第六十五条 ……当事人逾期提供证据的，人民法院应当责令其说明理由；拒不说明理由或者理由不成立的，人民法院根据不同情形可以不予采纳该证据，或者采纳该证据但予以训诫、罚款。
7	中华人民共和国行政诉讼法	第五十九条 诉讼参与人或者其他人有下列行为之一的，人民法院可以根据情节轻重，予以训诫、责令具结悔过或者处一万元以下的罚款、十五日以下的拘留；构成犯罪的，依法追究刑事责任……
8	中华人民共和国企业破产法	第一百二十九条 债务人的有关人员违反本法规定，擅自离开住所地的，人民法院可以予以训诫、拘留，可以依法并处罚款。
9	最高人民法院关于适用《中华人民共和国民事诉讼法》的解释	第一百零二条 当事人因故意或者重大过失逾期提供的证据，人民法院不予采纳。但该证据与案件基本事实有关的，人民法院应当采纳……予以训诫、罚款。当事人非因故意或者重大过失逾期提供的证据，人民法院应当采纳，并对当事人予以训诫。
10	中华人民共和国人民法院法庭规则	第十九条第一款 审判长或独任审判员对违反法庭纪律的人员应当予以警告；对不听警告的，予以训诫；对训诫无效的，责令其退出法庭；对拒不退出法庭的，指令司法警察将其强行带出法庭。
11	人民检察院刑事诉讼规则	第七十九条第五款 对证人及其近亲属进行威胁、侮辱、殴打或者打击报复，构成犯罪或者应当给予治安管理处罚的，人民检察院应当移送公安机关处理；情节轻微的，予以批评教育、训诫。
12	最高人民法院关于审理拒不支付劳动报酬刑事案件适用法律若干问题的解释	第六条 ……在一审宣判前支付劳动者的劳动报酬，并依法承担相应赔偿责任的，可以从轻处罚。对于免除刑事处罚的，可以根据案件的不同情况，予以训诫、责令具结悔过或者赔礼道歉……
13	治安拘留所管理办法（试行）	第二十二条 对被拘留人违反所规的，视情节轻重分别予以批评教育、训诫、责令检查……
14	关于依法处理涉法涉诉信访工作衔接配合的规定	第十条 人民法院、人民检察院、公安机关、司法行政机关对信访活动中的违法信访人应当进行劝阻、批评或者教育……对经劝阻、批评和教育无效的，予以警告、训诫或者制止……

续表

15	江苏省家庭教育促进条例	第四十四条第二款　父母或者其他监护人被有关机关责令接受家庭教育指导无正当理由拒不参加的，作出决定的机关可以依法对其进行训诫。
16	上海证券交易所纪律处分和监管措施实施办法	第九条　……（三）监管谈话，即要求监管对象在指定的时间和地点就有关违规行为接受质询和训诫，并要求其作出解释说明……

综合上述全部规范看，“训诫”具有如下三大外在特征：一是“训诫”适用范围广。适用范围既有公法，亦有私法，既有实体法，又有程序法，类型多样、分布分散、法定效力不一。二是“训诫”无明确含义。“训诫”既可以是一种非刑罚处置措施，也可以是一种行政行为，还可以是一项司法强制举措，甚至可以是自治团体或行政、司法主体内部处分的一种，其外化形式多样，缺乏统一内涵。三是违反“训诫”的法律后果不一。部分规范中，“训诫无效”的不必然引起更加严重后果，但部分规范中，对于“训诫”无效的则会引起更为严重的法律后果。①

从“训诫”的具体类型看，虽具有多重面向，但和其他法律措施一样，都是基于它具备特定的功能才适用于各种法律规范，依其功能厘定，主要可以分为以下四种：一是一种法律上的教育方法，通过训诫来达到告诫、教育的目的；二是一种轻微的司法强制措施，主要目的在于维护庭审秩序，保障诉讼活动顺利进行；三是一种对行政相对人施加的较轻负担，对尚不需要作出行政处罚的违法违规行为的一种否定评价；四是一种司法机关对犯罪情节轻微不需要处罚或可以免予处罚的一种非刑罚处置措施。

2. 行政训诫适用的现状检视。训诫类型多样，而行政训诫只是其中之一。笔者以“训诫”为关键词，在中国裁判文书网中进行检索（检索时间为2020年6月10日），设置限制条件为“行政案件”，共收集得到24888份裁判文书，按照文书类型、审级分布及主要案由分类统计：（见表2）

---

① 《中华人民共和国人民法院法庭规则》第十九条第一款规定：“审判长或独任审判员对违反法庭纪律的人员应当予以警告；对不听警告的，予以训诫；对训诫无效的，责令其退出法庭；对拒不退出法庭的，指令司法警察将其强行带出法庭。”

表 2：涉“训诫”行政案件分布情况（单位：份）

文书类型	判决书	18560		
	裁定书	6445		
	调解书	1		
	通知书	248		
审级分布	最高法院	59		
	高级法院	3985		
	中级法院	10871		
	基层法院	10290		
主要案由	行政主体	13069	治安管理（治安）	7721
			其他（公安）	4931
			其他	417
	行政行为	12185	行政处罚	8764
			行政复议	1070
			其他	2351

笔者选取 T 市、S 市及 C 市三大直辖市作为对比样本，翻阅全部裁判文书 811 份，发现全部文书均涉及行政训诫（包含口头训诫与《训诫书》两种方式），具体可分为三类：一是作为“轻微司法强制措施”，适用对当事人参与诉讼活动违法或违规行为的行政训诫；二是作为进一步作出行政处罚的依据或证据的，主要涉及该证据的三性审查问题；三是作为被诉行政行为的具体指向，由原告起诉要求审查行政机关对其作出行政训诫的合法性，但整体占比极小。在后两种情形中，又以因不当信访被行政机关处以行政训诫或据此作出处罚最为常见，占比达到 98% 以上，行政训诫与信访之间呈现强关联。①

3. 问题揭示：行政训诫面临的三大分歧。从实践现状反观行政训诫之争议或困境，集中表现在以下三个方面：一是行政训诫的法律属性之争。笔者

① 在笔者所见裁判文书中，王某诉深圳市公安局罗湖分局行政处罚案最为典型，法院查明王某在 2013 年至 2014 年，因进京上访时扰乱公共秩序，违反《信访条例》规定，北京公安部门累计向其发出了 30 余份训诫书，深圳公安部门据此作出行政处罚，突出反映了行政训诫与不当信访及行政处罚的关联度。参见广东省深圳市中级人民法院（2014）深中法行终字第 476 号行政判决书。

收集的裁判文书中，对于训诫的法律属性判定最为常见的表述为“训诫书并非行政处罚措施，公安机关所作处罚决定不属于‘一事两罚’”。[①] 相关判例虽在围绕行政训诫与后续行政处罚是否构成“一事两罚”中将行政训诫界定为非法定行政处罚种类之一，但并未从正面明确其法律属性，是为争议之一。二是行政训诫的可诉性之争。有判例指出“行政训诫书不属于行政诉讼受案范围”，[②] 另有判例就此进一步解释为“训诫不属于行政处罚范畴，属于批评、教育范围，对当事人权利义务并未构成实质性影响……不属于行政诉讼受案范围”。[③] 笔者所见判例虽否定行政训诫的可诉性，但行政相对人与学界对此则持反对意见的不在少数，是为争议之二。三是行政训诫的合法性审查之争。就样本案例而言，虽未见单独针对行政训诫合法性问题进行实体审查并作出裁判的裁判文书，常见情形是原告多针对行政训诫或之后的行政处罚提出异议，或主张行政训诫不合法不能作为行政处罚之依据，又或是主张行政训诫已经是一种轻微的行政处罚，再进一步作出处罚则是“一事两罚”，[④] 由此形成争议之三。

二、行政训诫的法律属性厘定

（一）行政训诫法律属性的三种不同认识

对行政训诫法律属性的认识，主要有以下三种不同观点：

1. 行政事实行为。行政事实行为一般是指由行政机关实施的、影响或改变行政相对人法律状态的一种行政行为，本质上不具备“意思表示”要素，但客观上对行政相对人的权利和义务产生了实质影响。[⑤] 持此观点者认为，行政训诫是执法机关向行政相对人作出口头或者书面训诫，本质上并不是为了追求特定法律效果，缺乏对应的“意思表示”，但可能客观上产生了“事实效果”。

2. 行政指导行为。行政指导行为属于行政事实行为的一个特殊类别，具

---

① 参见上海市高级人民法院（2016）沪行申 617 号、（2017）沪行申 608 号行政裁定书。

② 参见北京市第二中级人民法院（2015）二中行终字第 013838 号行政裁定书。

③ 参见陕西省延安市宝塔区人民法院（2012）宝行裁字第 00002 号行政裁定书。

④ 参见福建省福州市中级人民法院（2015）榕行监字第 73 号行政裁定书、上海市高级人民法院（2016）沪行申 617 号行政裁定书。

⑤ 参见章剑生：《现代行政法总论（第 2 版）》，法律出版社 2019 年版，第 205 页。

体指行政机关在管辖事务范围内，通过采取诱导性法规、政策、计划等规范性文件或采用具体的示范、建议、劝告、鼓励、提倡、限制等非强制性方式诱导行政相对人作出或不作出某种新行为。[①] 持此观点者认为，行政训诫符合行政指导行为的非强制性特征，在行政主体与行政相对人之间不产生权利义务关系，是以不进一步向行政相对人施加负担来诱导相对人接受行政指导。

3. 行政处罚行为。一般认为，行政处罚是行政机关依照法定的权限和程序对违反行政管理秩序的公民、法人或者其他组织给予行政制裁的行政行为。[②] 有观点认为，行政训诫属于行政处罚的一种特殊形态，一方面两者在作出主体、程序、行为及对象，尤其是该行为的应罚性与可罚性方面并无本质不同；另一方面对于行政训诫的制裁性，主要表现为因被训诫给被训诫人带来的声誉罚或精神罚，属于我国行政处罚法定种类“警告”的一种形式。[③]

（二）行政训诫的法律属性厘定

1. 行政训诫的内置要素分解。从形式上看，行政训诫是“行政”与“训诫”的集合体，属于广义行政行为的一种，要全面准确界定行政训诫，可以尝试从行政法律行为出发，加以对比分析，揭示其异同。就行政法律行为而言，其判断要件或组成要素涵盖了四个方面：主体要素、法律依据要素、意思表示要素和效果要素。[④] 首先，就主体要素而言，行政训诫的主体即行政机关，同行政法律行为并无本质不同。其次，就法律依据要素而言，主要指执法权限、实体和程序依据具备行政法律规范授权或立法规定。行政训诫在不同执法领域所呈现的立法有无与详略并不相同，需要针对具体行政立法与执法领域进行细分辨析。再次，就意思表示要素而言，其核心是行政机关对其所作行政训诫有无涉及相对人权利义务的取得、丧失或变更的主观意图。行政训诫作出时，行政机关有无此类意图，需要以“客观”标准来判断“主观”意图。最后，就效果要素而言，其核心在于法律效果是对内还是对外、是直接还是间接，只有当行政训诫同时满足直接对外发生法律效果时，才能

---

① 参见最高人民法院行政审判庭编著：《最高人民法院行政诉讼司法解释理解与适用》，人民法院出版社 2018 年版，第 49 页。

② 参见姜明安主编：《行政程序研究》，北京大学出版社 2007 年版，第 161 页。

③ 参见王学辉：《公安机关对李某某的“训诫”行为的行政法分析》，载微信公众号“公法之声”，2020 年 6 月 10 日访问。

④ 参见马怀德主编：《行政诉讼原理》，法律出版社 2003 年版，第 197 页。

被界定为行政法律行为。因此，不难看出，借用“四要素”来分析、界定行政训诫，是一个从反面排除到正面肯定的过程，因为行政训诫不是单一行政机关在单一执法领域适用的行政行为，而是散见于多领域、多主体中，只有同时满足“四要素”要件，才能被认定为行政法律行为，否则属于非行政法律行为。

2. 行政训诫的复合属性判定。训诫，文义解释是指训斥、教导和劝诫。在法律意义上，训诫则是指有权机关依法对特定人进行批评教育，并责令其改正，不得再犯，属于一种“权力行为”，原则上只要是“管理者”都可以训诫“被管理对象”。行政训诫作为一种行政行为，体现了作为管理者的行政主体对被管理者的行政相对人的一种行政管理或制止违法违规行为的手段或方式。笔者认为，从行政立法现状看，行政训诫存在于多个执法领域，多类行政主体均可对相对人实施“训诫”，行政训诫不是单一属性，而是具有复合性，具体理由有三：一是行政训诫并非单纯存在于治安管理领域，其他行政机关依据相应立法，同样可以在各自执法领域中对相对人采取行政训诫，不能简单地以能否归入行政处罚措施来定性行政训诫；① 二是行政行为本身的性质也不是完全固定不变的，会伴随行政行为实施的主体、对象、司法政策的变通及司法裁判者个人判断等因素的影响而不同，行政训诫同样不可避免；② 三是从相对人权利救济与行政诉讼功能定位看，对行政训诫定性采取“一刀切”的定性，不仅不利于对相对人权益的救济，也将导致行政诉讼功能错位。

3. 行政训诫复合属性的具体展开。对行政训诫的法律属性进行分析，是行政法视域下对该行政行为具体属性的厘定，可尝试以前文所提“四要素”为判断基准作类型化分析：

一是行政训诫是一种行政法律行为。例如，《反家庭暴力法》第三十四条规定，被申请人违反人身安全保护令，构成犯罪的，依法追究刑事责任；尚不构成犯罪的，人民法院应当给予训诫……③因此，不难看出在治安管理

---

① 如有观点认为：“公安机关在治安管理中适用训诫事实上产生了处罚的效果，在法律上却没有直接依据，也不能解释成有关法律规定的警告这一处罚措施的特殊表达形式。”参见高一飞：《公安机关治安管理中训诫的规范性思考》，载《中州学刊》2020 年第 2 期。

② 参见蔡小雪、甘文：《行政诉讼实务指引》，人民法院出版社 2014 年版，第 24-29 页。

③ 相似规定参见《中华人民共和国预防未成年人犯罪法》第四十一条、第六十一条。

领域，行政训诫虽未纳入《行政处罚法》及《治安管理处罚法》中予以明确规定，但在部分单行法中，行政训诫仍具有法定依据。在此情形下，行政训诫完全符合“四要素”的全部要件，属于一种行政法律行为。对此，笔者赞同将行政训诫归入行政处罚之声誉罚中加以类比考量，属于“行政机关向违法者发出警戒，申明其有违法行为，通过对其名誉、荣誉、信誉等施加影响，引起其精神上的警惕，使其不再违法的处罚形式”。[①]

二是行政训诫是一种行政事实行为。行政事实行为系行政主体不以产生特定法效果，而是以实施效果为目的的行政行为。[②] 通常情况下，行政事实行为并无法律明文规定，其在客观上不具有法律效力，在主观上不直接产生法律效果，而是旨在产生一种事实效果。[③] 如公安机关虽在书面训诫书中明确指出相对人发表不实言论属于违法行为，要求立即中止，否则将依法制裁。但现行《行政处罚法》《治安管理处罚法》或网络专项立法中并未找到明确的法律依据，行政机关作出的书面训诫书并不能产生法律效力，且实质上公安机关在主观层面也并非试图产生法律效果，而是希望借此对相对人进行规劝，以可能作出行政处罚进行施压，产生让相对人自愿中止相关行为的事实效果。此时，行政训诫无疑是一种行政事实行为。

三是行政训诫是一种准行政行为。行政准法律行为的概念是仿照民法上的准法律行为，是指行政主体通过观念表示的方式做出的间接产生行政法律效果的行为。[④] 申言之，准行政行为所产生的法律效果是法定的，并非基于行政机关的意思表示，对相对人权利义务可能产生的影响也是间接的，其本质在于单纯的事实（责任）认定，如常见的公证、交通事故认定、鉴定、工伤认定、通知等。行政训诫，在特定情形下可以归入准行政行为，如依据《司法鉴定执业活动投诉处理办法》第二十四条规定，[⑤] 作为被投诉人的鉴定机构或鉴定人违法违规情节轻微，没有造成危害后果的，虽可以不予行政处罚，但应当给予批评教育、训诫、通报、责令限期整改等处理。此时，“训

---

① 参见姜明安：《行政法与行政诉讼法》，北京大学出版社 1999 年版，第 223 页。

② 参见翁岳生编：《行政法（下册）》，中国法制出版社 2009 年版，第 890-891 页。

③ 参见王锴：《论行政事实行为的界定》，载《法学家》2018 年第 4 期。

④ 参见王锴：《论行政事实行为的界定》，载《法学家》2018 年第 4 期。

⑤ 详见《司法鉴定执业活动投诉处理办法》第二十四条规定：司法行政机关应当根据对投诉事项的调查结果，分别作出如下处理：……（二）被投诉人违法违规情节轻微，没有造成危害后果，依法可以不予行政处罚的，应当给予批评教育、训诫、通报、责令限期整改等处理……

诫”明确不属于行政处罚，只是对被投诉人违法违规行为（主要是违规行为）的一种确认，其法定法律效果至少包含由司法行政机关将投诉处理结果记入被投诉人的司法鉴定执业诚信档案的法定效果，以作为后续处理的依据。

三、行政训诫的可诉性分析与合法性审查

（一）行政训诫的可诉性分析

一般认为，可诉性即法院对行政行为进行司法审查的范围，限定了司法机关对行政行为的监督范围。判定行政行为是否可诉的要件，主要包含主体要件、内容要件、结果要件、必要性要件及可能性要件，其中核心要件在于结果要件，即被诉行政行为是否对行政相对人的权利义务产生实质性影响。在我国行政诉讼中，可诉的行政行为必须是行政机关作出的发生法律效果的行为，对行政相对人的权利义务关系产生调整作用，否则不属于行政诉讼的受案范围。[①]

从我国现行行政诉讼立法与司法解释的规定来看，对行政诉讼受案范围采用肯定性概括与否定性列举的规定方式已达成共识，尤其依据《最高人民法院关于适用〈中华人民共和国行政诉讼法〉的解释》第一条所列十项对行政诉讼受案范围作出的排除性规定，其中刑事司法行为、协助执行行为属于非行政行为的范畴；调解仲裁行为、行政指导行为、重复处理行为、无外部效力行为、过程性行为、内部层级监督行为、信访处理行为等，应归入未对当事人产生实际影响事项。[②] 因此，笔者赞同对行政训诫以“实际影响”作为判定可诉性的关键要件，辅之其他要件作为补充考察。当然，对于行政训诫是否可诉，需针对具体情形具体认定：

1. 作为行政法律行为的行政训诫可诉。在此项属性判定下，行政训诫同常见的行政处罚、行政许可等直接影响当事人权利义务的行政法律行为并无本质差异，都是行政机关对于行政相对人某种违法或违规行为依法作出的一种行政处分，同时具备主体要件（法定行政主体作出）、内容要件（属于行

---

① 参见最高人民法院行政审判庭编著：《最高人民法院行政诉讼司法解释理解与适用》（上），人民法院出版社 2018 年版，第 52 页。

② 参见杨伟东：《新司法解释受案范围规定的思路、逻辑及未来发展》，载《行政法学研究》2018 年第 5 期。

使法定职权的行政行为)、结果要件(对行政相对人的权利义务产生实质影响)、必要性要件(非提起行政诉讼难以获得其他救济渠道)及可能性要件(非法定排除不得提起行政诉讼的情形),完全可诉。[①] 如前述样本案例中大量因为违法上访被处以训诫的情形,此时执法机关(主要是公安机关)依据《信访条例》的相应规定作出行政训诫,当属一般意义上的行政法律行为,理应给予行政相对人行政诉讼救济渠道与机会。

2. 作为定性评价的行政训诫原则上可诉。行政训诫是由行政机关针对行政相对人的特定行为作出的一种行政处理,主要表现为一种否定性评价,对行政相对人的权利义务形成了较为明显的实质影响。如果书面训诫决定既有对违法事实的认定,也有行为触犯法律的违法性评价,并附有可能产生的更加严重的行政处罚结果,达到了迫使行政相对人为或不为一定行为的效果,对行政相对人的权利义务带来明显且较大影响,理应认可其可诉性。此外,对于部分虽具有行政训诫形式(主要表现为口头训诫),但不具备终局性的程序性行政行为或行政指导行为,如在疫情防控期间,对于扰乱防控要求的轻微违法行为(如在公共场合未佩戴或正确佩戴口罩的行为),执法人员采取口头训诫要求其纠正行为的情形,则不具有可诉性。

3. 作为纯事实问题判断的行政训诫原则上不可诉。有观点主张,"若一个准行政行为仅对事实问题作出判断,不具有可诉性;若一个准行政行为既对事实问题作出判断又对法律问题作出判断,则具有可诉性"。[②] 笔者对此予以赞同,因为纯粹事实问题的判断,应该交由更加专业的执法机关或被授权主体,而由法院判断法律问题显然更加合理,对于事实判断问题引发的纠纷不应该交由法院来裁判,而应该设置更加合理的救济或纠错机制,否则就是裁判权的错配与不当行使。就行政训诫而言,对于其中仅涉及违法违规事实认定的,并未对行政相对人的权利义务形成直接的实质影响,原则上不可诉,这亦是实践中的常态;但对于同时涉及事实问题与法律问题的情形,如针对鉴定机构与鉴定人因违法违规鉴定作出行政训诫的情形,一方面是司法行政主管部门对相关人相应违法事实的认定;另一方面主管机关为得出判断结论所采取的执法程序、所适用的具体法律依据则属于法律问题,出现了两者交

① 参见皮宗泰、王彦:《准行政行为研究》,载《行政法学研究》2004年第1期。
② 参见蔡小雪、甘文:《行政诉讼实务指引》,人民法院出版社2014年版,第35页。

义现象且对行政相对人权利义务造成实质影响的，则具有可诉性。[①]

（二）行政训诫的合法性审查

针对行政行为的合法性审查，分为实体问题的合法性审查与程序问题的合法性审查。依据我国行政诉讼法的规定，两者无法分离，共同构成了合法性审查的完整内容。就行政训诫而言，考虑到其复合属性，在针对可诉行政训诫行为进行合法性审查时，既要遵循实体与程序并重的原则，也要关注对各属性行政训诫的特殊性，重点从以下三个方面进行合法性审查：

1. 行使主体是否超越职权。行政行为越权主要包括行政机关超过法定的管辖权与超越法定的处理方式，前者主要是行政机关对特定事务的主管权力，后者则特指超越职权、明显不当与滥用职权、行政不作为三种情形。[②] 行政训诫，虽存在于多个执法领域中，但不代表任何行政机关或任何执法领域均可无条件适用之，仍需遵循职权法定的基本原则。对此，主要是要认真筛查是否存在以下两种超越职权的情形：一是特定行政机关就特定领域行政事务是否存在超越法定管辖权的情形，若存在，则对行政相对人作出行政训诫当属违法；二是特定行政机关就特定领域行政事务虽享有管辖权，但处理结果超出法定种类或者幅度的，同样属于违法。

2. 执法程序是否合法。我国目前虽尚未制定统一的行政程序法典，但各单行法中对于特定行政行为的执法程序通常均有对应的法律规定，只是详略不一。就行政训诫而言，单行法中虽有一定的规定，但其中执法程序部分则较为粗略或是几乎处于空白状态。对于行政训诫的程序合法性审查，要区分两种不同情形分别对待：一是单行法中设置了程序规则。如当行政训诫作为一种行政法律行为或准行政行为时，因相应规范中往往内置了一定执法程序规则，对于行政训诫作出的方式、步骤、期限等有较为明确的规定，此时则应该按照相应的法定程序规则加以审查。二是单行法中未设置程序规则（包含过于简略规定的情形）。此时，对于行政训诫的程序合法与否的审查，应以“正当程序原则”作为基本取向，即行政权力的运行必须符合最低限度的程

---

① 参见《司法鉴定执业活动投诉处理办法》第二十八条之规定，被投诉人对司法行政机关的投诉处理决定有异议的，可以依法申请行政复议或者提起行政诉讼。

② 参见何海波：《行政诉讼法（第二版）》，法律出版社 2019 年版，第 271-323 页。

序公正标准——满足程序中立性、程序参与性和程序公开性要求。[①] 当然，这种最低限度的程序正当标准，并不是固定不变的或毫无弹性的，尤其是鉴于行政训诫的属性复合与对行政相对人权益影响大小不同，实践中仍需注意司法审查的强度与限度，以保持必要的谦抑与克制。

3. 法律适用是否准确。行政训诫分为口头与书面两种，司法实践中无论是口头训诫还是书面训诫，常见的是行政机关作出的训诫决定完全没有说明或载明相应的法律规定，又或者仅仅陈述是“依据相应规定或者依某部法律的相关规定”。隐藏其后的客观情况要么是确实没有法律规定，如作为行政事实行为的行政训诫，绝大部分是行政机关在无法律授权情况下作出的一种行政行为；要么是虽有法律规定，但作出行政决定时未能具体引用到条、款或项。对于无法律规定（或仅仅以规范性文件存在相应规定）的，当属适用法律错误，应该被依法撤销或确认违法；对于有法律规定，但不引用或引用出现偏差的，在能够补正的情况下，应当视为瑕疵以维持其行政训诫的法定效力，若无法补正，则同样属于适用法律错误，应被撤销或确认违法。

结语

行政训诫作为行政主体实施行政管理的一种手段，行之有年，但内涵与外延具有相当的模糊性与不确定性。从行政相对人角度看，在互联网时代，基于信息传播的广度与深度，行政训诫作为一种负面评价，对越来越重视个人信誉的个体而言，同样会造成相当不利影响，可行之法不是要排斥或否定行政训诫，而是要在接纳的同时加以规范化，以确保行政训诫制度依法而行，行政主体依法而为，行政相对人依法救济，司法机关依法审查。

（作者单位：上海市闵行区人民法院　上海市奉贤区人民法院）

① 参见周佑勇：《行政法的正当程序原则》，载《中国社会科学》2004 年第 4 期。

适用“从一重”规则解决环境行政处罚法律规范冲突研究

——最高人民法院第139号指导性案例的理解及参照

孙艳红　李　哲

【摘要】最高人民法院公布的第139号指导性案例裁判要点提出，固体废物产生的臭气浓度超过大气污染物排放标准的，人民法院支持环境保护主管部门适用“处罚较重”的《大气污染防治法》处罚。在“用最严格制度、最严密法治保护生态环境”的背景下，确立了适用“从一重”解决环境行政处罚法律规范冲突的裁判规则。该规则与《立法法》规定的“新法优于旧法”和“特别法优于普通法”相协调，符合新行政处罚法确定的从一重罚款规则，又契合环境保护行政处罚制度的演进趋势，有利于解决环境保护领域长期存在的“守法成本高、违法成本低”的问题。参照该指导性案例需准确把握待决案件的范围，协调考量《立法法》规定的法律适用规则，并将“处罚较重”进一步理解为“罚款较重”。

【关键词】环境行政处罚　法律规范冲突　第139号指导性案例参照适用

为实现法律的统一适用，最高人民法院印发《关于统一法律适用加强类案检索的指导意见（试行）》（以下简称《意见》），重申各级人民法院审判类似案例时应当参照指导性案例，同时将指导性案例归为第一顺位类案，并进一步细化完善了指导性案例参照适用规则。在建立具有中国特色的类案检索制度过程中，指导性案例的位阶和重要性更加突出。2019年12月最高人民法院公布的第 139 号指导性案例[①]，裁判要点提出固体废物产生的臭气浓度超过大气污染物排放标准的，人民法院支持环境保护主管部门适用“处罚较重”的《大气污染防治法》处罚。[②]在“用最严格制度最严密法治保护生态环境”[③] 的背景下，该裁判要点提出“从一重”规则解决环境行政处罚法律规范冲突引人注目。

目前，案例相关情况发生了两个重大变化，一是 2021 年 1 月 22 日新修订的《行政处罚法》新增规定“同一个违法行为违反多个法律规范应当给予罚款处罚的，按照罚款数额高的规定处罚”。二是 2020 年 4 月 29 日新修订的《固体废物污染环境防治法》（2020 年修订）大幅提高了罚款额度。《〈关于案例指导工作的规定〉实施细则》规定，应当参照相关指导性案例的裁判要点作出裁判。因裁判要点的内容相对简明，为便于人民法院审理类案时参照，有必要深入评析指导性案例，进一步析出阐明指导性案例提示或确立的规则规范，梳理界说其内容及参照范围，为指导性案例注入持续的生命力。

一、第 139 号指导性案例的解析

（一）基本案情、裁判理由及裁判要点

因群众举报，2016 年 8 月 17 日，被告上海市金山区环境保护局（以下简称金山环保局）执法人员前往上海鑫晶山建材开发有限公司（以下简称鑫晶山公司）进行检查，并由金山环境监测站工作人员对该公司厂界臭气和废气排放口进行气体采样。同月 26 日，金山环境监测站出具了编号为 XF26—2016 的《测试报告》，后经过立案、送达和听证等程序，被告作出第 2020160224 号《行政处罚决定书》。决定书认定 2016 年 8 月 17 日，被告执法人员对原告无组织排放恶臭污染物进行检查、监测，在原告厂界采样后，经金山环境监测站检测，3#监测点臭气浓度一次性最大值为 25，超出《恶臭污染物排放标准》（GB14554-93）规定的排放限值 20，该行为违反了《大气污染防治法》第十八条的规定，依据《大气污染防治法》第九十九条第（二）

① 上海鑫晶山建材开发有限公司诉上海市金山区环境保护局环境行政处罚案，最高人民法院审判委员会讨论通过，2019 年 12 月 26 日发布。

② 裁判时有效的《大气污染防治法》为 2015 年修订版，本文中如未特殊标注，则为该版。

③ 《习近平总书记在全国生态环境保护大会上的讲话》，载中国青年网，http：//news. youth. cn/sz/201805/t20180520_ 11624503. htm。

项的规定，决定对原告罚款25万元。

原告鑫晶山公司不服金山环保局行政处罚提起行政诉讼，诉称：金山环保局以其厂区堆放污泥的臭气浓度超标适用《大气污染防治法》进行处罚不当，应当适用《固体废物污染环境防治法》[①] 处罚，请求撤销处罚决定。

法院判决驳回原告上海鑫晶山建材开发有限公司的诉讼请求。法院生效裁判认为，本案核心争议焦点在于被告适用《大气污染防治法》对原告涉案行为进行处罚是否正确。其中涉及《固体废物污染环境防治法》第六十八条第一款第（七）项、第二款及《大气污染防治法》第九十九条第（二）项之间的选择适用问题。前者规定，未采取相应防范措施，造成工业固体废物扬散、流失、渗漏或者造成其他环境污染的，处一万元以上十万元以下的罚款；后者规定，超过大气污染物排放标准或者超过重点大气污染物排放总量控制指标排放大气污染物的，由县级以上人民政府环境保护主管部门责令改正或者限制生产、停产整治，并处十万元以上一百万元以下的罚款；情节严重的，报经有批准权的人民政府批准，责令停业、关闭。前者规制的是未采取防范措施造成工业固体废物污染环境的行为，后者规制的是超标排放大气污染物的行为；前者有未采取防范措施的行为并具备一定环境污染后果即可构成，后者排污单位排放大气污染物必须超过排放标准或者重点大气污染物排放总量控制指标才可构成。本案并无证据可证实臭气是否来源于任何工业固体废物，且被告接到群众有关原告排放臭气的投诉后进行执法检查，检查、监测对象是原告排放大气污染物的情况，适用对象方面与《大气污染防治法》更为匹配；《监测报告》显示臭气浓度超过大气污染物排放标准，行为后果方面适用《大气污染防治法》第九十九条第（二）项规定更为准确，故被诉行政处罚决定适用法律并无不当。

作为指导性案例，本案的裁判要点是：企业事业单位和其他生产经营者堆放、处理固体废物产生的臭气浓度超过大气污染物排放标准，环境保护主管部门适用处罚较重的《大气污染防治法》对其进行处罚，企业事业单位和其他生产经营者主张应当适用《固体废物污染环境防治法》对其进行处罚的，人民法院不予支持。

① 裁判时有效的《固体废物污染环境防治法》为2016年修正版，本文中如未特殊标注，则为该版。

（二）本案裁判思路及问题的提出

经整理，对于被告适用《大气污染防治法》对原告涉案行为进行处罚是否正确，本案裁判理由反映出的裁判思路大致如下：第一，解构《固体废物污染环境防治法》和《大气污染防治法》中两个待适用法规规范的构成要件、法律后果和规制对象。第二，指出案件无证据可证实臭气是否来源于任何工业固体废物，隐含否认案件事实符合《固体废物污染环境防治法》的构成要件。第三，论证相较于《固体废物污染环境防治法》，处罚原因、检测对象与行为后果与《大气污染防治法》更为匹配，进一步补强论证适用《大气污染防治法》处罚更为适当。

虽然解决法律规范冲突是本案的核心问题，但是从裁判文书表述来看，主要是选择了与案件事实最贴近的法律规范。指导性案例编写时，从案件中进一步提炼了裁判规则，以强化案件的类型化效应。裁判要点在肯认事实前提“固体废物产生的臭气浓度超过大气污染物排放标准”的基础上，提出了解决本案法律规范冲突的规则。因裁判要点是明文规定的应当参照部分，故本文主要以裁判要点为基础展开分析。

被告金山环保局作出罚款，只能择一适用《大气污染防治法》或《固体废物污染环境防治法》作一次罚款，法律适用中出现了规范冲突。“固体废物产生的臭气浓度超过大气污染物排放标准”同时违反《固体废物污染环境防治法》第六十八条第一款第（七）项、第二款和《大气污染防治法》第九十九条第（二）项，形成法规竞合。但是两法规定的处罚种类和罚款幅度并不相同，《大气污染防治法》规定的罚款幅度下限是《固体废物污染环境防治法》规定的上限。[①] 法律规范冲突是法律规范竞合的下位概念，是指同一案件事实被多个法律规范所指涉时，不同法律规范的法效果不同且彼此不兼容的情形。[②] 裁判时有效的《行政处罚法》第二十四条规定，对当事人的同

---

① 见《大气污染防治法》（2015 年修订）第九十九条规定，超过大气污染物排放标准排放大气污染物的，由县级以上人民政府环境保护主管部门责令改正或者限制生产、停产整治，并处十万元以上一百万元以下的罚款；情节严重的，报经有批准权的人民政府批准，责令停业、关闭。《固体废物污染环境防治法》（2016 年修正）第六十八条规定，未采取相应防范措施，造成工业固体废物扬散、流失、渗漏或者造成其他环境污染的，由县级以上人民政府环境保护行政主管部门责令停止违法行为，限期改正，处一万元以上十万元以下的罚款。

② 雷磊：《法律规范冲突的含义、类型与思考方式》，载《法律方法》2008 年第 4 期。

一个违法行为，不得给予两次以上罚款的行政处罚。[①] 从文义解释的角度出发，上述规定应理解为只能进行一次罚款，而不能多次罚款，但对是否需要从一重处断则未作说明。[②]

根据冲突法律规范所在的法律位阶，法律规范冲突可以分为异位阶的法律规范间的冲突和同位阶的法律规范间的冲突，《立法法》对解决这两类法律规范冲突规定了不同的法律适用规则，并规定了裁决机制。[③] 对于异位阶法律规范冲突，《立法法》规定适用“上位法优于下位法”规则。对于同位阶法律规范冲突，《立法法》第一百零三条规定确立了“新法优于旧法”和“特别法优于一般法”法律适用规则。[④]在本案裁判时，《行政处罚法》还未规定“一事不再罚”原则的适用规则，实践中就如何理解、适用“一事不再罚”原则频生争论。

第139号指导性案例裁判要点支持适用“处罚较重的”《大气污染防治法》，与《立法法》规定的解决法律规范冲突的法律适用规则的关系如何理解？结合新《行政处罚法》修订的内容应如何进一步理解第139号指导性案例确立的裁判规则？2020年修订《固体废物污染环境防治法》整体加重了该指导性案例发布时该法规定的处罚，将第六十八条第一款第（七）项指涉事实的罚款方式由“数值数据”式改为“倍率数据+数值保底”式，并将罚款下限数额提高了10倍。修订后的《固体废物污染环境防治法》与《大气污染防治法》相比，罚款下限相同且未设上限，属“处罚较重”的法律。待决案件参照第139号指导性案例是否应适用“处罚较重”的《固体废物环境防治法》（2020年修订）？如何确定第139号指导性案例的类案范围，以及如何理解“处罚较重”？本文研究力求对强化第139号指导性案例的参照适用有所裨益，并助于增加对行政处罚法确定的从一重罚款规则的理解和适用。

---

① 见《行政处罚法》（2009年）第二十四条规定：“对当事人的同一个违法行为，不得给予两次以上罚款的行政处罚。”

② 马怀德：《〈行政处罚法〉修改中的几个争议问题》，载《华东政法大学学报》2020年第4期。

③ 见《立法法》第九十八条至第一百零六条规定。

④ 见《立法法》第一百零三条规定：“同一机关制定的法律、行政法规、地方性法规、自治条例和单行条例、规章，特别规定与一般规定不一致的，适用特别规定；新的规定与旧的规定不一致的，适用新的规定。”

二、第139号指导性案例与法律适用规则相协调

法院审理案件时，在冲突的法律规范当中依据一定的规则进行选择适用，是司法权的应有之义，是一种与司法权相伴而生的天然权力。[①] 2004年最高人民法院公布的《关于审理行政案件适用法律规范问题的座谈会纪要》明确提出："调整同一对象的两个或者两个以上的法律规范因规定不同的法律后果而产生冲突的，一般情况下应当按照立法法规定的上位法优于下位法、后法优于前法以及特别法优于一般法等法律适用规则，判断和选择所应适用的法律规范。"因此对于案件中的法律规范冲突，应当考量《立法法》规定的法律适用规则，判断和选择本案所应适用的法律规范。本案发生法律冲突的法律规范属同位阶，适用"新法优于旧法、特别法优于一般法"的法律适用规则。因为《立法法》并没有规定"新法优于旧法"和"特别法优于普通法"之间的先后适用顺序，所以不确定的"特别法优于普通法"适用结果结合"新法优于旧法"，使本案的结果处于不确定性中。作为具有典型性的疑难案件，为避免同案不同判，亟须指导性案例确立裁判规则、统一裁判思路。

（一）《立法法》规定的法律适用规则

1. "新法优于旧法"规则

《立法法》第一百零三条规定："同一机关制定的法律、行政法规、地方性法规、自治条例和单行条例、规章……新的规定与旧的规定不一致的，适用新的规定。"根据该规定，同一立法主体制定的同位法之间，有先后不同生效时间的法律规范产生冲突，可以适用"新法优于旧法"规则。因"不得废除他人之法"，新旧法关系只存在于同一立法主体制定的同位法之间。[②] "新法优于旧法"的法理基础在于，假定立法者在制定新法时，有意废除与之相抵触的规定。[③]已有共识的是，当法律的颁布时间与生效时间不相同时，比较法律规范的新旧，以实际生效之日为准。[④] 但需要明确的是，比较法律规范新旧笼统地以整部法律还是以法律条文的生效时间为准。法律规范通过法律

① 黄金荣：《法院对上下位法冲突处理规则的适用及其限度》，载《环球法律评论》2016年第2期。

② 雷磊：《法律规范的冲突与适用》，中国政法大学2003年硕士学位论文。

③ 秦季芳：《法律规范竞合关系的再思考》，载《玄奘法律学报》2005年第4期。

④ 秦季芳：《法律规范竞合关系的再思考》，载《玄奘法律学报》2005年第4期。

条文来表述；法律条文是规范性法律文件的构建单元。相较于整部法律，法律条文更能直观反映立法者的最新意思。因此，笔者认为，比较法律规范的新旧，须精确到法律条文的生效之日。

有的法律几经修改与修正，故明确修改、修正后法律条文的生效时间十分重要。采用修改或修正方式，对法律条文的生效时间有不同影响。我国法律的修改主要有两种形式：修订和修正。修订是对规范性法律文件进行全面修改，重新公布法律文本以替代原法律文本。例如，2004 年修订《固体废物污染环境防治法》，是对 1995 年《固体废物污染环境防治法》的全面修改。修正是对规范性法律文件的部分法律条文予以修改，并公布修改法律决定或修正案。例如，2013 年 6 月 29 日全国人民代表大会常务委员会第三次会议通过《关于修改〈中华人民共和国文物保护法〉等十二部法律的决定》，对《固体废物污染环境防治法》第四十四条第二款作出了修改。采取修订形式修改的法律，由于修改的内容较多，涉及法律原则、制度的修改，重新公布的法律文本会规定法律施行时间。采用修正形式修改的法律，修改决定或修正案公布的施行时间仅针对被修正的条文。

采用修订方式修改的法律，所有的法律条文，无论是修改的内容还是没有修改的内容，生效时间都统一至重新规定的法律施行时间；采用修正形式修改的法律，修改的条文自修改决定或修正案确定的施行时间生效，未修改条文的生效时间并不因修正而发生改变。[①] 例如，2004 年修订的《固体废物污染环境防治法》第九十一条规定："本法自 2005 年 4 月 1 日起施行。"所有法律条文的生效时间均统一为"2005 年 4 月 1 日"。后 2013 年修正《固体废物污染环境防治法》，其中被修改条文的生效时间为"2013 年 6 月 29 日"，未修改条文的生效时间仍为"2005 年 4 月 1 日"。综上，如果法律未经修改或修订，法律条文的生效时间为制定时规定的施行时间；如果最新一次修改采修订方式，所有法律条文的生效时间统一至修订时重新规定的施行时间；如果最新一次修改采修正方式，被修改条文的生效日期为修改决定（或修正案）规定的施行时间，未修改条文的生效时间不变，为最近一次修订时规定的施行时间（未经修订的为制定时规定的施行日期）。

---

① 吴恩余：《修订与修正的界分及相关法律适用问题》，载《人大研究》2010 年第 1 期。

2. “特别法优于一般法”规则

《立法法》第一百零三条规定：“同一机关制定的法律、行政法规、地方性法规、自治条例和单行条例、规章，特别规定与一般规定不一致的，适用特别规定……”该规定同样将“特别法优于一般法”的适用范围限定于同一立法主体制定的同位法的法律规范。“特别法优于一般法”法理基础在于，特别法是在考虑具体社会关系特殊需要的前提下制定的，反映事物自身运动发展规律的特殊性，更符合客观实际情况，因此具有优先适用的效力。①

“特别”和“一般”是相对存在的，因此在实践中区分特别法与一般法并非易事。关于特别法与一般法的界分标准，主流学说有两种。第一种，以法律规范的效力范围差异来界分特别法与一般法。“一般法是指在时间、空间、对象以及立法事项上作出的一般规定的法律规范。特别法是与一般法不同的适用于特定时间、特定空间、特定主体（或对象）、特定事项（或行为）的法律规范。”② 如果一个法律条文的时间、空间、对象或事项效力范围较小，则该法律条文具有特殊性。但当冲突法律规范的效力范围同时在几个方面大小相异，则单纯依据该标准区分特别法就会比较困难。第二种，以法律规范中构成要件要素间的包含关系界分特别法与一般法。如果前一个法律条文包含的构成要件要素为后一个法条所包含，且后一个法条还具有前者所没有的构成要件要素，则后者相较于前者具有特殊性。③ 比较困难的是两个法条在构成要件上互有交集，如每个规范分别拥有其他规范所没有的特别构成要件，则单独适用该方法不足以识别出特别法。

笔者认为法律适用实践中区分特别规定与一般规定，可采以下识别步骤与方法。第一步，确定引发争议的事项及其性质。第二步，比较冲突法律规范在人、时、地、事四个方面的效力范围，如果可以识别出效力较窄者，则得出结论。第三步，比较冲突法律规范的构成要件要素，如果构成要件要素可形成包含和被包含关系，则得出结论。最后，如前三步后仍不能得出结论的，则需要法律适用者联系个案争议的问题具体认定。对于如何联系个案争议裁量，有学者提出可适用“密切联系法优于一般联系法”识别特别法，即

---

① 顾建亚：《行政法律规范冲突的适用规则研究》，浙江大学出版社 2020 年版，第 79 页。

② 汪全胜：《特别法与一般法之关系及适用问题探讨》，载《法律科学》2006 年第 6 期。

③ 参见［德］卡尔·拉伦茨：《法学方法论》，陈爱娥译，商务印书馆 2003 年版，第 146 页。

以与待决案件联系最密切的法律规范为特别法。[①] 具体来说，首先找到争议事项与冲突法律规范之间的关联点，再根据关联性的强弱分析来断定可资适用的更适宜的法律规范，这种方法能够反映法律适用者对规范背后的价值的权衡。

（二）《立法法》规定的法律适用规则适用于本案的结果

第一，适用“新法优于旧法”规则于本案结论与案例一致，但可质疑的是其并未遵从规则背后的法理依据。《固体废物污染环境防治法》第六十八条在 1995 年《固体废物污染环境防治法》颁布时并未规定，是 2004 年修订时新增条文，在 2013 年、2015 年及 2016 年修正时均未修改，故其生效时间为 2004 年修订规定的生效时间即 2005 年 4 月 1 日。《大气污染防治法》第九十九条是 2015 年修订时新增条文，后该法未经修订或修正，故其生效时间为 2016 年 1 月 1 日。按照“新法优于旧法”规则，本案作出行政处罚时，《大气污染防治法》第九十九条是新的规定，应当予以适用。因此采用“新法优于旧法”规则解决本案法律规范冲突，结论与第 139 号指导性案例相同。但 2020 年修订《固体废物污染环境防治法》对冲突法律规范的构成要件未作改动，可见在裁判时《大气污染防治法》第九十九条虽新，但立法者显然无意取代《固体废物污染环境防治法》第六十八条。因此单独适用“新法优于旧法”规则，会受到案件并未遵从“新法优于旧法”规则背后法理依据的质疑，案件应如何解决，需进一步思考规范。

第二，适用“特别法优于一般法”规则解决本案冲突，可能导向不同的裁判结论。《固体废物污染环境防治法》第六十八条第一款第（七）项与《大气污染防治法》第九十九条第（二）项在时间、空间、对象及事项效力范围上难以区分大小。《固体废物污染环境防治法》第六十八条第一款第（七）项的构成要件是，对工业固体废物未采取相应防范措施，并造成工业固体废物扬散、流失、渗漏或者造成其他环境污染。《大气污染防治法》第九十九条第（二）项的构成要件是，有排放大气污染物的行为，且超过大气污染物排放标准或者超过重点大气污染物排放总量控制指标。前者规定的“其他环境污染”包含“大气污染”，但是其他构成要件则并无包含关系，因

① 顾建亚：《行政法律规范冲突的适用规则研究》，浙江大学出版社 2020 年版，第 158-162 页。

此冲突法律规范的构成要件之间是交叉关系。按照前述总结的界分方法前三步并不能判断何为一般法何为普通法。

可按照“密切联系法优于一般联系法”方法识别本案中的特别法。如果认为臭气浓度超标，而无其他行为的确认事实，大气污染是其他污染的一种类型而具有特殊性，则可视《大气污染防治法》第九十九条第（二）项规定为特别规定。如果认为防控污染来源即从裁判效果考量更重要，且大气污染并不是固废污染的典型结果，则可将《固体废物污染环境防治法》第六十八条第一款第（七）项视为特别规定。另外，如果从实现立法目的角度出发，为充分维护社会公共利益、保护生态环境，则可将“处罚较重”的法律规范视为特别规定。因此，针对相同情况，侧重不同的衡量标准，适用“特别法优于一般法”的方法，可能得出不同的结论。

三、“从一重”规则的制度支撑与现实意义

2009年《最高人民法院关于裁判文书引用法律、法规等规范性法律文件的规定》第七条规定：“人民法院制作裁判文书确需引用的规范性法律文件之间存在冲突，根据立法法等有关法律规定无法选择适用的，应当依法提请有决定权的机关做出裁决……”根据该规定，人民法院解决法律规范冲突，还可以根据《立法法》“等有关法律规定”选择适用。原环境保护部制定的《环境行政处罚办法》第九条规定：“当事人的一个违法行为同时违反两个以上环境法律、法规或者规章条款，应当适用效力等级较高的法律、法规或者规章；效力等级相同的，可以适用处罚较重的条款。”第139号指导性案例支持行政机关适用“处罚较重”的法律规范，一方面符合《环境行政处罚办法》；另一方面也与“新法优于旧法”“特别法优于一般法”的法律适用规则不矛盾。重要的是，该案例体现了人民法院对环境价值保护的重视，符合法律规范冲突情形下新行政处罚法确定的从一重罚款规则，又契合环境保护行政处罚制度的演进趋势，有利于解决环境保护领域长期存在的“守法成本高、违法成本低”的问题，发挥了良好的类案示范效果。

（一）符合新《行政处罚法》确定的从一重罚款规则

“一事不再罚”是行政处罚的一项基本原则，但当出现如指导性案例法律规范冲突情形时，应如何适用法律、是否需要从一重处断，《行政处罚法》

未作说明。实践中通行做法是以同类行政处罚作出的时间为标准，确定后作出的处罚决定违反一事不再罚原则，但该适用机制具有不容忽视的消极影响——无法实现行政立法目的，难以发挥处罚功能，以及破坏平等对待原则。[①] 而根据139号指导性案例的指引，将“处罚较重”作为法律规范冲突情形下的法律选择适用规则，能够充分实现立法目的，并有利于统一类案裁判结果。

在本次《行政处罚法》修订之际，理论界多位学者建议在罚款上确立从一重处罚。[②] 新修订《行政处罚法》回应了学术界的呼声和实践的需要，对“一事不再罚”原则作了进一步完善，增加规定“同一个违法行为违反多个法律规范应当给予罚款处罚的，按照罚款数额高的规定处罚”。至此，法律规范冲突情形下，适用“一事不再罚”原则，法律适用者应当选择适用罚款数额高的规定，作出一次罚款。实践中以作出罚款的时间为标准的做法将被彻底改变。指导性案例颇有远见地确立了与《行政处罚法》相一致的适用规则，指导价值得到进一步彰显。

（二）契合环境保护行政处罚制度的演进趋势

第139号指导性案例指引适用“处罚较重”的法律规范，符合环境行政处罚的整体演进趋势。中国环境法处在不断发展完善的进程中，自1979年《环境保护法（试行）》颁布实施以来，环境法经历了发展、调整和强化时期，2014年被誉为“史上最严”的《环境保护法》修订通过，在加快推进生态文明建设的背景下，环境立法开始进行全面修改完善，又对一大批环境法律进行了修改。[③] 以《固体废物污染环境防治法》为例，该法于1995年制定，2004年修订，2013年、2015年和2016年三次修正，2020年又再次修订。环境保护领域各部法律的历次修订，都相应加大了处罚力度。[④] 环境行政法律责任基本覆盖了所有的环境行政违法行为，并且明确了按日计罚规则、

---

① 黄先雄、张少波：《“想象竞合”情形下一事不再罚原则的适用》，载《中南大学学报》2020年第2期。

② 见马怀德：《〈行政处罚法〉修改中的几个争议问题》，载《华东政法大学学报》2020年第4期；姜明安：《修改〈行政处罚法〉的十条建议》，载《中国法律评论》2020年第5期；黄先雄、张少波：《“想象竞合”情形下一事不再罚原则的适用》，载《中南大学学报》2020年第2期。

③ 汪劲：《环境法学》，北京大学出版社2018年版，第39-47页。

④ 《生活垃圾分类·危险废物污染防治·完善监管与法律责任——固体废物污染环境防治法大修解析》，载新华网，http//www.xinhuanet.com/2019-06/25/c 1124670659.htm。

扩大了责任主体范围、规定了较高的罚款标准和限制人身自由等处罚，在执法实践中也得到日益严格的执行，环境立法呈现出加重处罚的演进趋势。[①] 在习近平总书记提出的“两山理念”的指引下，环境和自然资源的价值得到提升，在环境冲突加剧的现实背景下，加重环境行政责任处罚的共识进一步形成。案件支持适用“处罚较重”的法律规范，完全契合环境保护行政处罚制度的演进趋势。

（三）解决环保领域“守法成本高、违法成本低”问题

第 139 号指导性案例支持环保机关适用“处罚较重”的法律规范，更易于实现对环境的充分保护，有利于防治环境污染和实现社会公平。我国 1979 年制定的《环境保护法（试行）》即规定了“谁污染谁处理”，污染者负担原则是环境法的基本原则，指环境污染造成的损失及治理污染的费用，应当由排污者承担。但实践中环境保护领域长期存在“守法成本高、违法成本低”的问题。对此，最高人民法院已经充分注意并将此作为新《环境保护法》实施后，行政执法和环境司法都需着重解决的问题。[②]

不仅司法机关，执法机关也曾表态认可适用“处罚较重”的法律规范处罚。例如，2005 年湖北省环境保护局向原国家环境保护总局请示，排污单位向城市下水道排放用水冲稀的污泥的行为如何进行环境违法认定及法律适用，原国家环境保护总局复函称，企业行为同时违反了《固体废物污染环境防治法》和《水污染防治法》的有关规定，环保部门可以依照两种法律规定中处罚较重的规定，对该企业的违法行为予以定性处罚。最高人民法院发布该指导性案例表态支持行政机关进行依据较重的法律进行处罚，正是以环境司法保护机制，推动生态文明建设，助力建设美丽中国的实际举措。

四、第 139 号指导性案例的参照适用

《意见》规定，类案是指与待决案件在基本事实、争议焦点、法律适用问题等方面具有相似性，且已经人民法院裁判生效的案件。[③] 简言之，待决

① 刘长兴：《超越惩罚：环境法律责任的体系重整》，载《现代法学》2021 年第 1 期。

② 《最高法：环保领域存在守法成本高违法成本低问题》，载中国新闻网，http：//www.chinanews.com//gn/2016/06-02/7891952.shtml。

③ 见《关于统一法律适用加强类案检索的指导意见（试行）》第一条规定：“本意见所称类案，是指与待决案件在基本事实、争议焦点、法律适用问题等方面具有相似性，且已经人民法院裁判生效的案件。”

案件如果与第139号指导性案例在基本事实、争议焦点、法律适用问题等方面具有以下相似性，则应当参照该指导性案例。第一，待决案件的基本事实是对于行政相对人的环境违法行为，同位阶的不同规范性文件都可适用并规定了罚款，但两法规定的罚款金额并不相同。行政机关依据罚款金额较重的规范性文件作出了罚款决定，行政相对人不服提起诉讼，认为应当适用罚款较轻的规范性文件。或者行政机关依据罚款金额较轻的规范性文件作出了罚款决定，有权起诉的第三人认为应当适用罚款较重的规范性文件处罚，进而提起行政诉讼。第二，待决案件的争议焦点即法律适用问题，主要是行政机关选择适用了其中某一法律规范作出罚款，争议案件适用法律是否正确。在参照第139号指导性案例时，也需注意以下几个方面深入理解该指导性案例。

（一）不同环境法律规范发生冲突

待决案件的法律规范冲突发生于不同环境法律规范之间，不仅限于《固体废物污染环境防治法》和《大气污染环境防治法》。环境法律体系由综合性的《环境保护法》和环境保护单行法组成。环境保护单行法的一种典型分类方式是，分为生态环境保护法和污染防治法两个亚部分法。① 其中，污染防治法又可分为环境要素污染防治法和有毒有害物质污染防治法两个子部门法。② 环境要素通常是指水、大气、生物、阳光、岩石、土壤等。环境要素污染防治法的立法角度是防治环境要素受到污染；有毒有害物质污染防治法的立法角度是防治有毒有害物质产生污染。《大气污染环境防治法》和《固体废物污染环境防治法》分属于前后两个子部门。两类污染防治法律规范分享共同的目标，即减少污染物排放总量，改善环境质量，有效控制环境风险。从污染防治实践经验看，环境要素恰恰常因有毒有害物质而受到污染，控制有毒有害物质排放也即保护了环境要素。

环境要素污染防治法和有毒有害物质污染防治法法律规范之间会有交集，存在法律冲突也实难完全避免。某一类环境污染物，有可能造成多种环境要素的污染。以本案涉及的《固体废物污染环境防治法》为例，该法控制和防止的对象范围十分广泛，固体废物不当存放或处置，可能造成多种环境要素

---

① 吕忠梅主编：《环境法》（第二版），高等教育出版社2017年版，第34页。

② 吕忠梅主编：《环境法》（第二版），高等教育出版社2017年版，第127页。

的污染。[1] 如固体废物在堆放过程中，有害成分经风化雨淋渗入土壤中，杀死土壤中的微生物，使土壤丧失腐解能力，造成土壤污染。另外，由于各单行法制定时间不同，受立法资源限制不可能同时启动修法，随着对环境问题认识的不断深化，对环境资源的保护意识也在不断增强，所以环境法律修改后出现不同环境保护单行法对同一问题规定罚款不同的情况也较难避免。

（二）“处罚较重”的理解

指导性案例裁判要点采用的表述是“处罚较重”，实践中行政处罚的“处罚较重”不仅可以比较罚款金额，其他行政处罚种类之间也可以比较其惩戒性轻重，如吊销许可证相对于暂扣许可证，责令关闭相对于责令停产停业。对于新修订的行政处罚法确定的从一重罚款规则，立法部门的解读明确“一事不再罚”指的是不能给予两次及以上的罚款的处罚，对于其他种类的处罚，还要看单行法律、法规的规定。[2] 因为指导性案例中被告金山环保局作出的行政处罚是罚款，并且新修订的《行政处罚法》也仅明确了按罚款数额高的规定处罚。因此，笔者认为指导性案例中的“处罚较重”应进一步理解为仅指罚款数额较高。

《意见》第九条规定，人民法院应当参照指导性案例，但指导性案例与新的法律、法规、司法解释相冲突或者为新的指导性案例所取代的除外。2020 年《固体废物污染环境防治法》的修改，使得目前“处罚较重”的法律是《固体废物污染环境防治法》，而不是指导性案例指引适用的《大气污染环境防治法》。笔者认为，适用“处罚较重”的法律才是本指导性案例指引法律适用的核心规则，而不论“处罚较重”的具体为哪一部法律。如果仅理解为适用《大气污染防治法》，而忽视了指导性案例意图指引的规则，该种理解不仅过于机械，也遏制了指导性案例的生命力，浪费了宝贵的指导性案例的资源。

（三）与《立法法》规定的法律冲突解决规则相协调

参照第 139 号指导性案例选择“处罚较重”的法律规范时，必然也要与《立法法》确定的“上位法优于下位法”“新法优于旧法”以及“特殊法优

---

① 参见《固体废物污染环境防治法》第一百二十四条第一款第（一）项规定。

② 《四个角度看新行政处罚法的民生亮点》，载中国政府网，http：//www. gov. cn/zhengce/2021－7/15/content_ 5625053. htm。

于一般法”规则协调。如果是不同位阶的法律规范发生冲突，应根据《立法法》规定的“上位法优于下位法”作出判断，不可参照第139号指导性案例。新修订的《行政处罚法》扩大了地方立法机关行政处罚设定权，创设了“补充设定行政处罚权”，意味着即使法律、行政法规针对特定行政管理领域已经有了立法，但该法律、行政法规没有就特定法律、行政法规的行为规定行政处罚，地方性法规为了执行法律、行政法规的规定也可以补充设定行政处罚。[①] 对于超越上位法规定的罚款幅度的下位法，即便下位法罚款数额较高，仍应优先适用上位法；对地方性法规合法补充设定的罚款，即使法律、行政法规没有规定，也不能认为超越了上位法而不予适用。

至于与“新法优于旧法”“特别法优于一般法”规则的适用关系，笔者认为一般情况下，环境行政处罚的趋势即为加重处罚，参照第139号指导性案例的适用结论能够符合“新法优于旧法”规则。“特别法优于一般法”如果能够准确地区分出特别规定，则适用“特别法”；如果不能准确地区分出特别规定，则罚款幅度可以作为争议事项与冲突法律规范之间的关联点，以“处罚较重”的法律规范为特别规定。

五、结语

中国司法正处于建立具有中国特色的类案检索制度进程中，作为第一顺位的类案，指导性案例的价值弥足珍贵。最高人民法院发布的第139号指导性案例为解决环境行政处罚法律规范冲突提出了统一的裁判规则，不仅具有前瞻性，也对行政审判乃至行政执法实践都具有十分重要的指导意义。新修订《行政处罚法》确定了从一重罚款规则，待决案件裁判时依据该规定抑或参照适用第139号指导性案例，都不能忽视《立法法》规定的法律适用规则。

（作者单位：内蒙古自治区赤峰市中级人民法院）

---

① 张效羽：《行政处罚设定权的新发展及其思考》，载《中国司法》2021年第4期。

理论与实践

“非主要责任”的审视与衡量：事故责任不明情况下“途中工伤”的认定规则与司法审查

——以职工单方交通事故为研究视角

卢佳妮　徐殿春

【摘要】 事故责任不明情况下单方事故伤害所引发的工伤认定与司法审查问题在实践中争议分歧明显。为消弭分歧，统一工伤认定与司法审查的标准与尺度，有必要对现有的工伤认定规则与司法救济程序进行重塑构建。本文以“两个典型案例”为靶点，而后通过类似群案展开，通过实证分析的方法对司法实践中138份裁判文书“类案不同判”的症结问题进行省思，并在剖析成因的基础上，提出从“厘清责任事实”“强化行政职责”“统一审查标准”“明确举证责任”“阐明原则导向”五个方面，对事故责任不明的途中工伤认定规则与司法审查制度进行重构，以期最大限度地降低裁量差异、消除法律适用分歧，满足人民群众对公正司法的需求与期待。

【关键词】 工伤　单方　交通事故　责任不明　非本人主要责任

引言

近年来，涉及民生问题的劳动者权益保障案件的数量逐年增多，工伤保险资格认定案件成为近年来行政诉讼案件的重点。其中，职工在上下班途中，因驾驶电动车、摩托车等交通工具发生单方交通事故而引发的工伤保险资格认定案件成为当前司法实践和社会关注的热点、难点。此类案件通常因未划分事故责任在司法实务中存在很大争议，在社会实践中亦面临着事故责任无法举证的现实难题。囿于《工伤保险条例》等法律法规未对事故责任不明情况下“途中工伤”的工伤认定规则与司法审查作出具体规定，无论是行政机关抑或司法机关均缺乏相对统一的规则指引，在工伤认定的问题上难以达成共识。确定此类案件的裁判规则与理念，对于指导类似案件的处理在全国范围内形成扩展效果并达成司法共识具有重要意义。

一、实践检视：“鸟瞰”职工单方交通事故工伤认定的司法图景

（一）微观聚焦：两个典型案例的适法碰撞

【案例一】彭某的丈夫余某系A公司职工。某天因下雨视线不佳，余某在下班途中驾驶两轮电动车撞到路边树木当场死亡。交警出具《事故证明》未对事故责任进行划分。A公司向人社局提出工伤认定申请，人社局对A公司和事发地点进行调查，并综合调查结果和调查笔录，认定余某发生事故死亡系驾驶电动车操作不当所致，其本人应负事故的主要责任，遂对其作出不予认定工伤决定。彭某不服提起行政诉讼。另查明，人社局在法定举证期限内未向法院提交证据。

【一审判决①】撤销“不予认定工伤决定”。理由：1. 余某发生事故死亡，系不可预见原因所致，属意外事件；2. 人社局作出不予认定工伤决定证据不足；3.《工伤保险条例》的立法目的是保护劳动者，只要事故发生非职工故意造成，就不影响其享受工伤保险待遇。

【二审判决②】撤销一审行政判决，驳回彭某的诉讼请求。理由：1. 余某应当安全驾驶，其撞到路边树木，表明未谨慎驾驶；2. 人社局在开展调查的基础上认定余某负主要责任应当予以尊重；3. 工伤认定案件也应当考虑经济社会的承受能力。

【再审裁定③】驳回彭某的再审申请。理由：交警部门未划分事故责任，彭某亦没有提交其他有效证明来证实余某在事故中承担“非主要责任”。人

① 详见江西省萍乡市安源区人民法院（2019）赣0302行初48号行政判决书。

② 详见江西省萍乡市中级人民法院（2019）赣03行终79号行政判决书。

③ 详见江西省高级人民法院（2020）赣行申382号行政裁定书。

社局经过调查核实，判断余某应承担事故主要责任并无不当。

【案例二】B 公司安排李某从事保洁工作。某日李某骑电动车下班途中因突遇大风雷电恶劣天气摔倒在路边，事发路段路面不平有坑。交警仅出具《事故证明》，未对事故责任进行划分。B 公司向人社局申请工伤认定，人社局未进行调查，对李某作出认定工伤决定，B 公司不服提起行政诉讼。另查明，李某事发当时车速在 30 公里/小时以上，采取前轮抱死的不当紧急制动方式导致从电动车上方抛出摔倒。

【一审判决①】撤销"认定工伤决定"。理由：李某在明知天气恶劣且事发路段路况不好的情况下，仍违法超速行驶，在紧急制动时采取不当制动方式导致事故发生，其应对自身受伤负有一定责任，不属于应当认定工伤的情形。

【二审判决②】撤销一审行政判决，驳回 B 公司的诉讼请求。理由：李某难以预见回家途中会因天气原因发生事故，即使未谨慎驾驶，也不应负事故的主要责任。根据《工伤保险条例》的立法目的，人社局作出有利于职工的工伤认定并无不当。

【再审裁定③】驳回 B 公司的再审申请。理由：交警未划分事故责任，也未作出李某负主要责任的结论性意见，人社局据此作出工伤认定并无不当。B 公司不认为是工伤，但未提交相反证据推翻现有证据，应当承担举证不能的后果。

表 1：两则典型案例基本情况对比

	基本事实	事故责任	行政认定	一审	二审	再审	结果
案例一	天下雨视线不佳，驾驶电动车撞到路边树木	未认定	不予认定工伤	撤销不予认定工伤决定	撤销原判，驳回职工诉讼请求	驳回职工再审申请	不予认定工伤

① 详见湖南省湘潭市雨湖区人民法院（2019）湘 0302 行初 548 号行政判决书。
② 详见湖南省湘潭市中级人民法院（2020）湘 03 行终 60 号行政判决书。
③ 详见湖南省高级人民法院（2020）湘行申 736 号行政裁定书。

续表

案例二	大风雷电恶劣天气，驾驶电动车摔倒，路面有坑	未认定	认定工伤	撤销认定工伤决定	撤销原判，驳回用人单位诉讼请求	驳回用人单位再审申请	认定工伤

以上两个案例均涉及事故责任不明情况下职工发生单方交通事故时的工伤认定问题。在基本事实上，两个案例具有很高的相似性，且均经过一审、二审、再审审判程序。然而，司法机关的判决却始终在维持行政认定与撤销行政认定之间反复徘徊，以致两个案件在最终的处理结果上大相径庭，这无疑凸显了此类工伤认定问题在行政机关以及不同层级法院之间的犹豫与踯躅。

（二）宏观透视：138份裁判文书的司法之辩

笔者通过中国裁判文书网以“单方交通事故”“工伤”为关键词对2018年至2021年5月的行政裁判文书进行检索，并从中筛选出上下班途中职工发生单方交通事故且交警部门未认定事故责任的工伤认定案件138件。其中行政机关认定工伤的有17件，不予认定工伤的有121件；法院判决维持行政机关认定工伤决定的有17件，法院判决撤销不予认定工伤决定的有62件，法院判决维持不予认定工伤决定的有59件。具体情况如下：

表2：138份裁判文书数据分布情况

年份	案件总数（件）	行政机关认定工伤（件）	行政机关不予认定工伤（件）	法院维持认定工伤决定（件）	法院撤销不予认定工伤决定（件）	法院维持不予认定工伤决定（件）
2018	34	5	29	5	18	11
2019	54	7	47	7	23	24
2020	43	4	39	4	18	21
2021（5月止）	7	1	6	1	3	3
总计	138	17	121	17	62	59

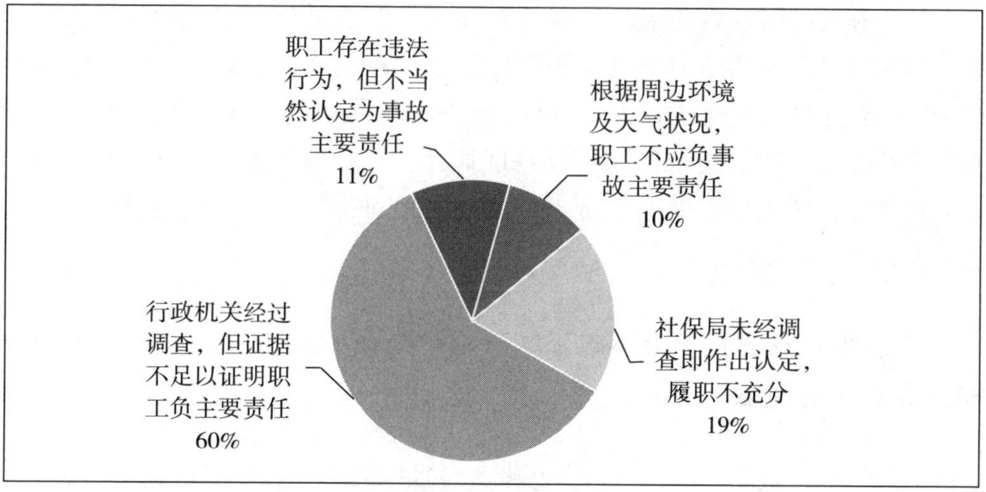

图 1：近三年法院判决撤销“不予认定工伤决定”理由分布

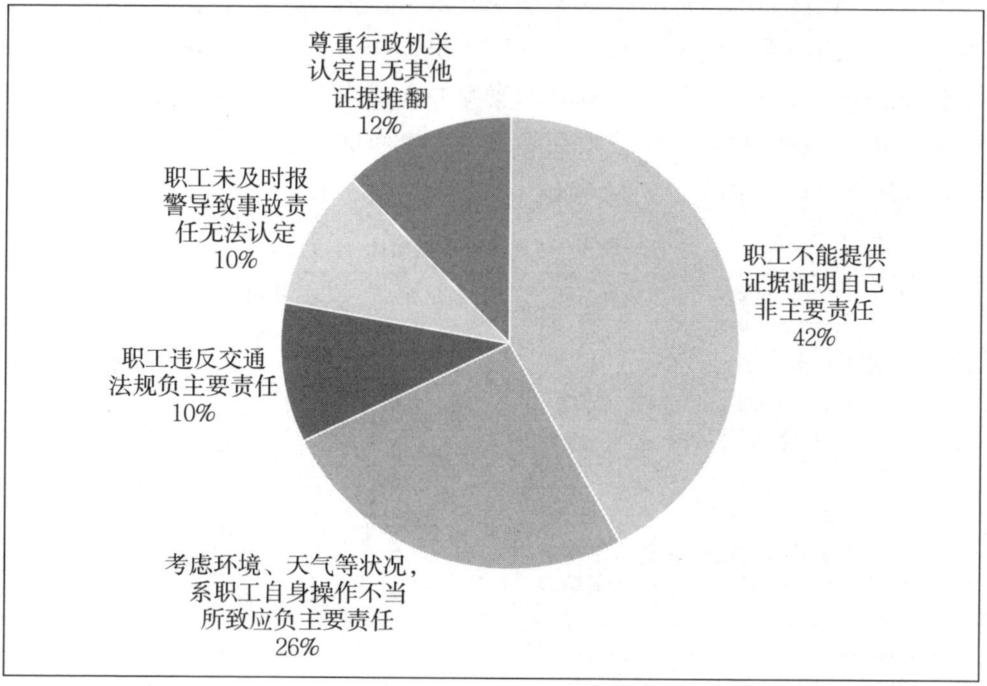

图 2：近三年法院判决维持“不予认定工伤决定”理由分布

从上述138份裁判文书的实证分析来看，各地法院在职工发生单方交通事故且事故责任不明情境下的工伤认定问题上存在诸多争议与分歧，全国范围内工伤认定的行政标准以及裁判标准均体现出相当的不确定性，“类案不同判”的现象在全国法院范围内不同程度地存在，裁判结果的分殊不仅导致劳动者群体在法律面前不能被完全平等而公正地对待，还极大地损害了司法的权威与法治的稳定。

二、理性省思：单方事故工伤认定“类案不同判”之症结分析——司法实践中的摇摆

（一）事故责任认定在职工自身承担与客观因素考量之间的摇摆

行政机关与法院在事故责任的认定上，或是感性的考量胜过理性的价值判断，抑或理性的价值判断中毫无感性的价值流入，正所谓心证在心中。比如，在同样的雨天路面湿滑的情况下发生单方交通事故，有的法院认为客观因素的影响不可预见，职工对事故的发生并无重大过错，不应负事故的主要责任；而有的法院则认为驾驶人在客观因素影响的过程中更应谨慎驾驶，否则应由其自身承担事故的主要责任。

表3：两则典型案例对比

案号	基本事实	事故责任	行政认定	裁判理由	裁判结果
（2019）苏01行终135号	深夜下雪骑电动车因道路结冰摔伤	职工无明显过错，属交通意外	属于疏忽大意摔伤，自身负主要负责，不认定工伤	职工无明显过错，考虑环境各个因素认为不应负主要责任	撤销不予认定工伤决定
（2018）苏12行终243号	路面结冰，天尚未黑，骑电动车摔倒	未查清原因，责任不明	未尽谨慎驾驶义务，不认定工伤	职工应谨慎驾驶，自身应负事故主要责任	维持不予认定工伤决定

笔者从138份裁判文书中筛选出涉及客观因素介入交通事故的裁判文书共24份，并以此为研究对象，考察司法实践中客观环境因素如雨雪天气、道路结冰、坑洼不平、半夜视线差等在事故责任认定中的影响。

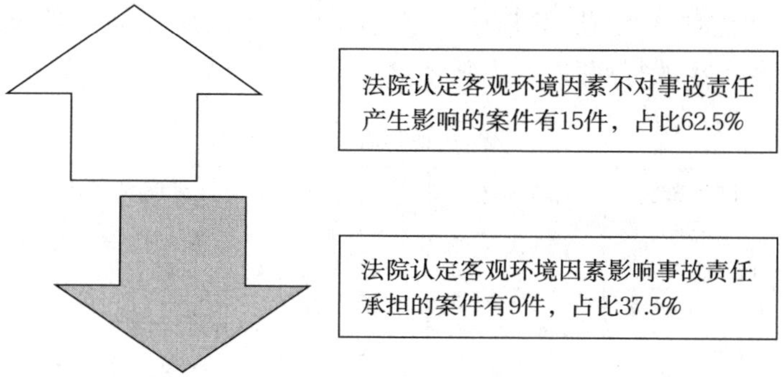

图 3：客观因素影响力对比

从以上数据可以看出，司法实践中多数法院认为，在职工发生单方交通事故的过程中，客观环境因素并不对事故发生产生作用力，职工自身应当对事故发生负主要责任。

（二）“事故责任”举证责任分配在职工与行政机关之间的摇摆

在诉讼程序中，究竟是由职工对“非本人主要责任”承担举证责任还是由工伤保险部门对职工“本人主要责任”进行举证证明确实值得商榷。笔者从 138 份裁判文书中筛选出判决理由涉及举证责任分配的裁判文书共 80 件，约占所有文书样本的 58%。其中，认为应当由行政机关对“本人主要责任”承担举证责任的案件有 44 件，认为应当由职工举证证明“非本人主要责任”的案件有 36 件。

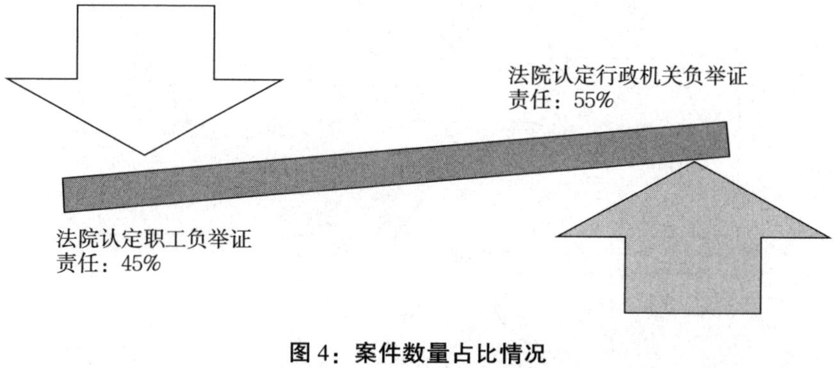

图 4：案件数量占比情况

从上述数据可以看出，司法裁判在“事故责任”这一要件事实的举证责任分配问题上呈现的分殊尤为明显，俨然成为司法实践中“类案不同判”的

“众矢之的”。笔者从80份文书样本中选取两个因适用不同举证责任规则而判决结果迥异的案件进行对比，见下表。

表4：裁判观点对比

案号	基本事实	事故责任	行政认定	裁判理由	裁判结果
(2019) 浙04行终96号	晚上9点，驾驶电动车摔倒	交警认定超速行驶，原因不确定，责任未划分	综合环境、路况及车速，不予认定工伤	行政认定只是表述事实，并无证据证明职工本人应负主要责任	撤销不予认定工伤决定
(2019) 豫08行终266号	驾驶电动车不慎摔伤	未对事故责任进行划分	系自身原因摔伤，不予认定工伤	职工未提交证据证明“非本人主要责任”	维持不予认定工伤决定

（三）尊重行政机关行政判断权与行政行为实质审查之间的摇摆

工伤认定涉及专业认定及规范适用两个方面，但在长期以来的实践中，过于突出工伤认定的行政专业属性，导致司法实践中存在显著迁就行政认定的裁判偏好。① 笔者从138份裁判文书样本中甄选出涉及司法审查过程中，尊重行政机关判断权与主张行政行为实质审查的案件共62件，约占比45%。其中，有25件案件主张尊重行政机关经调查核实作出的行政判断，有37件案件主张在行政机关进行调查核实的基础上进一步实质审查其作出不予认定工伤决定的证据是否充分。

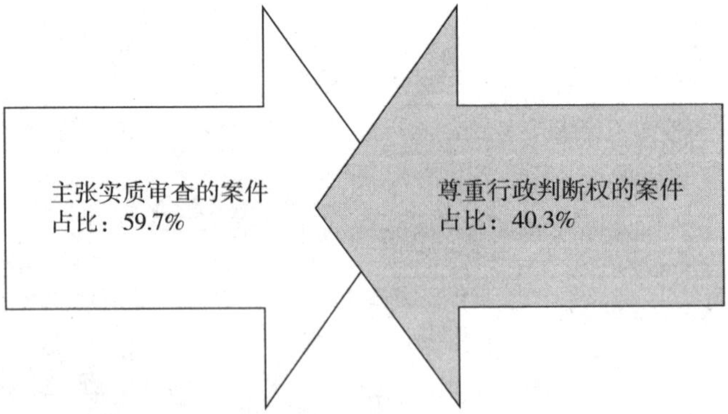

图5：占比情况对比

① 葛翔、刘洪明：《规则还是惯例：特殊类型工伤的行政认定与司法审查——基于上海市643起一审工伤行政案件的分析》，载《法律适用》2020年第18期。

表 5：两则案例裁判情况对比

案号	基本事实	事故责任	行政认定	裁判理由	裁判结果
(2019) 赣 71 行终 512 号	骑电动车撞到路上石头不慎摔倒	认定单方事故，未划分责任	经调查认定职工负主要责任，不认定工伤	经实质审查，行政机关提供的证据不能达到高度盖然性，不足以证明主要责任	撤销不予认定工伤决定
(2020) 皖 02 行终 161 号	驾驶无牌照二轮摩托车，与路边碰撞倒地死亡	证实事实经过，未认定事故责任	经调取询问笔录、事故现场图，认定负全责，不予认定工伤	1. 尊重行政机关经调查作出的认定；2. 未谨慎驾驶应负主要责任	维持不予认定工伤决定

（四）保障职工合法权益与缓解社会保险基金承受压力之间的摇摆

工伤保险行政部门一方面要尽可能保障受伤害职工获得工伤保险待遇的权利；另一方面也要考虑社会经济的承受能力，保障社保基金安全平稳运行。实践中，因司法裁判价值理念存在差异，导致裁判结果在倾斜保障职工合法权益与缓解社保基金承受压力之间摇摆不定。在 138 件裁判文书样本中，涉及上述两种裁判理由倾向的案件有 46 件，其中，裁判理由倾向于保障职工合法权益的案件有 31 件，倾向于缓解社保基金压力的案件有 15 件。

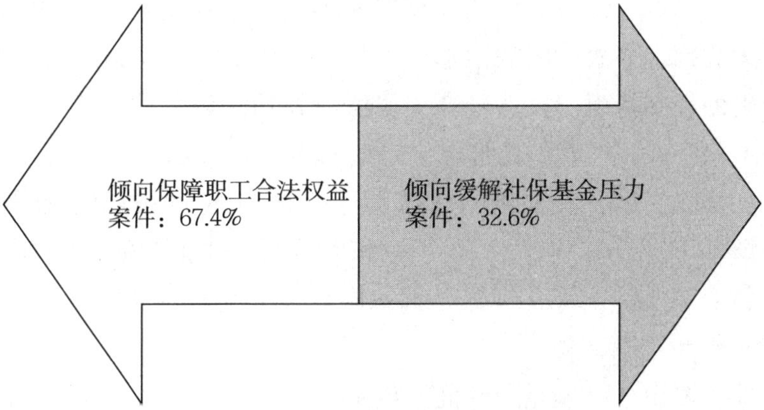

图 6：摇摆案件占比情况

表 6：裁判理由对比

案号	基本事实	事故责任	行政认定	裁判理由	裁判结果
(2019) 鲁11行终99号	无证驾驶摩托车途中摔倒，路上有结冰	系自身摔倒，未划分责任	无证驾驶负主要责任，不予认定工伤	无证驾驶不能当然认定主要责任，基于工伤保险的立法目的，应作出有利于劳动者的判断	撤销不予认定工伤决定
(2019) 苏12行终64号	下班途中驾驶电动车摔伤	事故责任未划分	职工应安全驾驶，不予认定工伤	考虑经济形势，一律认定工伤将加大工伤保险资金压力，尊重行政机关经调查作出的认定	维持不予认定工伤决定

三、成因剖析：规范缺失背景下主观因素与客观因素的综合归因

（一）根本原因：立法缺陷导致的适法困境

1. “非主要责任”事实判断规则缺失

根据我国《工伤保险条例》关于“途中工伤”的相关规定，“非本人主要责任”是判断职工能否认定为工伤的核心要素。在交警部门因无法查清基本事实、无法判定事故成因的情形下，如何判断职工的事故责任，目前尚无具体而明确的规则指引。虽然最高人民法院在司法解释中规定，在事故责任认定书等不存在或不明确的情形下，行政机关就‘本人主要责任’作出认定的，人民法院应当结合其提供的证据进行审查。[①] 但此条规定针对的是事故责任不明情形下工伤认定案件的司法审查问题，并未就如何判断“事故责任”这一核心事实作出细化规定。就我国目前的立法现状来看，“非主要责任”的事实判断规则缺失。

2. “非主要责任”衡量与认定原则缺失

我国《工伤保险条例》缺乏“途中工伤”认定与衡量的一般性指导原

① 详见《最高人民法院关于审理工伤保险行政案件若干问题的规定》第一条规定。

则。基于现实中“途中工伤”的样态趋向复杂多样，现有的规定无法涵盖实践中多变的工伤形态，给“途中工伤”的法律适用问题带来障碍。行政机关以及司法机关应当遵循何种原则来衡量与判断“非主要责任”，才能更好地契合《工伤保险条例》的立法精神与立法目的，更好地平衡劳动者、用人单位及工伤保险行政部门之间不同的利益诉求，这些均是立法需要给出的答案。

3. “事故责任”举证责任分配规则缺失

举证责任分配规则对于工伤认定要件事实的证明以及行政诉讼最终的走向起着决定性作用。目前，对于工伤认定行为作出所需依附的关键事实应当如何分配举证责任，我国行政法律规范没有作出特别规定。对于行政诉讼举证责任分配的一般性规则，我国行政法律规范虽有提及，但也仅提供了基本框架，没有具体考虑与实体法的对接。行政诉讼举证责任分配与实体法规范的割裂，导致目前工伤认定行政诉讼的过程无法实现待证事实所属法规的立法目的，也无法体现诉讼程序对法律所保护权益的救济。①

（二）客观原因：无法查证的现实难题

1. 事故现场不可逆转：事故成因成谜

在单方交通事故中，机动车驾驶人作为事故的唯一参与者，通常因受到事故伤害而行为活动受限或是直接昏迷，一方面导致事发后报警迟延甚至无人报警的情形出现；另一方面亦因无第三方人员参与而无法对事故现场进行固定保全，导致事故现场遭到破坏、相关证据遗失而无法查清事故成因。

2. 事故调查取证困难：责任难以界定

（1）职工事发时主客观状态难以证明

根据《道路交通安全法实施条例》的规定，交通管理部门是依据交通事故当事人的行为对事故发生所起的作用以及过错的严重程度来确定当事人的责任。② 在实践中，由于调查取证的滞后性和事发状态的不可逆转性，无论是交通管理部门还是社会保险行政部门对于职工在单方事故中的驾驶行为以及主观状态都难以取证证明，从而导致事故责任难以界定。

（2）客观环境对事故发生的作用力难以判断

客观环境是判断职工是否承担事故主要责任的一个重要影响因素，亦是

① 王东伟：《论工伤认定行政诉讼案件中的举证责任》，载《证据科学》2016 年第 24 卷（第 1 期）。
② 详见《道路交通安全法实施条例》第九十一条规定。

司法实践中产生分歧及争论的焦点之一。在对交通事故的调查取证中，行政机关仅能对事发时的天气、能见度、路况等客观环境的事实状态予以确认，但对于客观环境在交通事故中的参与度及其对事故发生产生的作用力均难以取证证明，实践中亦面临难以评估的窘境，导致“非主要责任”的判断呈现出极大的主观性。

（三）主观原因：个体认知的多元差异

1. “非主要责任”的事实判断存在偏差

个体认知的多元导致在“非主要责任”的事实判断上存在偏差，如下图所示：

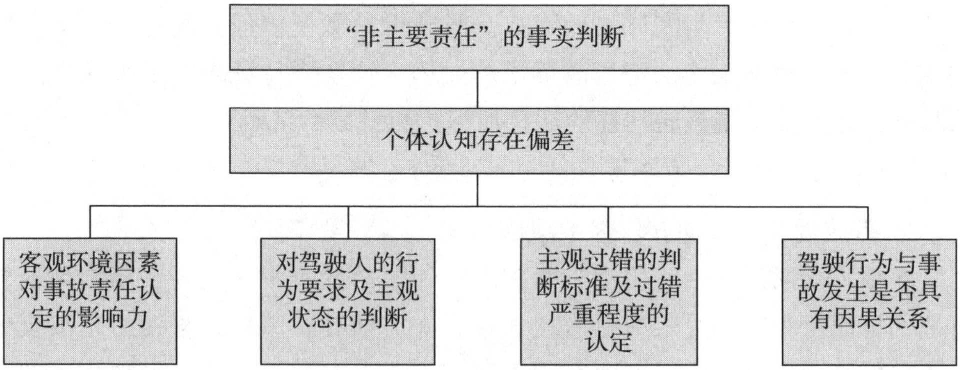

图 7：个体认知偏差具体表现

2. “行政认定”的审查标准存在偏差

在司法实践中，审查标准的差异突出体现在司法机关对“行政认定”是采取形式审查还是进行实质审查上。所谓形式审查，即只要行政机关在程序上对事故责任进行了调查核实，其根据调查结果作出的认定，法院即予以尊重；而实质审查标准则侧重于对行政机关进行事故调查后的相关证据进行合法性审查，即着重审查行政机关作出不予认定工伤行为的证据是否充分。

3. “工伤案件”的裁判理念与价值取向存在偏差

各地法院在处理单方交通事故工伤认定案件上秉承的裁判理念与价值取向存在偏差，直接影响着司法机关对举证责任分配的选择以及对职工“非主要责任”的判断，亦导致司法裁判在倾斜保护劳动者合法权益与保障社会保险基金平稳运行之间游走徘徊，摇摆不定。

四、重塑构建：单方事故工伤认定规则与司法审查——以保护劳动者为愿景

（一）厘清责任事实：建立“非主要责任”的认定规则

1. 过错责任原则：根据立法本意，“途中工伤”关于“非主要责任”的设定，旨在保护主观上无恶意的劳动者获得医疗救治、经济补偿和职业康复的权利。[①] 可以说，劳动者过错是改变途中工伤性质的重要依据，当劳动者过错足以改变行为性质时，方可排除工伤认定。[②] 因此，在“非主要责任”的判定标准上应当附加主观要件，考察劳动者事发时的主观状态，同时依据过错的严重程度来衡量劳动者是否属于主要责任。

2. 行为责任原则：如果当事人对某一起交通事故负有责任，则必定因其行为引起，没有实施行为的当事人不负事故责任。[③] 根据道路交通安全法则，劳动者在驾驶过程中应当确保交通安全，杜绝法律法规禁止及其他存在安全隐患的行为。运用此原则判定事故责任，应着重考察劳动者客观上是否存在无证驾驶、驾驶无证车辆、酒后驾驶、闯红灯等交通违法行为。[④]

3. 因果关系原则：该原则要求认定交通事故责任时，必须认定哪些行为在事故中起作用及作用的大小，[⑤] 凡构成后果发生之必要条件的情况，均为事实上的原因。[⑥] 若劳动者在驾驶过程中存在违法违规行为，但并不直接导致交通事故损害后果的发生，即行为与事故之间不构成直接因果关系，则不可直接认定劳动者负事故主要责任。

（二）强化行政职责：完善行政机关对事故责任的调查核实职责

在立法层面，应当进一步完善工伤认定行政程序，明确行政机关的调查核实职责，细化调查核实的内容，强化其对事故责任的证据搜集力度，同时

---

① 人民法院出版社编：《解读最高人民法院司法解释：行政诉讼、国家赔偿卷》，人民法院出版社2019年版，第229页。

② 侯玲玲：《工伤排除规则重构：从过错到因果》，载《中国法学》2019年第5期。

③ 李后龙：《审判实务热点、难点问题解析》，人民法院出版社2013年版，第166页。

④ 杨科雄：《上下班途中工伤认定的法律适用探究》，载《法律适用》2014年第11期。

⑤ 李后龙：《审判实务热点、难点问题解析》，人民法院出版社2013年版，第166-167页。

⑥ 康宝奇：《专业化合议庭建设及类型化案件审判研究（第二辑）》人民法院出版社2010年版，第119页。

确立行政机关怠于履行职责的责任追究机制。在具体操作层面，行政机关在调查核实过程中应当结合过错责任、行为责任及因果关系原则，着重对劳动者事发时的主观状态、客观行为、周边环境等方面进行调查取证，必要时可引入第三方评估鉴定机构，听取鉴定人员的专业意见，以综合判断劳动者的责任程度，作出公正、合理的决定。

（三）统一审查标准：明晰司法机关对行政行为的实质审查标准

实践中有观点认为，行政机关在调查核实基础上作出的认定，属于行政自由裁量权的范畴，人民法院应当尊重行政机关的首次判断权。[①] 笔者认为，行政自主性虽然要求法院在司法判断上对行政机关予以适度的尊重，但这并不意味着要在整体上削弱法院对行政的监督和控制力度，淡化司法对行政介入的程度。[②] 因此，笔者建议在司法实践中要明确实质审查标准，即在审查行政行为程序是否合法的前提下，着重审查行政机关履行调查核实职责之后作出的工伤认定行为证据是否确凿充分。

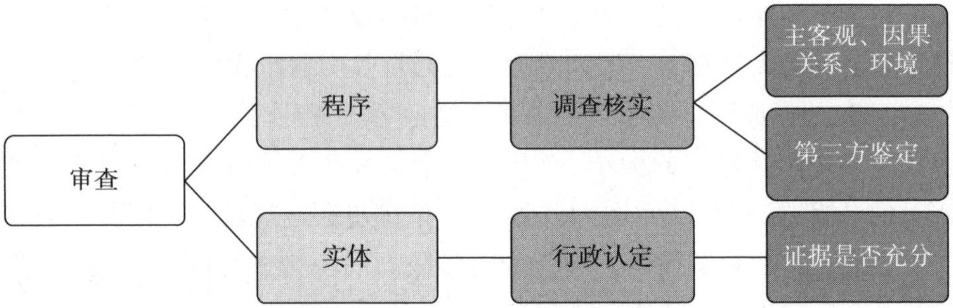

图 8：司法审查流程

（四）明确举证责任：确立单方事故工伤认定举证责任分配规则

举证责任的分配问题，是行政诉讼体系中体现公民基本权利保护主义和审判权对行政权控制监督作用的核心领域。[③] 确立“途中工伤”举证责任分配规则，一方面，要着力解决事故责任不明时法院应当如何裁判的问题；另

---

① 汤龙、蒲开明：《上班途中受到单方交通事故伤害的工伤认定》，载《人民司法》2020 年第 23 期。

② 黄学贤、汪厚冬：《“途中工伤”构成要素的司法判断——以〈工伤保险条例〉第十四条第一款第六项为考察对象》，载《苏州大学学报（哲学社会科学版）》2014 年第 4 期。

③ 杨曙光：《论工伤行政诉讼的举证责任》，载《法学杂志》2017 年第 12 期。

一方面，它的确立也要体现工伤保险法律规范的立法精神与立法目的。

1. 交通事故责任不明时，劳动者不承担“非本人主要责任”的举证责任。行政诉讼中的举证责任分配规则不同于民事诉讼，不可错误地强调“谁主张，谁举证”。从举证能力上考量，劳动者作为交通事故的受害方，不存在举证优势。若要求处于弱势地位的劳动者承担举证责任，未免过于苛责，难以体现对受伤害职工的法律救济与保护。

2. 由“否定工伤”的一方承担举证责任，实行举证责任倒置。根据《行政诉讼法》及相关司法解释的规定[①]，行政机关认定职工负“主要责任”并据此作出不予认定工伤决定的，应由其承担举证责任。行政机关作出认定工伤决定，用人单位不服的，则由否定工伤的用人单位承担举证责任。

3. 运用公民基本权利保护原则，作出有利于劳动者的推定。在现有法律法规提供的败诉风险分配规则不明确时，就需要运用公民基本权利保护主义去“弥合法律织物的漏洞”。[②] 在诉讼程序中，若无证据证明劳动者不构成工伤，则应当作出有利于劳动者的推定。

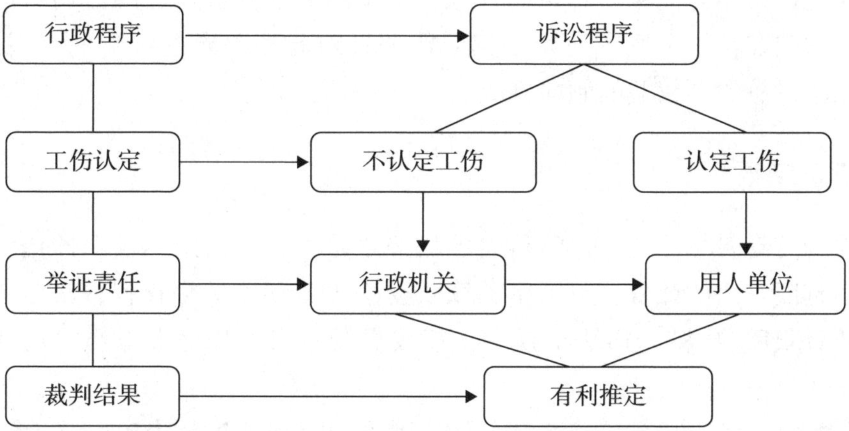

图 9：举证责任分配规则

① 详见《行政诉讼法》第三十四条、《最高人民法院关于审理工伤保险行政案件若干问题的规定》第一条规定。

② 杨曙光：《论工伤行政诉讼的举证责任》，载《法学杂志》2017 年第 12 期。

（五）阐明原则导向：明确单方事故工伤认定的指导原则与价值取向

1. 基本生存权保障原则：根据我国宪法“尊重和保障人权”的基本精神，工伤保险法律制度要从根本上保障和维护劳动者的生命、健康。司法机关在审判中应当坚持“以人为本”的价值理念，秉承宪法精神和原意行使解释权，以填补现行法律文本在公民基本权救济方面的缺漏[①]，实现对劳动者基本生存权的救济与保障。

2. 倾斜保护劳动者原则：《工伤保险条例》属于社会法范畴，其本身承载着倾斜保护劳动者的理念，其基本宗旨体现了对社会弱者的倾斜保护。[②]人民法院在司法审判中，对于事实认定和法律适用方面存有争议的案件，应当以对劳动者的倾斜保护作为出发点，[③] 以充分体现工伤保险法律法规的立法精神与宗旨，实现社会实质正义。

3. 利益衡平原则：利益衡平是指各利益主体之间地位平等，享有平等获利的机会，并形成一种将冲突限定在社会主流价值观之内且体现最广大群体利益价值的和谐状态。[④] 在司法实践中，难免存在因社会资源分配不均导致当事人在诉讼能力上实力悬殊的现象，为保障处于弱势地位的劳动者的合法权益，法院在具体个案中适用法律时需要针对此种差异进行衡平[⑤]，从而作出有利于维护弱者权益的倾向判决。

五、结语

作为劳动者享受工伤保险待遇的必经之路，工伤认定不仅牵涉错综复杂的事实判断与法律评价，更紧密关联于受伤害劳动者的生存权，认定之责可谓重要且艰巨。[⑥] 鉴于司法实践中，事故责任不明时“途中工伤”的认定标

---

① 杨曙光：《论工伤认定中“途中工伤”条款之适用研究——以公民基本权保护主义为视角》，载《行政法学研究》2013 年第 2 期。

② 江必新：《最高人民法院司法解释与指导性案例理解与适用》，人民法院出版社 2015 年版，第 308 页。

③ 人民法院出版社编：《司法解释理解与适用全集 · 行政诉讼、国家赔偿卷》，人民法院出版社 2019 年版，第 923 页。

④ 吴清旺、贺丹青：《利益衡平的法学本质》，载《法学论坛》2006 年第 1 期。

⑤ 侯晓燕：《法律解释方法在保护弱势者权益倾向案件中的效用及其限度——从指导性案例 40 号切入》，载《岭南学刊》2019 年第 5 期。

⑥ 郑晓珊：《工伤认定的程序理性——以相对人之参与权视角》，载《甘肃政法学院学报》2013 年第 3 期。

准与司法审查界限模糊，对现有的制度构建进行梳理重塑，对于统一法律适用、实现类案同判具有重要意义；同时对于强化行政机关调查取证职责，倾斜保护广大劳动者的合法权益，实现《工伤保险条例》社会保障的价值功能、契合其立法精神亦具有积极作用。

（作者单位：江西省萍乡市中级人民法院）

关于工伤保险先行支付行政案件履行之诉判决方式探析

——以全国28省市法院为视角

马小燕　李　静

【摘要】 工伤保险先行支付类案件系重要行政案件类型之一，然在对履行之诉作出判决时却存在同案不同判的现象。本文将以履行之诉的行政判决方式类型化为研究主题，以全国28省市三级法院60份行政判决书作为研究样本，综合运用法律释义、比较研究、实证研究等方法，从工伤保险先行支付履行之诉出发，通过对司法审判实践中行政判决书样本进行类型化研究，深入缕析分解履行之诉的属性及与之对应的判决方式，进而探索构建工伤保险先行支付行政诉讼领域履行之诉的判决方式的审查规则与裁判规则，并对司法审查时遇到的重点、难点以及判项表述等裁判技术均予论证回应，以期统一裁判尺度，实现司法效率与公平公正有机统一，实质性解决行政争议。

【关键词】 工伤保险　先行支付　判决方式　履行之诉　司法审查路径

《中华人民共和国社会保险法》（以下简称《社会保险法》）第四十一条、第四十二条确立了工伤保险先行支付制度，即劳动者被认定工伤后，用人单位或第三人拒绝支付工伤保险待遇时，由工伤保险基金先行支付，并依法向用人单位或第三人进行追偿。实践中，当劳动者向社保部门提起要求其履行核定先行支付工伤保险职责或先行支付工伤保险金额申请时，社保部门存在拒绝履行或者拖延履行现象，进而引发行政争议。劳动者作为原告，以社保部门为被告提起行政诉讼，要求被告履行先行支付职责或给付义务，形成履行之诉。各法院在审理该类案件时，虽有法律明确规定的文本指引，但对诉讼请求、行政案由、案件类型等审查标准不一，对法律依据、判项表述、履行期限等判决方式的裁判标准亦不统一，呈现出“同案不同判”的现象。

一、工伤保险先行支付履行之诉在行政审判实践中的现状统计

（一）行政审判实践数据概况

在中国裁判文书网中以“行政案件”作为搜索范围，选取“判决书”，以“工伤保险”“先行支付”为检索关键词，同时选择行政案由进行检索，可检索获取 3207 份行政判决书。从审判年份来看，时间跨度从 2012 年至 2020 年；从地域分布来看，空间跨度分布于北京、天津、河北、山西、内蒙古、辽宁、吉林、黑龙江、上海、江苏、浙江、安徽、福建、江西、山东、河南、湖北、湖南、广东、广西、海南、重庆、四川、贵州、云南、陕西、甘肃、青海、宁夏、新疆等地。案件数量总体上呈现出不断攀升态势；案件类型以行政一审居多，二审次之。

表 1：2012-2020 年工伤保险先行支付行政案件数量

年份	2012	2013	2014	2015	2016	2017	2018	2019	2020
案件数量（件）	2	22	144	312	402	488	694	628	515

表 2：2012-2020 年工伤保险先行支付行政案件的审判程序

审判程序	行政一审	行政二审	行政审判监督
案件数量（件）	1977	1194	36

（二）履行之诉抽样统计分析

通过抽样方式，选取全国 28 省市法院作出的 3207 份行政判决书，结果均以被告社保部门需履行职责或行政给付为判决结果，共计 60 份行政判决书作为本文的研究样本。在抽样的行政判决书中，审判时间范围从 2012 年至 2020 年；审理程序包括一审 12 件、二审 40 件、审判监督 8 件；地域涉及北京、广东、新疆、湖南等 28 省市；均选取判令社保部门履行先行支付法定职责或行政给付为结果的行政案件。经统计抽样样本，呈现出如下特点。

1. 诉讼请求呈现出多样化特征

工伤保险先行支付类行政案件，缘起于社保部门未履行原告申请先行支付职责或未给付其诉请的工伤保险金额。在样本中，原告的诉讼请求多体现为要求履行法定职责、行政给付、不服行政行为，但部分案件又体现为三者之间彼此相互交叉结合，如请求撤销答复书并行政给付。

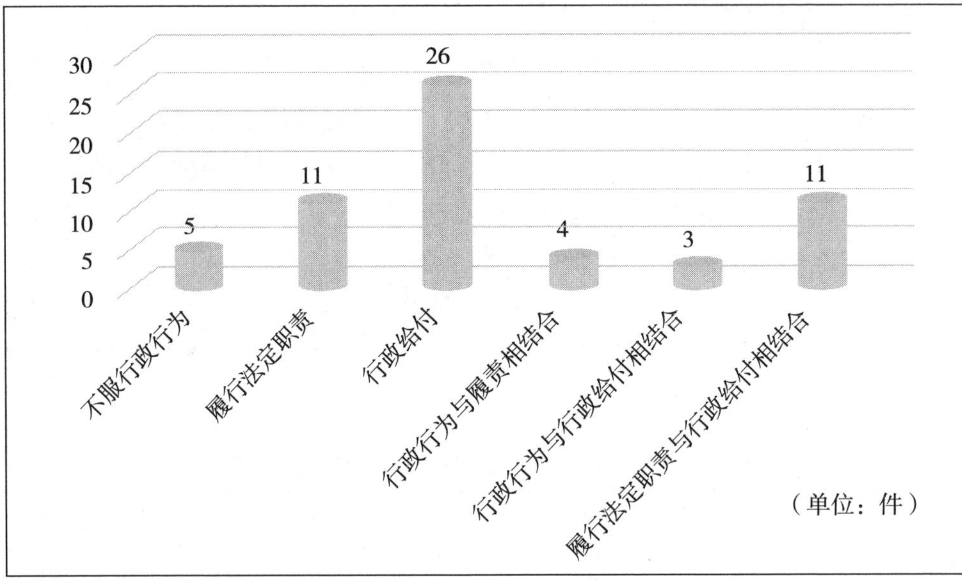

图 1：诉讼请求

2. 行政诉讼类型认定不一

在样本中，社保部门在收到先行支付申请后，处理方式主要为拒绝或者拖延履行，一是直接以书面形式明确予以拒绝，即拒绝履行职责 45 件，占比达 75%；二是在法定期限内未予答复，构成拖延履行法定职责 10 件，占比为 16.7%；三是判定先行支付金额或经调整，该类案件 5 件，占比为 8.3%。

行政案由以履行法定职责或者行政给付为主。在部分案件中，社保部门虽先行作出处理行为，法院在审理时，仍将诉讼类型界定为要求履行法定职责或者行政给付。另有部分案件，虽在形式上体现为行政管理、行政受理、工伤保险待遇，但法院在审理时仍按照履行工伤保险先行支付的职责或行政给付诉讼类型进行界定。

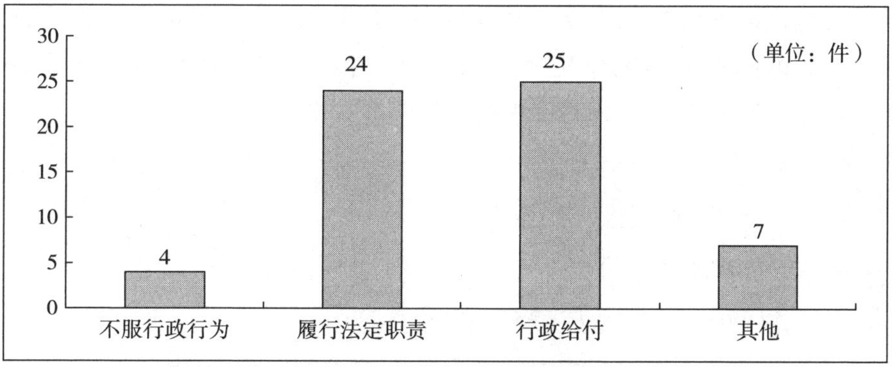

图 2：行政案由

3. 判项表述存在“同案不同判”的现象

本文研究样本同属工伤保险先行支付类案，各院在判决时，虽判决结果相似，但判项表述却迥然不同。直接判决社保部门履行法定职责案件居多，即判令社保部门对原告的申请进行处理或履行相应的法定职责；撤销行政行为与履行法定职责相结合、行政给付案件次多；有少部分表述为确认未履行职责的行为违法，或撤销行政行为。

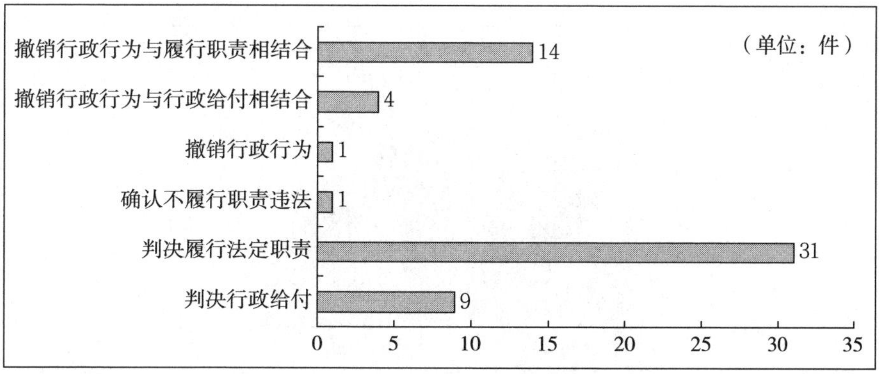

图 3：判项表述

4. 履行之诉行政判决适用的法律依据不同

在该类案件中，以行政行为的合法性为审查重点，适用《中华人民共和国行政诉讼法》（1990 年 10 月 1 日起施行，以下简称旧《行政诉讼法》）第五十四条或《中华人民共和国行政诉讼法》（2014 年修正，以下简称新《行政诉讼法》）第七十条规定的行政案件 18 件；以履行法定职责为审查重点，适用新《行政诉讼法》第七十二条的案件 21 件；以行政给付为审查重点，适用新《行政诉讼法》第七十三条的案件 12 件；同时适用新《行政诉讼法》第七十二条、第七十三条的案件 2 件；其他类 7 件。

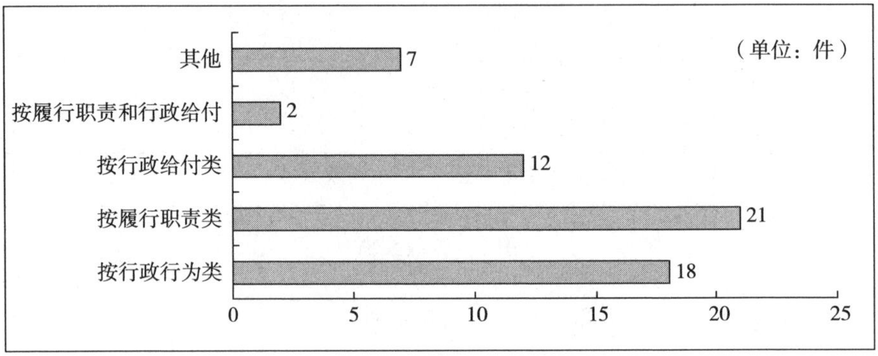

图 4：法律依据

5. 判项表述中确定履行期限不一

关于样本行政判决中所确定的履行期限，各院在判决时，绝大多数采取直接确定具体履行期限的方式，但确定的期限不一。也有部分判决，直接以“法定期限”来表述，未明确指出具体的时间段。

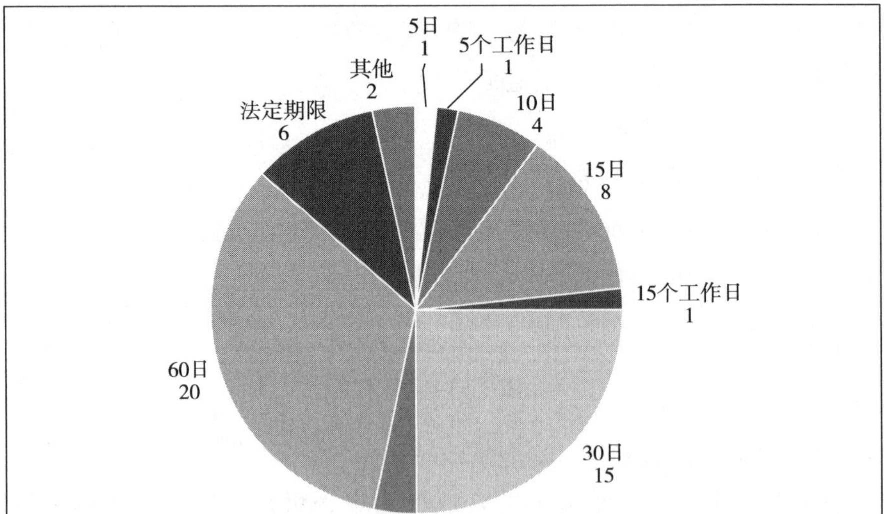

图 5：履行期限

（三）工伤保险先行支付行政诉讼履行之诉的特征分析

第一，诉讼请求多样化，诉讼请求的文字表述与其实质诉讼目的存在差异，部分起诉状中的诉讼请求，尚需法院释明，对原告的真实诉讼标的作进一步探析认定。

第二，针对先行支付工伤保险的申请，社保部门或在法定期限内不予处理，抑或以口头或书面形式作出拒绝支付的告知书或者决定书（虽文书名称不一但内容无异，后文将此类行为统称为“拒绝性答复”）。部分法院将拒绝性答复界定为行政行为并作为审查对象，在最终作出行政判决时，通过撤销拒绝性答复来掩蔽原告要求先行支付工伤保险的实质诉讼请求，导致行政案件审查核心存在偏离之嫌。

第三，法院在判决时认为是否应予核定先行支付或如何先行支付工伤保险待遇，尚需社保部门调查或者裁量，故直接判决责令社保部门对原告的先行支付申请进行处理或重新处理。但对于反复多次提起该类履行之诉的劳动者而言，以司法权尊重行政权自由裁量为侧重点的审查，从某种程度上回避了对社保部门是否具备先行支付履行条件的实质审查，后续可能引发循环诉讼，亦未在合理期限内实质性化解行政争议。

二、工伤保险先行支付履行之诉“同案不同判”的原因探析

（一）法理解析：工伤保险先行支付履行之诉的属性分解

1. 诉讼标的与诉讼目的：单一性

尽管原告诉讼请求的表现形式多样，但透析其本质特征，均系工伤保险先行支付的申请未得到社保部门的肯定性处理，进而引发行政争议后提起行政诉讼。因此，从诉的利益的角度来看，劳动者提起工伤保险先行支付履行之诉，本质上均系通过本诉达到要求社保部门先行支付其工伤保险待遇，以实现社会保险法律法规所赋予劳动者的法定权益。

从诉的终极目的而言，在工伤保险先行支付类行政案件中，社保部门拒绝履行先行支付申请后，原告往往要求撤销该拒绝性答复，然而该拒绝性答复虽从形式和内容方面体现为否定原告获得工伤保险的行政行为，但原告实质目的系要求先行支付其工伤保险待遇。因此，撤销该拒绝性答复，从本质上而言，并不足以修复原告所主张的权益，原告要求撤销该拒绝性答复实际

上仅系履行之诉的一部分，实质诉讼目的仍系要求在撤销该拒绝性答复的基础上，要求社保部门履行先行支付工伤保险待遇的法定职责。

《社会保险法》及《社会保险基金先行支付暂行办法》等法律规范均明确规定了社保部门先行支付工伤保险待遇的法定职责、适用情形及操作细则，工伤保险先行支付应属社保部门羁束的法定职责，在劳动者符合先行支付法定情形时，社保部门需履行其法定职责，否则将构成不作为或不正确作为。判断是否为行政不作为的标准，并非为有无书面形式的行政决定，而是对申请是否进行了实际处分，即有无“保护合法权益”的行为。属于行政不作为的行为有拒不答复、不予答复、拖延答复、拒不作出处理。[①] 因此，实践中，虽然社保部分拒绝答复的表现形式多样，答复标题不一，但在本质上无异，均属不作为之范畴，故工伤保险先行支付履行之诉的诉讼标的亦呈现出单一性的特点。

2. 履行之诉分解：课以义务诉讼与一般给付诉讼

工伤保险先行支付履行之诉中，社保部门的处理方式主要有三种：一是社保部门在收到原告要求先行支付的申请后，在法定期限内未作出任何答复，视为拖延履责；二是社保部门虽针对工伤保险先行支付申请以口头或书面形式予以回复，即拒绝性回复；三是未按照原告提出的先行支付申请进行行政给付具体金额或者给付金额与申请金额不符。鉴于此，劳动者向法院提起先行支付行政诉讼时，其诉讼请求亦与之呼应，主要是：一是要求社保部门对其先行支付工伤保险的申请进行处理；二是要求撤销社保部门作出的拒绝性答复；三是请求撤销拒绝性答复的同时，要求判令社保部门履行先行支付职责；四是直接要求判令社保部门履行先行支付职责。由于诉讼标的与实质诉讼目的的单一性，故无论诉讼请求内容或形式如何排列组织，均可认定为履行之诉。

从属性缕析，社保部门的前两种处理方式所引发的诉讼，系基于劳动者要求社保部门对其先行支付的申请履行相应的职责，即课以履行先行支付法定职责作出行为的义务；第三种处理方式系基于行政给付，即请求履行先行支付工伤保险待遇的金钱义务。行政给付义务与履行法定职责均是以行政主体“履行”为前提的，因此在表现形式上均为不作为义务或者不正确作为义

---

① 江必新：《中华人民共和国行政诉讼法及司法解释条文理解与适用》，人民法院出版社 2015 年版，第 289 页。

务；争议的引起多数由行政相对人的申请而产生。二者的不同体现在：履行内容不同，行政给付义务要求向行政权益人履行给付金钱、物质等义务；履行法定职责是要求行政主体实施一定的行为。[①] 因此，按照大陆法系的通说，基于社保部门拖延履责和拒绝性答复所引发的行政诉讼，应属行政给付诉讼中的特别诉讼，即课以义务诉讼。基于先行支付工伤保险待遇金额所引发的行政诉讼，即为典型的行政给付诉讼，即一般给付诉讼。但无论哪种情形，根据现行行政诉讼法的规定，法院在作出行政判决时，均按履行之诉来审查，判决方式亦按照履行之诉来对待。

3. 行政判决方式：课予义务判决与一般给付判决

履行之诉的判决方式，可统称为给付判决，并基于课以义务诉讼与给付诉讼而作出。给付判决以审查原告诉讼请求为中心，原告请求法院判决行政机关给付一定的财物或者作出一个行政行为以外的行为。从结果意义上看，给付判决是对原告诉讼请求的认可、支持和满足。[②] 据此，结合原告的诉讼请求及诉讼目标，其以社保部门的拒绝性答复为基础事实根据，通过行政诉讼，要求社保部门作出特定的、对其工伤保险先行支付申请具有确定内容的行为，此类履行之诉，法院可作出课予义务判决，最终判令社保部门履行先行支付的职责，抑或针对原告的工伤保险先行支付申请进行核定或处理。针对一般给付诉讼，基于原告要求先行支付工伤保险待遇的支付申请未得到社保部门的肯定性处理，进而提起要求行政给付金钱或财物的给付之诉，故法院最终可作出传统的一般给付判决。

虽然课予义务判决与一般给付判决存在差异，但二者之间又非泾渭分明，在某些案件中还可能交叉转换，即结合诉讼请求法院根据裁判时机是否成熟作出选择。新《行政诉讼法》第七十二条针对的是要求行政机关履行法定职责，系课予义务判决，作为特殊的给付判决存在，具有一定的特殊性和独立性；新《行政诉讼法》第七十三条规定的“查明被告依法负有给付义务”，在内容上包含“查明被告不履行法定职责”的含义。换言之，课予义务判决是给付判决的亚类，除了课予义务判决之外的给付判决即为一般给付判决。[③] 例如，在（2019）豫 05 行终 425 号案件中，原告的诉讼请求及诉讼标的十分

---

① 蔡小雪：《行政行为的合法性审查》，中国民主法制出版社 2020 年版，第 213 页。

② 章剑生：《行政诉讼判决研究》，浙江大学出版社 2010 年版，第 301 页。

③ 江必新、梁凤云：《行政诉讼法理论与实务》（下），法律出版社 2016 年版，第 1641-1642 页。

明确，均系行政给付，即要求社保部门履行先行支付其工伤保险的金钱义务。针对其申请，社保部门作出拒绝性答复，一审法院经审理，判决撤销该拒绝性答复，并依照相关民事判决等直接判令具体的金钱给付金额。社保部门上诉后，二审法院经审理，判决维持一审法院撤销该拒绝性答复的判项，撤销一审法院行政给付具体金额的判项，并责令社保部门对原告的先行支付工伤保险待遇申请重新作出处理。在该案中，一审法院在充分审查原告的诉讼请求后，作出的是一般给付判决，即撤销拒绝性答复并直接判令行政给付具体金额。然二审法院在审理时，认为关于原告具体享有的工伤保险待遇尚需社保部门按照相关规定进一步调查核定，一审法院判令直接金钱给付不当，故考虑到裁判时机是否成熟以及行政机关的裁量权问题，改判采用课予义务判决的形式，即由社保部门针对先行支付申请重新作出处理。因此，在行政审判实践中，两种判决方式均可能被运用。

（二）实践分析：工伤保险先行支付的现状探视

在工伤保险先行支付履行之诉行政案件中，原告实质上要求社保部门先行支付其工伤保险待遇，在实践中，面对劳动者提起的工伤保险先行支付申请，社保部门拖延支付或者怠于履行，存在诸多方面的原因。

第一，从劳动者的角度，希望通过工伤保险先行支付履行之诉，直接由法院来判决确定金额，以确保其法定的合法权益及时有效地得以维护，更寄希望于通过效率实现其权益。

第二，从社保部门的角度，随着工伤保险先行支付行政案件越来越多，关于工伤保险先行支付的具体实施细则仍不够完善，使其在实践中，尚无具体流程予以参照，又可能存在职权不明、审计责任不清等现象；基于对全社会范围内社保基金现状的综合考量，担忧社会基金支出范围扩大而极易引发收支不均衡现象，甚至部分学者认为，先行支付基金追偿阻力较大进而引发多重问题甚至有悖于先行支付制度设立的初衷，① 因后续追偿权的行使并不完善，造成社会保险基金流失，从而有损其他劳动者合法权益的实现。

第三，从人民法院的角度，能否直接判决先行支付具体金额，便涉及裁判时机是否成熟的问题。工伤保险作为劳动者社会保障的重要内容，党和国家在保障和改善民生方面给予高度重视，因此法院在审理该类案件时，究竟

① 张文莉：《一起工伤保险先行支付案例引起的思考》，载《中国医疗保险》2018 年第 3 期。

是作出履行判决，还是作出给付判决，最终判决方式必须实现政治效果、法律效果和社会效果的统一。实践中，法院直接判决社保部门行政给付，能够实质性解决行政争议，提高司法效率；而法院作出课予义务行政判决，虽给予社保部门行政裁量权，但后续还可能有同类行政争议诉至法院，或形成工伤保险先行支付行政诉讼的循环案件，在一定程度上变相拉长了劳动者获得工伤保险待遇的时间。

三、其他国家或地区关于行政诉讼履行之诉审查裁判的经验

（一）德国

关于裁判时机的论断，德国的做法是，如果诉讼已经达到成熟的裁判时机，且数额无须进行复杂的专业的计算，法院可以直接确定金额。但是，如果对有待确定或者确认金额的调查可能耗费不菲，法院就可以采用答复判决的形式规定计算的基础，并督促行政机关进行相应的计算。①

（二）我国台湾地区

我国台湾地区的做法是，如果行政机关对原告的请求具有裁量权或者案情未达到可为裁判程度时，法院得参照课以义务诉讼的处理方式，判决行政机关有遵循判决所示法律见解，作成决定义务。② 因此，在裁判时机成熟的情形下，法院直接判决确定具体金额或者判决确定计算基础，相对合理；在尚需社保部门对原告的先行支付申请进行处理或者裁量的，法院作出课予义务判决较妥。

四、工伤保险先行支付履行之诉的司法审查路径

工伤保险先行支付行政案件呈现出类型化的趋势，是本文研究履行之诉判决方式类型化的论证前提。微观抽样的60份研究样本，虽判决结果相同或相似，然判项表述迥然不同。因此，能够形成共识的审查规则和裁判规则，不但使得法院针对履行之诉作出判决时有章可循，还是司法审查技术进步成熟的体现。

---

① ［德］弗里德赫尔穆·胡芬：《行政诉讼法》，莫光华译，法律出版社2003年版，第589页。

② 陈秀清：《行政诉讼法》，翰芦图书出版有限公司2000年版，第142页。

（一）审查规则

1. 是否有必要细化诉讼请求

在行政审判实践中，原告的诉讼请求直接影响着行政案件诉讼类型的界定、法院司法审查模式以及最终的判决方式。

在部分案例中，原告的诉讼请求虽表述为撤销拒绝性答复，但法院在审理时不应仅局限于拒绝性答复本身，而须透过该拒绝性答复辨析其本质上否定了原告要求先行支付工伤保险待遇的法益。实际上，原告的实质诉讼目的仍为要求先行支付其工伤保险待遇，而拒绝性答复不过是一种形式、手段或途径。从此层面而言，法院在审理履行之诉行政案件时，可不囿于起诉状本身的文字表述，还可通过释明来确定原告的诉讼请求及真实诉讼目的，对履行之诉的诉讼标的的审理应与原告的真实的诉讼请求与实质诉讼目的相符。因此，单纯在起诉时要求原告必须细化其诉讼请求并无必要。

2. 诉之类型的确定

结合原告的诉讼请求及实质诉讼目的，针对原告的工伤保险先行支付申请，社保部门在法定期限内未予处理，构成拖延履行法定职责，原告起诉时往往要求社保部门对其申请进行处理，即课以义务诉讼，是为典型的履行之诉；另一部分案件，原告直接要求社保部门履行金钱行政给付义务，即一般的行政给付诉讼，亦为典型的履行之诉。然部分案件相对特殊，其中，涉及社保部门作出的拒绝性答复或者原告要求确认社保部门不履行先行支付法定职责违法，此类案件中，与一般的履行之诉存在一定差异，甚至可能与撤销之诉、确认违法之诉相混淆，需作进一步阐述。

（1）涉及拒绝性答复时，是否构成撤销之诉

拒绝性答复在形式上是社保部门作出的具体行政行为，原告作为行政相对人，其获得工伤保险先行支付的权利因该拒绝性答复而受到影响，但从本质上而言，社保部门作出的拒绝性答复，系对先行支付申请所作出的书面处理，并没有在此之外增设新的权利义务关系，也没有导致新的行政法意义上的法律关系产生。原告提起履行之诉，从本质上而言，系通过撤销社保部门作出的拒绝性答复，进而要求其履行先行支付工伤保险的职责或者给付义务，故仍系课予义务之诉。可以说，社保部门所作出的拒绝性答复，虽呈现出具体行政行为的特征，但从本质上而言，系社保部门对先行支付申请的书面处

理结果，若界定为撤销之诉，则无法与原告的实质诉讼目的相呼应，故此类案件适用履行之诉更为恰当。

（2）涉及不履行法定职责行为，是否构成确认违法之诉

在原告马某与被告银川市医疗保险事务管理中心不履行法定职责案①中，马某要求确认被告拒不履行核定行为违法并要求履行先行支付核定职责，法院经审理作出判决，最终确认被告未履责行为违法，并判令被告对原告的先行支付申请作出相应处理。该案中，法院同时采用了判决确认违法与履行职责的判决方式，但结合原告马某的诉讼请求及其实质诉讼目的，并考量到被告处理原告先行支付申请的可行性，法院对本案的司法审查方式，仍以履行之诉来界定。因此，在实际行政案件中，原告可能以确认被告未履责行为违法的诉讼请求来措辞，但法院仍应结合原告的实质诉讼目的，权衡被告履责是否具有现实意义，来综合认定诉之标的，故该类案件的定性，仍界定为履行之诉较为恰当。

3. 如何判定裁判时机已臻成熟

关于裁判时机成熟的判断，"裁判时机成熟与否与行政机关的裁量权限是否充分行使处于正相关状态。如果行政机关尚存在若干选择，即使行政机关在此领域还存在裁量余地，则法院的裁判时机尚不成熟，而应当由行政机关就行政系统内部的救济重新考虑。"②

在工伤保险先行支付履行之诉中，对劳动者首次提出的先行支付工伤保险申请，社保部门若拖延履责或拒绝履责，法院在作出裁判时，需考虑到行政机关的自由裁量权、核定职责的确定以及履行方式等，可作出课予义务判决，给予行政机关充分的自主处理权。但对于劳动者反复多次提出的先行支付工伤保险申请，社保部门多次拒绝履责，形成循环诉讼的情形，法院则不应反复作出课予义务判决，多次给予社保部门自主处理权但未解决先行支付行政争议，这也与《社会保险法》的立法精神相悖。因此，法院在审理该类案件时，结合具体行政案件中社保部门多次拒绝履责的实际情况，本着实质性化解行政争议的目标，在行政诉讼阶段解决先行支付工伤保险待遇行政纠纷，对于有生效法律文书业已确定工伤保险待遇金额的情形，法院可以此作

---

① 宁夏回族自治区银川市中级人民法院（2019）宁01行终216号。

② 江必新、梁凤云：《行政诉讼法理论与实务》（下），法律出版社2016年版，第1641页。

为给付判决的依据。

4. 诉判关系是否需一一对应

一般情况下，法院主要围绕原告的诉讼请求进行审查并作出裁判，但对社保部门作出拒绝性答复的行为是否有必要在判决中进行处理，反映了判决方式的周延性问题。

各院的做法主要是两种：一是判决履行先行支付核定职责，同时一并撤销拒绝性答复行为；二是直接判决履行职责，仅在判决主文中对拒绝性答复行为予以否定。无论哪种做法，均围绕原告的诉讼请求展开实质性审查，第一种做法相对全面，但第二种做法亦无不妥，判决履行先行支付职责或行政给付义务，已当然包含针对社保部门所作拒绝性答复行为的否定性评价，在判决结果部分直接判令社保部门履行先行支付职责或给付工伤保险义务，相当于已明示否认并撤销了该拒绝性答复所设定的法律关系，因此从此层面而言，是否在判项部分明确单独列出亦属两可，撤销判决可作为司法审查的辅助判决形式，但并非需一一对应关系，无须在判项表述中一一列明。

（二）裁判规则

1. 判决依据：法律条款

在课以义务诉讼中，法院作出履行课予义务的判决结果，其法律依据系新《行政诉讼法》第七十二条。在一般给付诉讼中，法院若认为裁判时机已臻成熟，可直接依据新《行政诉讼法》第七十三条之规定，作出一般给付判决；若尚需社保部门进行裁量时，亦可依据新《行政诉讼法》第七十二条的规定，判令社保部门履行先行支付核定职责，判项表述可参考课予义务判决。

对于社保部门作出拒绝性答复的行政案件，法院在进行全面实质性审查后，对该拒绝性答复予以否定性评价，若要撤销该拒绝性答复，可依据新《行政诉讼法》第七十条的规定作出撤销判决，作为课予义务判决的辅助判决方式。另外，对于原告的先行支付工伤保险请求事项，若社保部门对该申请的处理无现实意义的，可依据新《行政诉讼法》第七十四条第二款第（三）项的规定作出确认违法判决。

2. 判项表述：履行判决方式的类型化

对于原告要求履行工伤保险先行支付的申请，若社保部门拖延履行，则需尊重行政机关的首次判断权和行政裁量权，可判决责令社保部门对该申请进行处理；若社保部门已作出拒绝性答复，则可判决责令其履行先行支付工伤保险的核定职责。

若法院在审理个案后，社保部门不履行或者拖延履行法定职责，判决履行没有现实意义的，则可判决确认不履行或拖延履行行为违法。当然，此种判决方式须以实际案情为准，以履行确无现实意义为前提。

3. 判项表述：履行期限的确定

关于判项表述中的履行期限，既可参考适用社会保险法律、行政法规等规定中关于受理、处理期限的规定，也可适用新行政诉讼法关于履责期限的规定。

需要说明的是，若部分案件已经多次行政诉讼，原告所提出的工伤保险先行支付申请一直未得到解决，或者社保部门已经多次处理的情形，对该类案件履行期限的确定，法院在判决时可以确定少于法定期限的期限，以敦促社保部门尽快履行工伤保险先行支付的核定职责或行政给付义务。

结语

工伤保险待遇系劳动者社会保障权益的重要组成部分，工伤保险先行支付制度更体现了社会保险法保障和改善民生的立法精神。基于工伤保险先行支付行政案件类型化的趋势，法院在审理该类行政案件履行之诉时，在判决方式上可作类型化处理。为实质性解决行政争议，解决各院“同案不同判”的现象，从司法审查规则、裁判规则及司法理念方面形成共识，既有助于将社会保险法律法规等规范的精神落到实处，切实保障劳动者的工伤保险合法权益，又真正让人民群众在每一个司法案件中感受到公平正义，并推进工伤保险先行支付领域实体法的完善，实现政治效果、法律效果和社会效果的统一，亦是贯彻新时期国家治理现代化与公正司法的要求。

（作者单位：新疆维吾尔自治区高级人民法院　北京市房山区人民法院）

判决确认：和解协议司法审查进路的解构与完善

——基于S省行政争议审前和解机制改革的考察

王　辉

【摘要】 伴随S省行政争议审前和解机制改革，确认和解协议效力之诉成为和解协议司法审查新进路：当事人经审前和解程序达成合意后诉请确认和解协议效力，人民法院经审查后可判决确认协议有效。该进路将和解协议正式纳入行政诉讼受案范围，但仍面临理论与实践的合法性困境。如何化解上述困境？首先，厘清“和解”与“调解”、“判决确认”与“司法确认”的关系，明确“判决确认”路径的现实意义；其次，优化“诉前”和解程序设计，完善“诉前”至诉讼的程序流转，为进路的正当性证成提供有益补充；最后，参考行政协议案件审理思路并考量和解协议特殊性质，建构新诉讼类型的司法审查标准和规则，保障判决结果的合法性和有效性。

【关键词】 行政争议审前和解　确认和解协议效力之诉　判决确认

审视当今行政和解现状，行政和解协议作为行政协议的类型之一并未被正式纳入行政诉讼，即便当事人在审理过程中达成和解协议，法院亦以“准许撤回起诉”方式结案，有限的司法审查隐于诉讼程序之中。伴随多元化纠纷解决机制改革，S省高级人民法院推动建立行政争议审前和解机制，通过“行政争议审前和解中心”（以下简称和解中心）促使当事人达成和解协议，而该协议可经法院审查后判决确认有效。由此，行政和解协议在一定程度上已被引入审判程序，但确认和解协议效力之诉仍存在理论与实践上的矛盾和冲突。有鉴于此，本文将对确认和解协议效力之诉进行探讨，以“合法性”

和“有效性”作为界定标准，试着回答如下问题：确认和解协议效力之诉应当如何破解合法性困境，以保障行政和解协议司法审查“于法有据”和“行之有效”。

一、合法性困境：“判决确认”的理论质疑与实践困顿

确认和解协议效力之诉是指行政相对人、行政主体以及和解第三人经审前和解程序达成和解协议后，行政相对人向人民法院申请确认和解协议效力，人民法院经审查后可判决确认协议有效。目前，上述“判决确认”方式已在司法实践中被普遍采用。据S省高级人民法院统计，2020年1月至8月，全省和解中心成功和解案件数达2605件，其中判决确认结案900件，占比约34.5%。但确认和解协议效力之诉仍存在合法性困境，影响其预期目标的实现。

（一）理论层次：将和解协议纳入审判程序的正当性质疑

1. 和解协议内容不得转化为判决的禁令

根据《最高人民法院关于适用〈中华人民共和国行政诉讼法〉的解释》第八十六条第五款之规定，我国现行行政诉讼立法确立了禁止和解协议内容转化为判决原则，即人民法院不能根据当事人在行政诉讼过程中达成的和解协议制作判决书。该原则确立的理由有二：一是行政判决与和解协议具有不同的正当性基础，前者源于法律的明文规定，后者基于当事人在不违反法律禁止性规定的前提下经自由处分权利或自由裁量权力所达成的合意；二是行政判决与和解协议具有不同的价值定位，前者以合法性审查为原则，后者则以解决纠纷为目的。① 而在行政争议审前和解机制框架内，当事人并非仅可能在法院立案受理前达成和解协议，亦可能在诉讼程序中达成和解协议。审视现有判例中和解协议达成的时间节点，较多法院缺乏对于上述禁令的关注。例如，在一起公司注销登记案中，法院在诉讼过程中委派和解中心和解，各方当事人达成和解协议，原告遂变更诉讼请求为要求确认和解协议效力，法

---

① 参见最高人民法院行政审判庭：《最高人民法院行政诉讼法司法解释理解与适用》，人民法院出版社2018年版，第409页。

院经审理后径行确认上述和解协议有效。[①]

2. 和解协议内容合法性的限制

目前《中华人民共和国行政诉讼法》（以下简称《行政诉讼法》）和相关司法解释中还没有关于和解协议的规定，可借鉴德国对于和解协议的成文法明确规定。基于权力不可自由处分原则，德国对于订立和解协议采取一般禁止的立法取向，仅在具有特殊“缔约前提”的情形下允许突破法律的禁止性规定。德国《联邦行政程序法》第55条规定，若行政机关依照合义务的裁量，认为缔结和解契约对于消除不确定性是合目的的，可以缔结第54条第2款意义上的公法契约，借此通过相互让步消除在理智地审视事实和法律状况时存在的不确定性。[②] 而我国在立法实践中亦对上述原则予以一定认可，如对不属于《行政和解试点实施办法》（现已失效）第六条规定的和解范围之证券案件所签订的和解协议，自属违法。

（二）实践层次：确认和解协议效力之诉的合法律性困顿

1. 司法审查趋于“形式化”

行政诉讼以“合法性审查”为原则，人民法院依据法律规范对行政行为的职权、事实、依据、程序等要素进行全面审查。[③] 但已公开的确认和解协议效力类判决书，不同程度地存在形式化审查倾向，司法审查的内容并不完整、程序并不完善：其一，以和解协议的本身内容为审查核心，缺乏对于行政机关有无订立和解协议职权的必要考量；其二，庭审程序中诉讼两造的关系从“对抗式”转为“协作式”，案件审理从“争讼”转向“无讼”，导致行政机关缺乏提供证据的主动性，部分案例中被告仅提供其所持有的和解协议文本，未提交证据和依据证明其签订和解协议具有“合法性”；其三，判决书载明的事实未能完整反映行政争议产生直至和解协议签订的过程，在个案中表现为法院仅以和解协议内容作为经审理查明的事实。

---

① 赵某某诉东营市东营区行政审批服务局、盖某某确认和解协议效力案，详见山东省东营市东营区人民法院（2019）鲁0502行初94号行政判决书。

② Dirk Ehlers/Hermann Puender（hg.），Allgemeines Verwaltungsrecht，S. 755，转引自张青波：《行政协议司法审查的思路》，载《行政法学研究》2019年第1期。

③ 程琥：《行政诉讼合法性审查原则新探》，载《法律适用》2019年第19期。

2. 不具有“行政性”的和解协议被“判决确认”

行政协议存在两种法律属性，即行政性与合同性。[①] 一般意义上的行政和解协议系行政相对人和行政机关在行政执法、复议或诉讼程序中订立，直接涉及行政权的行使，因之具有明显的“行政性”。但行政相对人因“行政争议”而提起行政诉讼，其内在动因可能是与行政行为所保护的另一民事主体存在矛盾，此类情形集中表现在工伤认定、房屋登记等案件中。在审前和解机制的框架下，和解当事人所达成的和解协议可能仅与形成“行政争议”的“民事争议”有关。例如，在一起劳动行政确认案件中，当事人之间达成和解协议，约定原告向第三人支付医疗费、误工费等费用，第三人则表示放弃其他权利、撤回民事起诉和配合原告办理保险理赔，条款内容并未涉及行政机关，但法院仍判决确认上述和解协议有效。由此，部分法院对于不具有“行政性”的和解协议“一确了之”，存在“判决确认”的滥用风险。

二、困惑消解：“合法性困境”的归因检视与先决问题定位

确认和解协议效力之诉是基于行政争议审前和解机制形成的新型行政案件，其将既往理论认为不宜纳入审判程序的和解协议引入正式司法审查进程之中，既受到新型行政纠纷解决制度功能定位和结构设计的直接影响，又与典型的行政协议案件（尤其是确认协议效力类案件）在“相同”中存在“不同”。检视前文所述“合法性困境”的司法意义在于审视上述问题的复杂成因，发现确认和解协议效力之诉的自洽逻辑，有效实现其“案结事了人和”的预期目标。

（一）“合法性困境”的归因检视

1. 内因：目的偏差与功利选择

行政诉讼的目的是构建行政诉讼制度的基点，不仅关系到对行政诉讼制度的定位，更关系到行政诉讼制度的具体安排、运转和实际成效。[②] 与之类似，行政争议审前和解的目的亦对于其机制建构和运行具有同样的价值与意义。但二者并非完全一致，《行政诉讼法》立足于“解决行政争议”，兼顾“监督行政机关依法行使职权”；行政争议审前和解则着眼于“实质化解行政

---

① 江必新：《中国行政合同法律制度：体系、内容及其构建》，载《中外法学》2012 年第 6 期。

② 马怀德：《行政诉讼法的时代价值》，载《中国法律评论》2019 年第 2 期。

争议”，注重服务大局。确认和解协议效力之诉将经“和解中心”达成的和解协议纳入行政诉讼受案范围，必然面对前述两种目的的偏差。而在这一过程中，各参与主体的功利选择进一步凸显了矛盾。在争议事项日益复杂的背景下，行政法官为避免争议的再次激化可能径行“判决确认有效”，行政诉讼的行政监督功能存在被人为淡化的风险；而诉讼两造、和解第三人在已达成合意的情形下，亦倾向于法院快速审结案件，追求“结果”而忽略“过程”。

2. 外因：“非正式”机制与规范非“体系化”

既往实践中的行政和解包括三大类型，即行政执法和解、行政复议和解、行政诉讼和解。而行政争议审前和解属于行政诉讼和解的变型，原由行政法官承担的诉讼和解功能被赋予“和解中心”，和解的启动时间节点亦跨越行政程序和诉讼程序的限制。但行政诉讼和解本身即属于一种非正式的法院工作机制，仅可依据各地法院出台的指导性意见。在此背景下，行政争议审前和解亦缺乏法律规定可供依据。由此，确认和解协议效力之诉虽然可以援引行政诉讼法及司法解释的相关规定，但其因形成于行政争议审前和解的“出身”亦具有“非正式”色彩。同时，作为非正式机制的行政争议审前和解虽然将当事人申请判决确认和解协议效力作为终结纠纷的处理方式之一，但其对处理方式的区分标准并不明确，如“不宜判决确认协议有效”的认定尚需行政法官自由裁量，更勿言其未对和解协议效力之诉提供体系化的规范支持。

（二）“判决”之前：先决问题的回应与定位

1. 前提之一：“和解”还是“调解”？

在民事诉讼中，和解与调解均属于正式纠纷解决方式，二者的区别在于法院的介入程度不同，前者强调当事人的自主性，后者突出法院审判权的行使。[①] 行政诉讼脱胎于民事诉讼，但《行政诉讼法》施行之初即确立了“一般禁止+特别例外”的调解原则，即人民法院审理除行政赔偿案件外的行政案件均不适用调解。但在司法实践中，当事人普遍存在进行调解的现实需求，不被法律所禁止的和解成为一种法律传统。而经多次立法修改，行政诉讼调解“特别例外”的范围进一步拓展——即行政补偿和行政机关行使法律、法规规定的自由裁量权的案件亦可以调解。在此背景下，行政诉讼调解的应用

① 胡建淼，唐震：《行政诉讼调解、和解抑或协调和解》，载《政法论坛》2011 年第 7 期。

前景可期，构建行政争议审前和解是否仍有必要？基于大数据进行分析，S省全省和解中心2019年度受理案件数为6593件，而2020年前8个月受理案件数已达9448件，行政争议审前和解已被当事人所普遍接受。而就法律实效而言，行政争议审前和解范围涵盖可调解的行政案件类型，经和解中心主持达成和解协议后，人民法院再对此进行合法性审查，引导当事人选择不同的处理方式（撤诉、制作行政调解书或申请确认和解协议效力），其纠纷化解功能远超行政诉讼调解。由此，在行政诉讼调解日益成熟的同时，仍应当肯定和解尤其是行政争议审前和解的价值。

2. 前提之二："判决确认"还是"司法确认"？

以是否属于行政协议进行划分，部分和解协议具备行政协议的要素，属于行政相对人与行政机关订立的具有行政法上权利义务内容的协议；部分和解协议则与民事调解协议无异，行政相对人与和解第三人借助和解中心就民事纠纷的处理达成合意。基于和解协议内容的多样性，和解协议效力的确认路径存在两种选择：一是司法确认方案，借鉴民事诉讼法特别程序中确认调解协议案件的处理方式，参照《民事诉讼法》第一百九十五条确认和解协议有效；二是判决确认方案，根据行政协议的审查标准，依据与行政协议有关的法律及司法解释判决确认和解协议有效。上述两种方案相比较，后一方案仅可在确认和解协议属于行政协议后方可适用，适用范围较窄、审理步骤复杂。但在现行立法框架下，司法确认方案的法律依据仍显不足，径行参照民事诉讼法予以确认，存在对原有条款不当扩大解释的风险。在《最高人民法院关于审理行政协议案件若干问题的规定》（以下简称《行政协议规定》）颁布并施行的背景下，突破旧有学术理论关于行政和解协议的桎梏，采取判决确认方案应是更符合现有法律规定的出路。

三、中心对策：保障判决结果的合法性和有效性

"判决结果"的合法性和有效性是指经人民法院合法性审查，当事人达成的和解协议确属有效行政协议，则原行政争议得以实质化解。诉讼精细化，是诉讼制度走向成熟的标志。[①] 当前，作为一类新类型行政案件，确认和解协议效力之诉在司法实践中尚未形成规范化的程序设计和审理思路。为保障

---

① 郭修江：《行政诉讼判决方式的类型化》，载《法律适用》2018年第11期。

上述目标的实现，必须完善从“诉前”和解到案件审理全流程的程序设计，并厘清和解协议的审查标准和规则。

（一）“诉前”和解程序再优化

目前，S省和解中心运作已相对成熟，其运作制度和程序设计涵盖工作场所、管辖原则、受理范围、程序流转等。但就“判决确认”诉前阶段的定位而言（和解中心可受理立案后委派和解的行政案件，而该类型案件不再适宜采用判决确认方式），诉前和解环节应当完善以下两个方面的程序设计，从而为确认和解协议效力之诉的正当性证成提供有益补充。

1. 和解第三人参与机制

该机制是指和解中心受理和解案件后，通知与和解事项有利害关系的第三人参与和解，和解程序的正式启动应经第三人同意，和解协议的达成须经第三人认可。该机制的理论基础在于“实质当事人的回归”，让在行政程序中被行政机关所代表的当事人“亲自出场”。如此，和解第三人自愿处分权利可以弥补行政机关处分权的缺失，参与协商可以克服行政相对人和行政机关和解的“非竞争化”倾向，同意和解方案可以填补立法的模糊性。[①] 而在该机制运作中，和解第三人具有制约和解程序启动与终结的特别权利应无异议，难点在于如何识别和解第三人。对此，参照《行政诉讼法》第二十九条之规定，第三人资格源于其与被诉行政行为或同案件处理结果有利害关系，和解中心可据此通过问询双方当事人、审查立案材料等形式查找和解第三人。

2. 法院专职人员有限“介入”机制

相较于其他案件诉前调解工作，和解员参与行政争议审前和解，除需要具备调解经验和一般性法律知识外，更需要熟悉行政法专业知识。例如，S省《关于行政诉讼审前程序的若干规定（试行）》第十二条规定：“和解员……讲解有关法律、政策、典型案例。”但当今和解员人才供给难以满足审前和解的现实需求，基层和解中心所面临的这一困境更为突出。在此背景下，有必要建立法院专职人员有限“介入”机制，即由人民法院委派专职工作人员（法官或法官助理）参加行政争议审前和解，负责为和解员提供法律意见和参考建议。而为避免行政争议审前和解异化为“提前进行”的行政诉讼调解，该机制应遵循如下限制：一是参加和解中心的法院工作人员“专职化”，

① 张旭勇：《论行政诉讼和解的正当性困境及其化解》，载《法商研究》2010年第5期。

不宜同时参加行政诉讼的审判或审判辅助工作，至少对于已“介入”和解工作的行政案件，不得再参加该案件的后续工作。二是法院工作人员“有限介入”，介入对象为和解员，不得直接介入当事人之间的协商；介入方式为向和解员提供法律咨询意见，具体包括提供相关的法律规定和同类型的裁判文书等，以不直接影响和解员和解工作为限。而在条件成熟时，如已引入律师、法学教授等专业法律力量，法院人员应不再介入指导，以保障行政争议审前和解的公正性。

（二）“诉前”和解与法院审理的衔接性程序设计

1. 程序流转的“要素”识别与筛选

当事人经审前和解程序达成和解协议后，法院综合当事人意愿和案件具体情况可选择前文所述的三种处理方式。而何种和解协议适宜“判决确认”？和解员可结合以下和解协议要素推进程序流转。

一是“合意”内容的可执行性。和解协议被判决确认有效后，若一方当事人不履行，另一方当事人可申请法院执行。在此前提下，和解协议条款必须具有可执行性，否则必然会造成判决事项执行不能的窘境。但“合意”内容可否执行有赖于法院的合法性审查，故而可采用“排除式”界定标准，预先将明显不具有可执行性的和解协议排除在外，如协议无涉行政主体、仅涉及行政相对人与和解第三人之间的权利义务关系的，或是依据一般人经验常识即可判断协议不具有可执行性的（明显存在违反强制性法律法规规定、违背公序良俗等情形）。

二是履行期间。和解当事人选择“判决确认”系因为和解事项在短时间内无法履行，必须规定较长期限的履行期间甚至附条件履行。在此情形下，还应当考虑履行期间是否具有长期性和不固定性，否则当事人请求“判决确认”欠缺诉的利益。而关于履行期间的界定，宜参照行政诉讼法关于起诉期限的规定，以六个月作为标准，兼顾效率与公平；关于附条件履行的“条件”，则应以所附条件“可能”短期内无法达成为标准。

2. 事实认定机制

人民法院审理行政案件以事实为依据，但在确认和解协议效力之诉审理过程中，法院却因当事人非竞争化的诉讼关系面临无充分证据可供审查的特殊困境。因此，确认和解效力之诉应当建立有别于一般行政诉讼的事实认定机制，而该机制应当包括两个层次：一是充分发挥“行政争议情况要素表”的功能。S省高级人民法院《关于行政诉讼审前程序的若干规定（试行）》第九条规定当事人不能达成和解的情况下应当引导当事人填写行政争议情况要素表，书面记载双方争议的事实和没有争议的事实，并由当事人签字确认后一并移交人民法院。但对于已达成和解协议的当事人，仍有必要填写行政争议情况要素表，载明双方无争议的事实。二是举证责任的分配问题。确认和解协议效力之诉的审查对象是行政机关订立和解协议的行为，行政机关因此必须承担相应的举证责任，人民法院应当主动履行释明义务通知行政机关及时举证。

（三）确认和解协议效力之诉的审理思路

因确认和解协议效力之诉具有“事实清楚、权利义务关系明确、争议不大”的特点和以“法律审”为主的特性，适用简易程序审理该类型案件应无异议。但是，如果缺乏规范的审理思路，独任审理的行政法官亦难以在四十五日内审结案件。因确认和解效力之诉属于行政协议诉讼，故思考该类型判决的进路可以参考行政协议审查路径。

关于行政协议的司法审查，德国构建了“涉案争议性质判断（是否契约、是否行政契约）→行政契约合法性判断→违法契约法律后果审视”的逻辑模型。有学者对上述逻辑模型予以“中国化”，认为我国法院在审理行政协议纠纷案件时应当依次考察如下问题：1. 是否属于行政协议？2. 能否签订案涉协议？3. 广义上的形式是否合法？4. 内容是否合法？[①] 笔者将借鉴上述行政协议司法审查思路，并在参考相关案例处理模式的基础上阐释每一步骤所涉及问题的判断规则，以期明确同类型判决书中“经审理查明”部分的事实认定范围和“本院认为”部分的论证重点。

1. 判断是否属于行政协议

根据《行政协议规定》第一条的规定，行政协议的组成要素可划分为四部分：主体要素（包括行政机关和非行政主体）、目的要素（行政管理或公共服务之目标）、意志要素（当事人意思表示自由，经协商达致合意）、内容要素（具有行政法上权利义务内容）。其中，主体、目的、意志要素的判断应无争议，而作为行政协议认定核心标准的内容要素，则属于判断和解协议

---

① 张青波：《行政协议司法审查的思路》，载《行政法学研究》2019 年第 1 期。

是否属于行政协议的难点。对此，可遵循如下认定思路：第一步，衡量和解协议中所涉及的权利义务条款，若发现其中涉及行政权行使、行政职责履行，则可认定该协议属于行政协议；第二步，考量和解协议所包括的权利义务之来源，若体现了行政法规范或者受到前置行政行为的影响，亦可认定该协议属于行政协议；第三步，思量行政机关依和解协议所享有的权利，可否因其“潜能”而“变身”为行政权，一旦上述权利“质变”为权力，则应当肯定该协议属于行政协议。[①]

试举一例，展示上述认定思路。

案例一：原告某食品有限公司、被告某县人力资源和社会保障局、第三人吴某某在和解中心主持下达成如下和解协议：一、原告一次性赔偿第三人一次性伤残补助金……二、第三人协助原告办理保险理赔事项……三、第三人收到原告支付的上述款项后，第三人受伤事故的赔偿等相关事宜一次性处理完毕，原、被告及第三人之间别无纠葛。[②]

在上述案件中，行政争议表现为原告不服工伤认定决定，但其根因在于原告与工伤职工就赔偿问题存在纠纷。在此背景下，原、被告及第三人自愿达成如上和解协议，意在实质化解行政争议，具备行政协议主体、目的、意志三要素。在此基础上，采取内容要素认定三步法检视上述和解协议是否具有行政法上的权利义务内容：首先，审视该和解协议各权利义务条款，内容主要涉及原告给付义务、第三人协助义务等，仅“别无纠葛”条款涉及被告，但该条款不涉及被告职权职责；其次，“别无纠葛”条款体现为原告放弃诉讼权利，与被诉行政行为无直接联系；最后，被告依和解协议所享有的权利表现为行政争议的化解，但该权利的取得并不代表原行政行为的失效，其丧失亦不导致新行政行为产生，则该权利无“质变”可能性。据此，上述和解协议不属于行政协议。

2. 判断和解协议的合法性

和解协议应当具备如下实质要件：一是行政争议当事人对和解事项具备处分权，即行政相对人、和解第三人具备涉争议权利事实处分可能（具体指可对其依法或经授权享有的权利自由处分），行政机关则具备涉争议权力的法

---

① 参见韩宁：《行政协议判断标准之重构》，载《华东政法大学学报》2017 年第 1 期。

② 山东某食品有限公司诉广饶县人力资源和社会保障局、吴某某确认和解协议效力案，详见山东省广饶县人民法院（2019）鲁 0523 行初 58 号行政判决书。

律处分权限和事实处分可能（具体指可在其对和解事项具备管辖权的前提下以订立协议的形式行使其法定权力）；二是和解协议不违法，具体指和解协议内容既不违反法律、行政法规的强制性规定，也不影响和侵犯国家、集体利益和他人合法权益。[①] 而在我国，有无签订行政契约的权限，是针对行政契约的诉讼中首先须审查的问题。[②] 由此，和解协议合法性的判断应当遵循“当事人是否具备处分权”→“协议内容是否不违法”的路径，但如何保障个案衡量的一致性仍有质疑。对此，本文认为和解协议可依其条款性质划分为允诺型、变更型、复合型（允诺+变更）三类，再根据该类型划分建构和解协议合法性判断的类案标准。

其一，允诺型和解协议。该类型协议是指在因行政机关不履行法定职责（明示拒绝履行除外）产生行政争议的情形下，当事人经协商达成合意，行政机关承诺在一定期限内或在符合特定条件时履行法定职责、给付义务或作出特定行政行为，行政相对人、和解第三人对上述承诺内容予以认可并履行一定协助义务。该类和解协议合法性的判断，首先审查行政相对人是否具备申请行政机关履行法定职责或义务的法定条件，其次审查行政机关是否具有相应的法定职责或义务，再次审查行政机关的承诺是否符合法律规定，最后审查行政相对人、和解第三人承担的协助义务是否超过必要限度。

其二，变更型和解协议。该类型协议是指在因行政机关作出行政行为（除事实行政行为外）产生行政争议的情形下，当事人经协商达成合意，行政机关根据特定情形变更行政行为，行政相对人、和解第三人对上述变更事项予以认可。该类和解协议合法性的判断，首先审查行政机关作出原行政行为的基础事实，其次审查行政机关是否具有变更行政行为的法定权限，再次审查行政机关变更行政行为的内容，最后审查行政相对人、和解第三人对变更行政行为内容是否认可。

试举一例以显示上述和解协议类型化审查的识别与判断思路。

案例二：某县综合行政执法局对某农贸有限公司作出行政处罚决定，该公司未按期缴纳罚款。后双方经该县和解中心主持和解，达成如下协议：一、甲方于 2020 年 2 月 7 日前缴纳罚款 15354 元；二、乙方自愿撤回

---

① 参照周公法：《论行政诉讼和解制度的构建》，载《山东审判》2009 年第 1 期。

② 余凌云：《论对行政契约的司法审查》，载《浙江学刊》2006 年第 1 期。

（2019）鲁 0126 行审 28 号一案的执行；三、如甲方不履行第一项义务，乙方可以向人民法院申请执行；四、甲、乙双方别无其他纠纷。①

审查上述和解协议内容，当事人双方就行政强制执行达成和解，行政机关改变行政强制执行的期限和加处罚款或滞纳金的执行，可据此识别该和解协议属于“变更型”。基于此，应当采用变更型和解协议的审理思路。首先，审查行政机关作出原行政处罚决定书的时间、事实、处罚内容和依据，判断是否已符合行政强制执行的前提条件。其次，审查行政机关能否与当事人订立上述执行和解协议。再次，审查执行和解协议的内容，判断行政机关“让步”期限利益和滞纳金或加处罚款是否于法有据。最后，判断行政相对人对上述和解事项的履行是否认可，行政机关能否在行政相对人不履行和解协议的情况下寻求司法保障。其中，对于第一项审查内容，可援引《中华人民共和国行政强制法》第五十三条至第五十五条进行判断；对于后三项审查内容，则应当依据《中华人民共和国行政强制法》第四十二条予以考量。根据各项审查结果，即可判断上述以非诉执行和解为内容的和解协议是否违法。

结语

从法律传统向法律制度转变，已成为行政和解的必然发展趋势。与之相呼应，寻求“判决确认”的规范路径即探索行政和解有效嵌入行政诉讼制度的尝试之一。而在条件成熟时，“判决确认”的和解协议范围不应仅限于经“和解中心”审前和解达成的和解协议，可进一步拓展至行政执法和解协议、行政复议和解协议，在继续发挥行政和解“有效性”优势的基础上，充分保障行政和解的“合法性”，完善行政纠纷化解机制。

（作者单位：山东省泰安市泰山区人民法院）

① 商河县某农贸有限公司诉商河县综合行政执法局确认和解协议效力案，详见山东省商河县人民法院（2019）鲁 0126 行初 15 号行政判决书。

情势变更原则在行政协议诉讼中的适用现状与规则重构

——以63份生效裁判文书为分析样本

徐 翔　　丁 楠

【摘要】情势变更原则作为民事法律规范中的一项重要制度，援引至行政诉讼领域表现出与众不同的实践现状，加之行政协议“行政性”与“契约型”的双重属性，其司法审查成为行政协议诉讼案件的难点与重点。本文以中国裁判文书网的63份生效文书为研究样本，对情势变更原则在行政协议诉讼中的适用进行数据统计梳理，发现实践中形成了原则与行政优益权绑定的逻辑链条，通过分析适用问题背后的诉讼架构固有因素、规则设计因素以及司法审查主观因素等，最后采用递进式思路重构情势变更原则的审查进路，提出实体方面可采用适用条件客观化的认定标准，程序方面可引入再交涉制度限制行政机关滥用行政优益权的可能，为原则的应用与审查提供新的研究视角。

【关键词】情势变更原则　行政协议　司法审查

引言

自2020年1月1日起施行的《最高人民法院关于审理行政协议案件若干问题的规定》（以下简称《行政协议司法解释》）为行政协议的司法审查提供了务实有效的路径，进一步为适用民事法律规范①解决行政协议纠纷指明了方向。但因行政协议是行政性与契约性双重要素的融合体，“如何嵌入以公

① 《最高人民法院关于审理行政协议案件若干问题的规定》第二十七条第二款规定：“人民法院审理行政协议案件，可以参照适用民事法律规范关于民事合同的相关规定。”

私法二分为基础的法秩序，是一个为获得相应便利而不得不承受的负担”。[①]情势变更原则原本为民法中契约严守制度的有力补充，[②]基于司法实践的客观需求逐步演变为行政协议诉讼中的一项重要制度，却呈现出不同于民事合同适用的特殊样态。本文通过实证研究分析样本，探究该制度适用问题的成因，提出就实体审查上，应立足客观判断来审查情势变更原则的适用要件；就程序审查而言，建议以程序架构来限制行政优益权的主观行使，希冀从行为规范与程序规范角度为情势变更原则在行政协议诉讼中的适用提供一种新的研究视角。

一、适用检视：原则在行政协议诉讼中的司法实践现状

笔者通过查阅中国裁判文书网，以“情势变更”“行政协议”“行政合同”为关键词，以 2015 年 1 月至 2020 年 4 月为检索时间段，共检索出包含上述表述的判决书 116 份。梳理后去除与内容无关案件和批量案件，确定有效案件 63 件，并以此为基准进行探究。

（一）“浑然不分”：对“情势”的认定有所扩张

不同于民事合同中对情势变更原则始终秉持谨慎保守的态度，[③]法院在审查行政协议时则表现出较为宽松的司法审查态度：既未适用高院或最高院审核这一规定，又对情势变更原则予以扩张适用。

---

① 江必新：《中国行政合同法律制度：体系、内容及其构建》，载《中外法学》2012 年第 6 期。

② 《中华人民共和国民法典》第五百三十三条规定，合同成立后，合同的基础条件发生了当事人在订立合同时无法预见的、不属于商业风险的重大变化，继续履行合同对于当事人一方明显不公平的，受不利影响的当事人可以与对方重新协商；在合理期限内协商不成的，当事人可以请求人民法院或者仲裁机构变更或者解除合同。人民法院或者仲裁机构应当结合案件的实际情况，根据公平原则变更或者解除合同。

③ 《最高人民法院关于正确适用〈中华人民共和国合同法〉若干问题的解释（二）服务党和国家的工作大局的通知》规定：“二、严格适用《中华人民共和国合同法》若干问题的解释（二）第二十六条……各级人民法院务必正确理解、慎重适用。如果根据案件的特殊情况，确需在个案中适用的，应当由高级人民法院审核。必要时应报请最高人民法院审核。”

1. 与市场风险“混同”

表 1：土地价格上涨之认定①

案情介绍	行政机关答辩意见	判决认定
案例一：星某 1 公司、星某 2 与某开发区管委会签订《国有土地使用权出让合同》，后星某 3 公司承继上述合同的权利义务。因市政府与市国土局未及时解决项目用地问题，星某 3 公司提出置换土地推进项目建设申请，但由于市政府及国土资源局一系列行为导致置换用地未完成农用地变性手续，从而造成项目建设搁置，故诉至法院要求被告按照合同约定履行义务。	行政机关认为：“……1998 年征收集体土地的补偿标准与 2014 年征收集体土地的补偿标准相差巨大。本案中，如果继续履行 1998 年的《征用土地补偿协议书》，将损害农村集体的权益，而如果继续履行 1999 年的《国有土地使用权出让合同》，将导致国有资产严重流失。……根据情势变更原则，应当解除涉案《国有土地使用权出让合同》。”	土地价格上涨为情势变更，认可行政机关的主张。
案例二：中某公司与市国土局签订《国有建设用地使用权出让合同》，将 21 号宗地的国有建设用地使用权出让给原告。原告于 2009 年 11 月 30 日缴纳了 21 号宗地的定金 9000 万元；后原告分别缴纳了 21 号宗地上地块一、地块二的土地出让金并取得国有土地使用证。2016 年原告向被告申请按照《出让合同》价格办理 21 号地上剩余边角地的受让手续，被告拒绝按照原成交价格办理，故原告诉至法院。	原告要求按照 2009 年 10 月的成交价每平方米 1425.70 元（95 万元/亩）与其签订边角地及剩余土地的出让合同，因时隔 7 年之久，基准地价及房地产行情发生巨大变化，该区域住宅基准地价已达到 177 万元/亩，商业基准地价已达到 340 万元/亩，故被告要求按现行评估价签订出让合同。	房地产行情变化属于正常的商业风险，不属于情势变更，未认可行政机关的主张。
问题：价格上涨当为市场风险还是情势变更？		

评析：情势变更的认定将“商业风险”排除在外，但实践中如何明确区分两者较为困难。基于最高法院对情势变更认定着重强调“客观情况变化程

① 参见海南省高级人民法院（2016）琼行终 442 号行政判决书、河南省焦作市中级人民法院（2017）豫 08 行初 6 号行政判决书。

度”与“可预见性”两个核心要素①，笔者认为案例二的判决结果更为恰当。相较于行政相对人，行政机关明显更具有丰富的土地出让经验与专业法规知识，应当能够预见土地流转环节所需花费的时间成本，在此过程中土地价格随市场发生的变化既非骤然突变的客观情况也非主观不可预见，应当认定为市场风险更为恰当。

2. 与不可抗力界限“不明”

表 2：行政机关与法院的认识分歧②

案情介绍	行政机关答辩意见	判决认定
案例三：某豪公司与国土局签订了《建筑用河砂采矿权出让协议书》，后原告依约履行了付款义务，并为租赁土地、办理环评手续等工作支出了大量费用。而被告却在不能归责于原告的情况下，未在约定期限内办理采矿许可证还擅自要求解除协议，故原告诉至法院。	其根据情势变更原则解除《出让协议书》……由于定海大桥建设项目须将取水口迁移新建，原告竞得采砂区域在新建定城供水工程取水口划定的南渡江饮用水水源保护区内。水源保护区内不得采砂。为了确保公共利益，也为了避免给原告造成经济损失，基于公平原则，被告作出《答复意见》，明确提出解除双方签订的《出让协议书》。	由于定海大桥建设项目须将取水口迁移新建，原告竞得采砂区域在新建定城供水工程取水口划定的南渡江饮用水水源保护区……此情势是涉案《出让协议书》签订时无法预见的重大变化，属于《合同法》第一百一十七条所指的不能预见、不能避免并不能克服的客观情况……被告……单方解除涉案《出让协议书》符合法律规定，其行政行为并无不妥。
问题：采砂区域被划定到饮用水水源保护区内的事实应当为情势变更抑或不可抗力？		

评析：理论界对于不可抗力和情势变更是否为非此即彼的关系尚存争议，在司法实践中也同样表现出二者适用规则模棱两可的状态。本案行政机关与法院之间即存在适用情势变更抑或不可抗力的分歧，针对“原告所得区域因被划定为水源保护区内而无法实现采砂目的”的事实，法院虽认为达到了“不能预见、不能避免并不能克服”的情况致使合同履行完全不能，但对于该情况为何排除情势变更的适用并未作出明确回应，而是结果式肯定了行政机关的解除权。

① 最高人民法院（2011）民二终字第55号民事判决书。

② 参见海南省定安县人民法院（2017）琼9021行初15号行政判决书。

3. 对不可归责性"放宽"

表3：行政机关过错的考量①

案情介绍	行政机关答辩意见	判决认定
案例四：陈某与国土局签订了《国有建设用地使用权出让合同》，并已缴纳全部土地价款。后被告向原告下发《通知》，决定减少出让土地面积95.75平方米，故原告诉至法院。	被告出让给原告涉案土地时，因为审查不严，将公用的厕所、楼梯、走廊也出让给了原告。因此应予以纠正、变更……被告作出变更行政合同的行为，是因为行政合同签订后，才发现土地出让合同存在权利瑕疵，如果不变更，将有违情势变更原则和公平原则……	认可行政机关主张，驳回原告的诉讼请求。
案例五：某幼儿园与某市国土局签订了《国有建设用地使用权出让合同》。后被告以规划原因国有土地出让合同无法履行为由，决定单方解除合同。原告不服该决定，申请行政复议后诉至法院。	市城乡规划局以该宗地项目原规划与最新规划调整的上位规划不符为由暂不予许可报建申请，报建申请至今未能通过……由于发生了签订合同时不可预见的重大变化，故双方签订的合同无法继续履行，无法达到合同目的……故被告根据《合同法》上情势变更原则解除合同。	被告……未提到因征迁未完整导致土地无法全部交付的事实，完全忽视了因自身行为造成原告迟延动工的因素。本案涉讼土地不能交付导致闲置的原因主要系出让方即被告过错所致……予以撤销。
问题：因行政机关自身过错导致客观履行不能是否为情势变更情形？		

评析：不可归责性作为情势变更原则的"隐性"适用要件基本达成共识：如果"重大之情势"可以受合同当事人控制，则表明其对情势变更具有过错或过失，应当自行承担损失。② 上述两个案件同样是因行政机关自身行为致使合同履行不能，法院却作出截然相反的认定。笔者认为，即使行政机关基于公益行使单方变更、解除权，但在情势变更的适用条件认定上不能放

① 参见湖南省芷江侗族自治县人民法院（2016）湘1228行初6号行政判决书、福建省漳州市中级人民法院（2017）闽06行终42号行政判决书。

② 参见韩世远：《合同法总论》，法律出版社2018年版，第506页。

宽对其不可归责性要求。

(二)“思维定式”:与单方变更、解除权的当然绑定

理论上讲,情势变更原则不同于《行政协议司法解释》第十六条[①]中赋予行政机关的单方变更、解除权。前者是契约严守原则下的一种例外和补充,其理论依据在于契约的实质正义理念;后者则是行政优益权的体现之一,其根本目的在于公共利益的优位考量。简言之,前者旨在凸显民事原则中的“公平”,对应的是行政协议中的“契约性”,后者旨在凸显行政协议中的“公共利益维护”,对应的是行政协议中的“行政性”,两者存在根本不同。

但实践中却呈现出不同的景象,行政机关常以情势变更为由,认为继续履行协议会造成公共利益受损,继而作出变更或解除协议的决定。经过对63份判决统计分析,由此而引发的行政协议诉讼占比高达74%。该情况表明实践中基本形成了情势变更原则与单方变更、解除权当然绑定的逻辑链条:若行政协议履行之情势发生变化——必然导致公共利益受损——当然行使单方变更、解除权。

图1:情势变更原则适用逻辑

(三)“语焉不详”:损害公共利益的说理不够充分

继续对上述裁判文书进行分析,不难发现,仅有18%的判决书会对何为“公共利益”、公共利益的范围、公共利益援引的法律依据予以说理。

---

① 《行政协议司法解释》第十六条第一款规定,在履行行政协议过程中,可能出现严重损害国家利益、社会公共利益的情形,被告作出变更、解除协议的行政行为后,原告请求撤销该行为,人民法院经审理认为该行为合法的,判决驳回原告诉讼请求;给原告造成损失的,判决被告予以补偿。

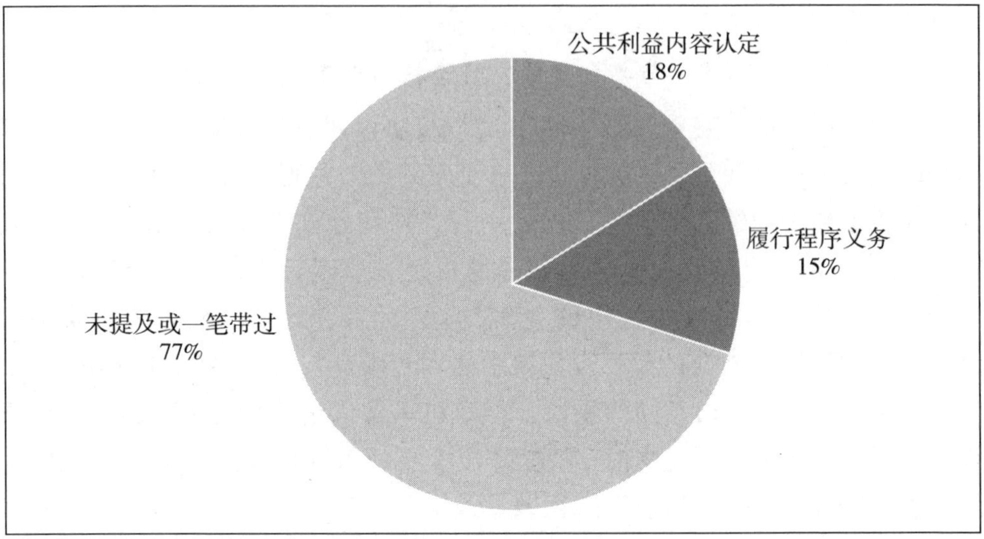

图 2：文书说理情况比例

剩余判决在本院认为部分对于公共利益的阐述大多体现为寥寥数语，几笔带过。以行政协议中最常见的房屋征收补偿协议案件为例，行政机关抑或司法机关会当然引证《国有土地上房屋征收与补偿条例》第二条的规定“为了公共利益的需要……”为依据，但未对公共利益这一目的所包含的受益对象、利益项目、公共内容等加以探讨，缺乏实体层面的规范分析。文书作为高度概括裁判者自由心证与法律适用的重要部分，发挥着释法示范的积极价值。但在行政协议案件中却明显表现出对公共利益的论证匮乏。“公共利益”一词本身即为抽象法律概念，具有高度不确定性，且在不同行政管理领域所追求的利益价值亦不相同，此时则更需要借助裁判文书中的说理部分对其进行解释，否则将导致公共利益的价值“虚化”，无法有效监督公权力的运行，也会不当扩大司法自由裁量权。

二、追本溯源：情势变更原则适用现状之原因探究

情势变更原则在司法实践中的适用现状固然受规定过于原则、司法审查能力欠缺等多重因素影响，但如下因素却起到主导作用。

（一）行政诉讼结构下原则的“变通适用”

我国行政诉讼制度的架构建立在行政相对人与行政机关非平等的行政管

理法律关系上，其根本价值追求在于“确保人民的利益不受违法行政行为侵害”①，对公权力的行使予以监督。而民事诉讼制度的核心追求系对平等主体之间的争议诉求予以回应，起到民事法律关系的定分止争之用。在行政诉讼独有的“民告官”的架构下，情势变更原则的引入面临的第一个问题即为若发生情势变更之情形，行政机关如何在不突破缺乏原告主体资格这一挑战下行使其合同变更、解除权？

因此，实践中，不同权利主体关于情势变更原则的适用表现出权利行使的区分适用状态。具体而言，从行政相对人角度，若其欲以情势变更原则改变协议内容，只能以原告身份诉至法院，提出变更或解除的诉讼请求，此时其行权方式与民事合同并无二异，仍是形成诉权的表现。从行政机关角度，其基于公益可直接宣示变更、解除合同，表现出“优益”的特权。该行权方式为单方形成权，若相对人对此有异议则需通过行政诉讼的方式予以救济，行政机关可以情势变更为由进行抗辩。

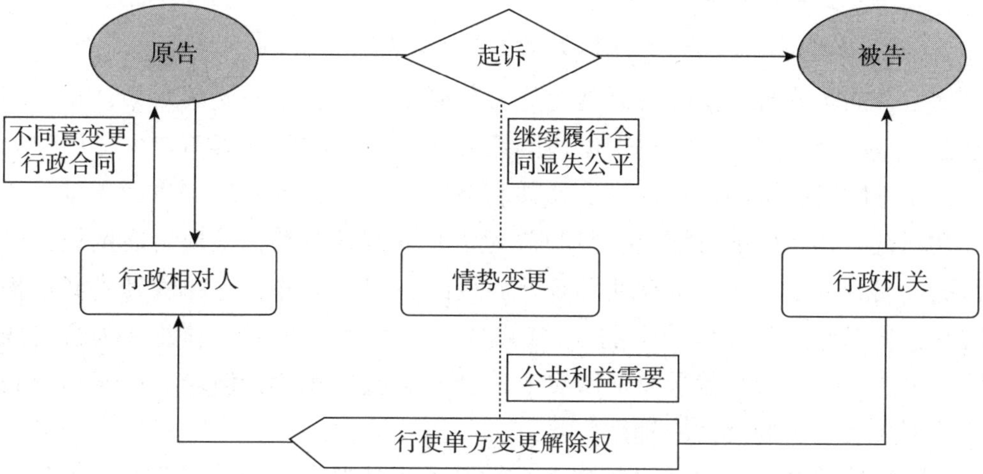

图 3：情势变更原则区分适用

（二）合法性审查原则下司法权“过度谦抑”

合法性审查原则是行政诉讼法最具特色且居于核心地位的基本原则，行

---

① 参见翁岳生主编：《行政法》，中国法制出版社 2009 年版，第 1341–1342 页。

政诉讼的所有程序和基本制度架构都围绕该核心建立起来。[①] 基于此，行政案件司法审查的重点集中于法院更具有优势与经验的法律适用、程序审查等，而不过分关注行政机关主观价值评判问题。毕竟，相较于司法机关，行政机关具有更强的专业知识、专业技术以及专业判断能力。尽管司法实践中并不必然排斥合理性问题的审视，但在对行政行为进行司法审查时，司法机关仍保持了必要的克制，对行政机关自由裁量权的行使不做过多干预，充分尊重行政机关的专业判断，显示出“谦抑”的一面。虽然早已认识到合法性审查的局限性问题，但在具体审理行政案件时，司法机关仍秉持司法谦抑性理念，对专业性较强的事实问题，通常不直接作出合法与否的审查判断。

因此，法院作出的多数判决中并不会针对何为公共利益、公共利益的范围等予以充分说明，也缺乏深究情势情形适用是否适当的动力，仅限于行政机关对于“情势”之发生或“公共利益受损”之认定是否具有相关事实，对于变更、解除行为是否明显失当，在具有相应事实且未超过明显不合理限度的情况下，司法机关多会尊重行政机关的价值判断。

（三）公共利益认定与程序约束的“双重失范”

结合前文分析，情势变更制度能否达到变更、解除合同的效果，决定因素在于是否会致使公共利益受损。虽然公共利益一词的价值不缺少“国家安全、促进国民经济和社会发展等公共利益”的表述，但并未提出判断是否为公共利益的客观标准或划定哪些利益为公共利益的范畴，呈现出规范缺失的情况。当然，语言文字本身就具有开放性的特点，但并不意味着其内涵不需解释，甚至等同于“价值空洞”。实践中，行政机关将公共利益视为自身职能的再次肯定，奉行裁量权下事实上的公共利益的概念，但较少思索与寻找公共利益所基于的“法定理由”。

同样的“失范”情境也表现在行政机关行使单方变更、解除权的程序履行方面。从性质上讲，行政机关单方变更、解除协议行为也从属于具体行政行为，理应受到合法性审查并规制于正当程序等诸多行政法原则。但实践中，司法机关常常忽略了程序性要求，以至于司法实践中甚至存在是否应当进行

① 参见江必新主编：《中华人民共和国行政诉讼法理解适用与实务指南》，中国法制出版社 2015 年版，第 22-26 页。

履行程序审查的疑虑。[①] 即便基于程序正当性认可程序审查内容，但以何种标准审视程序的合法性、如何把握程序事项的审查强度、如何协调协议中约定程序内容与最低限度的程序权利保障等问题也亟须设立相应规范予以明确、解决。

三、实体规制：原则适用合法性判断的客观标准

行政机关相较于普通民事主体的超然地位以及行政协议的公法属性，意味着不仅要注意维持双方既有法律关系的安定性，也要强调对于相对人信赖利益的保护。因此，行政行为应当更加审慎适用情势变更原则，对该情形进行审查时亦应适用更加严格的审查标准，遵循从客观判断到主观判断、从事实认定到价值评价的逻辑路径。

（一）构成要素认定标准化

情势变更原则作为民事法律规范援引至行政诉讼领域，其构成要素在秉承原有理念的同时也应考虑行政诉讼的独特性，表现在以下几个方面：

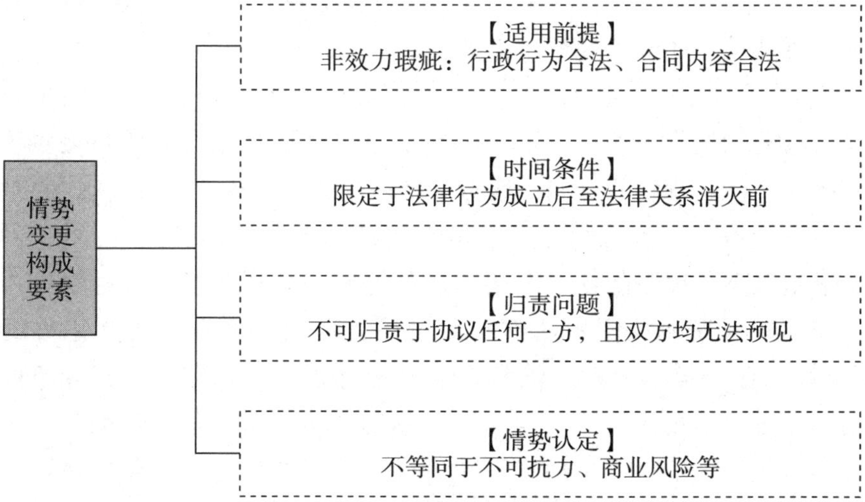

图 4：情势变更的构成要素

① 司法实践中仅少数判决审查了程序性事项，如河南省南阳市中级人民法院（2019）豫 13 行终 151 号行政判决书对是否履行了“先行告知、说明理由、听取意见三项程序义务”进行了审查，而多数判决关于行政机关行使变更、解除权是否告知行政相对人、是否应当履行相应的听证程序等很少提及或明确。

1. 适用前提为非效力瑕疵协议。民事合同中情势变更原则适用的前提条件是合同成立、生效且有效。同样，行政协议中情势变更原则适用的前提是非效力瑕疵的行政协议。但该“非效力瑕疵”需要经过双重考察，一是考察是否符合《民法典》合同编的效力要件；二是考察作出行政协议这一行政行为的合法性基础，如缔约机关不得越权签订、协议应具有法定形式、内容应服务于行政管理目标且不违反强制性规定、订立需要符合法定程序等。[①]

2. 不可预见性的客观判断。如前所述，适用情势变更原则应遵循从客观判断到主观判断的过程，但“不可预见性”明显充满了主观色彩，如何在该情况下厘定其客观标准呢？对此，笔者认为应通过预见能力与情势变更事实发生概率两个维度，并结合主、客观相一致的标准综合评判。具体而言，行政机关因涉及行政管理专业领域，具有人力、物资、技术等支持而具备较强的预见能力；相比较而言，相对人则预见能力较弱。因此，在发生大概率情势变更事实时，很难认定行政机关在协议订立时没有预见，而相对人没有预见更具有合理性；在小概率情势变更事实发生时，无论行政机关抑或相对人均存在没有预见的可能性；在完全不具备预见某种事实发生可能性的情况下，当然就无须从预见能力角度做出评判。

3. 与不可抗力、商业风险的界限。不可抗力作为违约行为的免责事由适用于履行不能的情形。若不可抗力的事实只客观增加了合同履行之难度，尚未达到履行不能之程度，且如约履行会致使一方当事人处于显失公平之境地，此时才应适用情势变更原则，以期实现契约各方利益的平衡。[②] 对于商业风险，可借鉴最高人民法院在上海某国际贸易有限公司与某电缆有限公司买卖合同纠纷二审民事判决书中所作相关论述，强调“客观情况变化程度”与“可预见性”两个核心要素。就客观情况变化程度的认定上，相较于商业风险，情势变更的出现往往致使合同客观基础产生异常、根本性的变化。就可预见性的认定上，情势变更缺乏可预见性，而商业风险属于正常风险，决定于市场经济规律，系市场主体在订立合同时能够预见且应当预见的非意外风险。

4. 显失公平的判断标准。显失公平是适用情势变更原则的最核心要素，

---

① 吴庚：《行政法之理论与实用》，中国人民大学出版社 2005 年版，第 273-274 页。

② 参见韩世远：《合同法总论》，法律出版社 2004 年版，第 433-444 页；梁慧星，《民法学说判例与立法研究（二）》，国家行政学院出版社 1999 年版，第 191 页。

彰显了坚持实质正义的立法价值追求。对此，德国联邦最高法院曾作出相关判例：必须发生了如此深刻的变化，以至于若恪守原来的约定将产生一种不可承受的、与法和正义无法吻合的结果……[①]可见，对于显失公平的审查标准应与一般理性人的朴素的公平正义观念相一致，若协议继续履行明显导致协议双方的权利义务严重失衡，则应产生一种公平分担风险方式，以保障契约双方权利的对等平衡。

（二）公共利益评定法定化

一般而言，司法审查不会对行政机关的价值评判作出合法性认定，但是否具有公共利益受损情形本质上仍属于事实判断的范畴，能够起到否定变更、解除行为合法性的效果。公共利益因其丰富多样的内涵使其呈现出抽象且难以量化的特征，但其审查并非无迹可寻。行政法定原则之意蕴在于传递“行政在法律之下”的精神，摹绘“优先政府”的理想图景，[②] 那么公共利益评定也应在此原则下展开论述。

1. 应考量立法目的

以《国有土地上房屋征收与补偿条例》为例，该条例第八条详细明确了公共利益的具体情形，[③] 虽然该条也明确了公共利益包含兜底条款，但通过对该条规定进行释法性解读，不难发现，其立法所指向的公共利益即“保障国家安全、促进国民经济和社会发展的需要”或者与其具有相当性的利益需要。但需明确的是，在不同法律体系规范中，其维系的公共利益内涵具有差异化表现。比如，《土地管理法》第四十五条中规定了集体土地征收的具体

① ［德］迪特尔·梅迪库斯：《德国民法总论》，邵建东等译，法律出版社2005年版，第660页。

② 参见章志远：《行政法基本原则论》，北京大学出版社2014年版，第95页。

③ 《国有土地上房屋征收与补偿条例》第八条规定，为了保障国家安全、促进国民经济和社会发展等公共利益的需要，有下列情形之一，确需征收房屋的，由市、县级人民政府作出房屋征收决定：（一）国防和外交的需要；（二）由政府组织实施的能源、交通、水利等基础设施建设的需要；（三）由政府组织实施的科技、教育、文化、卫生、体育、环境和资源保护、防灾减灾、文物保护、社会福利、市政公用等公共事业的需要；（四）由政府组织实施的保障性安居工程建设的需要；（五）由政府依照城乡规划法有关规定组织实施的对危房集中、基础设施落后等地段进行旧城区改建的需要；（六）法律、行政法规规定的其他公共利益的需要。

情形,[①] 相比较《国有土地上房屋征收与补偿条例》第八条中“旧城区改建”这一公共利益,《土地管理法》则维系了“成片开发建设”的需要。概言之,对公共利益的认定应当结合不同法律规范的立法目的综合判断。

2. 应考虑效力位阶

通说认为,规章以上位阶的法律规范可以作为行政机关单方变更、解除权的依据,但行政规范性文件能否成为行政机关行权依据?应当肯定的是,通过行政规范性文件来指导职权行使是行政执法实践的客观现实需求,但这并非意味着当然肯定行政机关可依据其去设定某种公共利益以促使单方变更、解除权的行使。对行政规范性文件内容的解释应当严格限定、综合判断,其核心在于考量该文件是否经过公众监督认可,且与上位规范所保护的法益是否具有一致性。该观点也得到了司法实践的认可,在宣某某等 18 人诉浙江省衢州市国土资源局收回国有土地使用权行政争议案中,法院认为:“被告在本案的诉讼中提供的衢州市发展计划委员会(2002)35 号《关于同意扩建营业用房项目建设计划的批复》《建设项目选址意见书审批表》……有关证据,难以说明该决定是由于‘公共利益需要使用土地’或‘实施城市规划进行旧城区改造需要调整使用土地’的需要,故被告主张其作出的收回各原告国有土地的具体行政行为符合土地管理法规定的辩解,不能成立。”[②]

---

① 《中华人民共和国土地管理法》第四十五条第一款规定,为了公共利益的需要,有下列情形之一,确需征收农民集体所有的土地的,可以依法实施征收:(一)军事和外交需要用地的;(二)由政府组织实施的能源、交通、水利、通信、邮政等基础设施建设需要用地的;(三)由政府组织实施的科技、教育、文化、卫生、体育、生态环境和资源保护、防灾减灾、文物保护、社区综合服务、社会福利、市政公用、优抚安置、英烈保护等公共事业需要用地的;(四)由政府组织实施的扶贫搬迁、保障性安居工程建设需要用地的;(五)在土地利用总体规划确定的城镇建设用地范围内,经省级以上人民政府批准由县级以上地方人民政府组织实施的成片开发建设需要用地的;(六)法律规定为公共利益需要可以征收农民集体所有的土地的其他情形。

② 指导案例 41 号/公报案例:宣某某等诉浙江省衢州市国土资源局收回国有土地使用权案。

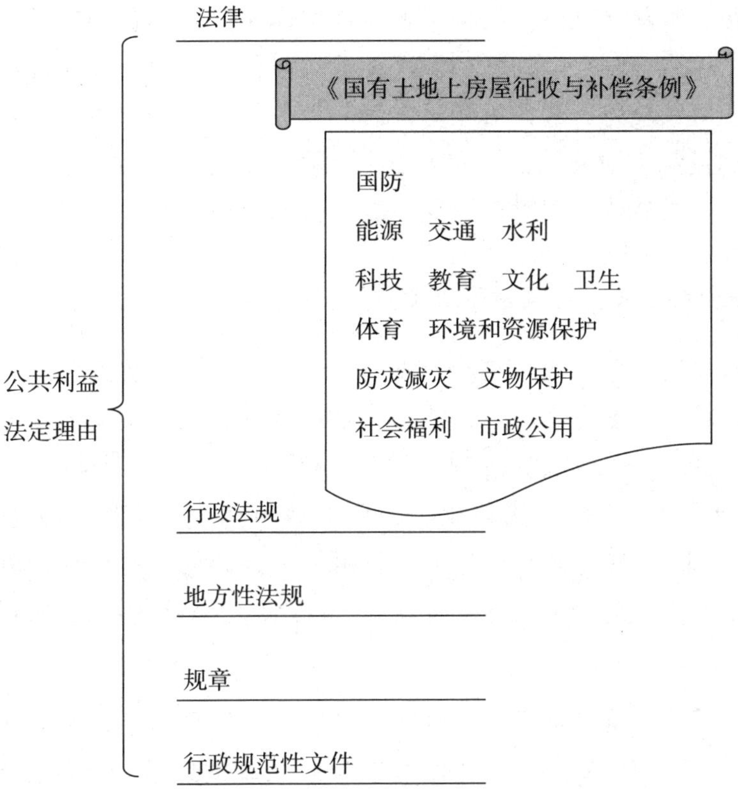

图 5：公共利益认定考量因素

3. 应符合比例原则

行政机关在情势变更情形下可行使单方变更、解除权并非意味着在行政协议中，已经对天平两端的“公共利益”与“个人利益”作出了优先性考量的价值预设。为协调天平两端“公共利益”与“个人利益”的关系，彰显二者兼顾的立法初衷，比例原则的适用无疑给行政优益权的行使上了最后一把“枷锁”。

广义的比例原则包括：适当性原则、必要性原则、均衡性原则。① 具体而言，其要求行政机关在行使单方变更、解除权时，首先，要确保该变更、解除行为能够达到减小国家利益、公共利益损失的行为目的，若变更、解除行为并不能实现保护公共利益，则该变更、解除行为是不适当的。其次，在可

---

① 参见姜明安主编：《行政法与行政诉讼法（第六版）》，北京大学出版社、高等教育出版社 2015 年第 6 版，第 73-74 页。

以作出变更、解除两种行为的情况下，优先作出变更协议内容的行为；在作出的变更协议内容存在可选性的情况下，尽量保证行政协议能够按照原先所订立的内容继续履行，选择对相对人影响程度最小的变更方式。最后，所保护的公共利益免于损失的程度应大于个人利益遭受损失的程度。“微小”的公共利益并不必然优于相对人极其“沉重”的负担。

四、程序建议：再交涉制度的引入前置与架构

再交涉制度一般指向“再交涉义务”，即构成情势变更情况下，合同双方负有以达成合同变更合意为目的进行磋商的义务。该制度最早由德国学者Norbert Horn提出，后逐步被《国际商事合作通则》《欧洲合同法原则》，法国《关于合同法、债法一般规则与证明的改革法令》借鉴吸纳引入立法实践。[①] 我国《民法典》第五百三十三条第一款亦新增了再交涉制度条款，该再交涉制度是否也应当引入行政协议呢？对此，笔者认为答案是肯定的。

（一）正当性分析

首先，从法经济学角度看，再交涉制度有利于降低纠纷解决成本，促进实质解决行政争议。实践中，即便发生重大之情势变更，仍不乏当事人希冀通过再交涉以协议内容重新修订的方式继续维系契约关系。在此情况下，通过重新调整协议内容使契约恢复至权利对等状态，在司法权不介入破坏法安定性的情况下化解纠纷，实为最经济、高效的纠纷解决机制。

其次，再交涉义务是程序正当原则的要求。行政协议履行过程中的变更、解除行为本质上仍是一种行政行为，理应受程序正当性原则的规制。而再交涉过程中必然涉及事由告知、申辩、内容协商等事项，其标准远高于最低限度的程序正当要求。

最后，再交涉义务是对信赖利益保护原则的尊重。信赖利益保护原则在行政协议中表现为行政机关应当按照行政协议之要求诚实信用履行权利义务，不得随意变更、反复无常。设置再交涉义务这一前置程序由双方共同决定合同基础的变更方向，形成新的信赖基础从而保证合同的继续履行与存续，正是信赖利益保护原则的法安定性的体现。

---

① 张素华、宁园：《论情势变更原则中的再交涉权利》，载《清华法学》2019年第3期。

（二）可行性架构

再交涉制度在行政协议语境下是否与民事法律规范中的特定内涵完全对应？对此，笔者认为引入再交涉制度应充分考量行政协议的特性，凸显“行政”的一面。

1. 确立义务本位属性

出于对双方意思自治原则的充分尊重，《民法典》肯定了再交涉制度以“权利本位”的方式引入情势变更原则的适用，即情势变更情况下，受不利影响的当事人“可以”与对方重新协商。但行政协议与民事合同不同，基于行政协议固有行政机关与行政相对人事实上的不平等特征，若完全如民事法律规范一样将再交涉制度设计为权利表达，则无法对行政机关径行依据行政优益权单方变更、解除合同的现状进行规制，存在架空再交涉制度的可能。因此，笔者认为，行政协议中再交涉制度应作为“义务性”前置程序予以引入。

2. 注重义务的实质性

再交涉制度实质性是指交涉双方应遵循诚实信用原则，并坚持磋商过程的要式性、程序性。具体来讲，行政机关应出于协调公益与私益的冲突，避免权利义务不对等的目的，为切实解决情势变更事实造成的不利影响，而再次就协议内容开展的实质、有效的协商过程。要式性则要求应当以书面的方式列明情势变更之事实、继续履行损害的公益、拟作出变更或解除的内容、再交涉的起止时间点、救济权利及方式等事项，同时提供必要的资料或信息以备相对人查阅。程序性指向行政机关应该在知道或应当知道情势变更之时尽快提出再交涉的合理方案，及时通知、告知相对人，并充分听取其意见，必要时可以组织听证等方式充分保障相对人的知情权与参与权。

3. 设置合理期限

为防止交涉双方陷入冗长、反复、无效的交涉僵局导致合同不稳定状态下公益及私益损失的进一步扩大，设置再交涉义务的明确期限显得尤为必要。遗憾的是，新《民法典》“合理期限”的表述方式并未解决该期限不明确的问题，对此，笔者建议，将解决方案限定于行政诉讼体系中履责期限的设定，即行政机关应自情势变更之日起两个月内履行再交涉义务。以此为基础的变更、解除权适用履责期限的设定具有相应的法理依据亦能兼顾与行政诉讼体系的协调性。若行政机关未在该期限内履行再交涉义务，即便其所作适用情势变更、公益受损等认定均合法，亦应在肯定变更、解除协议行为效力的情况下宣示其程序违法。若行政机关在限期内履行再交涉义务，虽未达成新的合意亦不影响行政相对人寻求司法救济。

（作者单位：北京市朝阳区人民法院）

当前涉诉信访工作现状、问题及改进策略刍议

——以G省信访局法院窗口接访情况切入

王　霞　谢璐凯

【摘要】涉诉信访工作因其关联诉讼和信访的特殊地位、兼具诉与非诉的特殊性质以及融合法律和政策的特殊功能尤其值得重视。当前涉诉信访还存在诸如终结程序运转不畅，重复访数量居高不下等问题。对此，应当从制度运转、机制建设以及心理干预等方面着手进一步予以改进和完善，把司法机关及其工作人员从繁重的涉诉信访工作中解放出来，为诉讼纠纷解决机制营造宽松的外部环境。

【关键词】涉诉信访　纠纷　社会治理

前言

当前国际政治经济形势日趋复杂化。与此同时，改革开放在直击病灶、重点突破、趋向纵深的过程中逐渐进入攻坚期、深水区。在国际和国内形势的双重影响下，我国经济社会发展逐步转型到现在的稳步前行。稳字当头成为当前和今后一段时期内的主基调。此间，一些原本趋缓、趋冷、趋弱的类型化矛盾纠纷因之渐急、渐热、渐强，整个社会治理体系和纠纷解决机制，尤其是诉讼纠纷解决机制承受着前所未有的压力。

习近平总书记高瞻远瞩、深谋远虑，在全面分析研判当前形势和未来趋势的基础上，提出“把非诉讼纠纷解决机制挺在前面”的要求。[①] 而在信访、人民调解、行政调解、行政复议等众多非诉纠纷解决机制中，信访特别是涉

① 参见《习近平主持召开中央全面深化改革委员会第十八次会议并发表重要讲话》，载中国政府网，www. gov. cn/xinwen/2021-02/19/content_ 5587802. htm，最后访问时间：2022 年 4 月 26 日。

诉信访工作因其关联诉讼和信访的特殊地位、兼具诉与非诉特殊属性以及融合法律和政策的特殊功能尤其值得重视；另一方面，诉讼纠纷解决机制作为维护社会公平正义的最后一道关口，同时也是很多矛盾纠纷的最终去向和归宿。这些矛盾纠纷往往不是单一的，而是复合的；不是单纯的，而是复杂的。既有基于利益分割而对争议相对方的不满，也有源自信息不对称而对居中裁判者的狐疑；既有关于实体问题的争议，也有因实体问题而衍生的程序问题乃至不满情绪的宣泄。其中有些问题虽有了最终处分和判断，但由于这些处分和判断都是法官基于自身对于事实认知并按照相应规范而作出，当事人站在自身立场并不认可和接受。另外也有些问题不适合在诉讼体制内予以化解。因此，不论是诉讼范围内还是诉讼范围外的问题，最终都很有可能发展和演变为涉诉信访问题。故处理好、解决好、化解好涉诉信访问题和矛盾对社会治理和纠纷解决大局来说都具有十分重要的意义。

一、涉诉信访的历史和发展回顾

国务院于 1995 年 10 月 28 日颁布《信访条例》。2005 年 1 月 10 日，国务院对《信访条例》进行了修订。修订前后的《信访条例》均明确规定，信访人有权向县级以上人民法院提出其职权范围内的信访事项。党的十八大以来，以习近平同志为核心的党中央，高度重视涉诉信访工作，突出强调切实把解决涉诉信访问题纳入法治轨道。中共中央办公厅、国务院办公厅印发《关于依法处理涉法涉诉信访问题的意见》（以下简称《意见》），提出实行诉讼与信访分离制度、涉法涉诉信访事项导入司法程序机制和涉法涉诉信访依法终结制度。① 为认真贯彻中央改革涉法涉诉信访工作机制要求，最高人民法院印发《关于进一步推进涉诉信访工作机制改革的若干意见》（以下简称《若干意见》）明确界定了“诉”与“访”的概念。“诉”，是指符合法律规定的条件，可以按照诉讼程序解决的诉求，一般包括起诉、上诉、申请再审、申诉等。“访”，是指信访人诉讼权利已经丧失或者充分行使完毕，仍通过来信来访等形式向人民法院表达意愿，反映与诉讼有关但不能通过诉讼程序解决的问题和事项，或者违反诉讼程序越级向人民法院反映诉求……对经多次

---

① 参见《全面推动涉法涉诉信访改革——中央司法体制改革领导小组办公室负责人就〈关于依法处理涉法涉诉信访问题的意见〉答记者问》，新华社 2014 年 3 月 19 日。

说服教育，仍不肯息诉罢访的，人民法院将按照中央政法委有关案件终结的规定，不再登记、通报、办理，并配合地方党委、政府及基层组织做好教育帮扶和矛盾化解工作。[①] 至此，以诉访分离为基本特点，以涉诉信访终结为基本归依，以导入机制为基本手段的涉诉信访制度基本形成。2022 年 1 月 24 日，在总结我党长期以来领导和开展信访工作经验特别是党的十八大以来信访工作制度改革成果的基础上，本着党对信访工作全面领导的基本原则和理顺信访工作体制机制的现实目的，中共中央政治局审议通过《信访工作条例》。《信访工作条例》的制定标志着党委统一领导、政府组织落实、联席会议协调、信访部门推动、各方齐抓共管的信访工作新格局的形成，也对涉诉信访工作提出了更高的要求和更多的期待。

二、G 省涉诉信访工作的基本特点

G 省信访局法院窗口作为 G 省高级人民法院派驻省信访局处置省（含省本级）各地赴省涉诉信访事项的机构，其接访数量虽在全省涉诉信访总量中占比不大，以其为样本切入似不具广泛性、代表性和典型性。但考虑到其具有依托 G 省信访局信访工作平台，嵌入 G 省信访局信访工作机制、面向 G 省涉诉赴省走访群众的工作特点，从这个意义上来说，以 G 省信访局法院窗口接访情况为样本又足以起见微知著之用，收一叶知秋之效。通过对近年来 G 省信访局法院窗口来访情况的提炼和分析，G 省涉诉信访工作存在以下几个方面的特点：

（一）来访数量增长明显

总体来看，G 省信访局法院窗口来访批次和来访人数稳步上升趋势明显。2016 年至 2018 年，来访批次和来访人数的增长相对温和。到 2019 年，不论是来访批次和来访人数都呈现较大幅度的增长。2020 年度来访批次和来访人数均明显下滑，但网上信访则大幅增长，两相对冲，2020 年度来访批次和来访人数不减反增。2021 年度来访批次和来访人数环比 2020 年度又均有小幅上涨。

信访案件包括涉诉信访的明显增长并非偶然，实际与社会急剧转型下基

---

① 张景义：《依法扎实推进涉诉信访改革——专访最高法院涉诉信访机构负责人》，载《人民法院报》2014 年 3 月 20 日，第 1 版。

层治理经验与能力不足息息相关。社会转型一方面为经济发展、民生改善、政治昌明乃至道德重建提供了宝贵的契机；另一方面也造成了社会矛盾增多的客观局面。利益诉求错综复杂，加上部分基层政府治理能力的不足和司法纠纷解决功能的受挫，导致信访案件持续增多。[①] 笔者认为从社会转型和基层治理的宏观叙事来看，这种论断无疑是适当的。但值得注意的是，在宏大叙事之下微观治理中的一些具体制度失灵、具体信息失真、具体决策失误、具体工作失范也是重要的催化剂。以某些涉诉信访案件为例，单从事实认定和法律适用来看并无不当，但重法律效果、轻社会效果的裁判在司法实践中并不鲜见，而往往是这些案件最终转化为长期困扰我们的顽固涉诉信访案件，需要我们花大力气、下大本钱、聚大资源去化解。

（二）重复访数量后来居上

重访量的后来居上，反映出一些涉诉信访案件的深刻复杂性。这种深刻复杂性主要体现在案件自身和利益博弈的复杂性，一些案件本身经过多次审理，事实关系、法律关系和诉讼关系犬牙交错、错综复杂。同时，信访人所反映的问题和诉求既有无理的妄念，也有合理的期待，二者关联交织，形成你中有我，我中有你的复杂局面。而这些信访案件的形成，从宏观来看，有法律刚性和政策柔性之间的不适应；从中观来看，有法律真实和自然真实之间的不符合；从微观来看，有无理要求和合理救济之间的不匹配。

（三）地域贡献分布不均

从地域贡献来看，各地在全省范围内的排名相对稳定，g 市、b 市、z 市稳居前三名，三市合计占全省来访的 60%。信访量的多寡取决于很多因素，既和本地经济发展水平密不可分，又与当地民风民俗息息相关，还跟各地审判业务能力高低存在联系。

（四）诉求类型相对集中

实践中，来访诉求主要集中在申诉求决方面。同时，询问、意见以及批评方面诉求也零星可见，主要是认为人民法院在工作效率、工作作风、工作方式上存在不足。究其原因，有沟通交流不畅的因素，也有案多人少的现实困境，还有个别司法机关和司法工作人员自身工作作风浮躁、工作方法简单

---

① 参见章志远：《行政法学总论》，北京大学出版社 2014 年版，第 350 页。

粗暴、工作能力不足的问题。

（五）问题指向重点突出

跟当前人民法院诉讼案件受案情况相关，来访中涉及的民事、执行问题比较突出。从案件类型来看，除2016年之外，行政案件均稳居第二，而刑事案件位于其后。具体来看，事实认定方面相对突出，法律适用方面的问题次之，对裁量权行使方面的问题又次之。执行案件领域中，民事执行部分相当一部分都是客观执行不能的案件，行政执行部分则主要是反映行政机关不履行生效判决确定的法律义务的问题，而刑事执行部分较少涉及。

（六）诉求失焦现象泛化

很多信访人在反映申诉案件的过程中，常常表现出重揭发控告、轻举证说理的现象。其具体表现为在反映申诉求决所涉问题的同时经常会附带针对办案法官及工作人员办案过程中徇私舞弊、贪赃枉法、失职渎职等方面的揭发控告作为其申诉求决问题的支撑和依托。集中表现在，信访人在陈述案件裁判不公的同时，大量掺杂着对办案法官及法院工作人员人格和品行的贬损、能力以及操守的质疑。而在这些揭发控告当中，捕风捉影、主观臆断者众，背后更多是情绪化的宣泄而非事实和证据支持。这种失焦现象在那些正常申诉程序已经完结，但涉诉信访尚未终结的案件当中表现得尤为突出。

（七）以访压诉倾向比较显著

很多信访人明知其所反映的案件尚在审理过程中，应当通过法定诉讼途径反映诉求、救济权利，但其仍不厌其烦地通过到省、进京走访的方式反映诉求，要求上级法院对正在审理的案件予以关注、过问，甚至要求直接对案件的审理发号施令，企图通过信访的方式给案件的承办法官和法院施加不当的影响和压力。更深层来看，涉诉信访人之所以会在法定诉讼途径之外开启信访之路。一方面，其可能有对诉讼相对方利用自身资源和影响导致司法机关不能公正审理的担忧，企图通过案外走访能够给司法机关一种反作用力创造一种新的均衡以确保公正裁判；另一方面，其也不排斥通过给案件的承办法官和法院施加不当的影响和压力的方式，迫使裁判的天平向己方倾斜。二者相辅相成，交织错杂，从而凝练形成一个复杂但精致的行为动因和利益考量。这也在一定程度上反映出某些司法机关、司法人员和司法判决在社会大众尤其是案件当事人眼中的公信力不强、认可度不高的问题。

三、制约涉诉信访工作的因素

在此，应当明确一个概念，即涉诉信访工作存在的问题不同于涉诉案件自身存在的问题。以信访为界分，前者是在处理和化解涉诉信访过程中逐步形成和发现的问题，是后天所成的；后者是审理涉诉案件过程中渐次产生和累积的问题，是先天所致的。从某种程度来说，二者之间有一种本和末的关系。一方面，本的问题解决好了，末的问题自然也随之受益。但从另一方面来看，即便本的问题自身无可指摘，也可能会引发末的问题。这是由司法审判兼听两造、居中裁判的工作性质所决定，也因法律判断经常包含价值判断……对于价值判断不能以科学的方法来审查，其仅是个人确信的表达，因为他们不像事实判断是以感官的知觉为基础，不能以观察和试验的方法来证明。① 对于司法审判存在的问题，相关研究成果可谓丰硕，在此就不再赘述。而当前制约涉诉信访工作存在的问题主要表现在以下几个方面：

（一）诉、访判定的“一刀切”倾向

正确区分诉、访是解决好涉诉信访问题的关键。当前，一些信访部门和行政机关的工作人员判定诉、访事项时要么抱有一种错误的认识，要么坚持一种武断的判准，这集中体现为凡有人民法院判决书、裁定书或者调解书就判定为涉诉事项，进而转交人民法院作为涉诉信访事项处理。但“一些事项尽管人民法院已经通过法定程序处理，或者应当通过人民法院法定程序处理的，但信访人仍就原来的争议内容继续向行政机关反映的……其实质是人民法院对这些事项没有作出实体审理。具体包括五种情形：一是信访人认为行政机关的行政行为侵犯其合法权益向人民法院提起行政诉讼，人民法院以不属于行政诉讼受案范围为由裁定不予立案的；二是行政诉讼中，法院以具体行政行为超过起诉期限为由裁定驳回起诉的；三是民事诉讼中，所争议事项属于行政机关法定职责范围，人民法院因超过诉讼时效判决驳回诉讼请求的；四是人民法院的裁判文书未羁束信访事项涉及纠纷的；五是属于应该通过人民法院法定程序处理的事项，但当事人因缺乏相关证据、不符合法定要件或者事态紧急的。这些事项应纳入普通信访范畴，而不是作为涉法涉诉信访事

---

① ［德］卡尔·拉伦茨：《法学方法论》，陈爱娥译，商务印书馆2003年版，第19页。

项导入法律程序处理。”[①] 如将上述本应作为普通信访程序处理的事项判定为涉诉信访事项转交人民法院受理，由于人民法院已作出判断，除非有新的事实和证据足以启动审判监督程序，否则，人民法院只能引导信访人再次回转信访部门和行政机关。一来二去，几次三番，既造成程序空转，又浪费司法资源，还给信访人一种被“踢皮球”的观感，损害党和政府的形象，甚至进一步激化矛盾。

（二）涉诉信访和审判监督间沟通不畅

对于生效案件，除当事人申诉程序外，三大诉讼法都规定了院长发现启动再审的程序。相对于当事人申诉程序受制于申诉期限、申诉频次、新证据等程序和实体要件的诸多限制，院长发现程序具有相当的程序灵活性和救济及时性。设计院长发现程序的初衷也在于通过院长发现程序柔化法定申诉程序的制度刚性，起拾遗补阙之效。但长期以来，院长发现程序除在个别案件中被动发挥作用外，很少主动启动程序。究其原因，有受制于理论研究的不足，也有体制机制缺失的因素。其中，涉诉信访和审判监督尤其是院长发现程序之间沟通不畅的问题尤为突出。在诉讼法体系中，院长的表述在含义上具有双重性。其既指称担任院长职务的个人，也指代院长职位及其蕴含的职能。因此，院长发现程序事实上有两个渠道，即通过院长个人发现和院长背后工作机制发现。不论是院长个人发现还是院长背后工作机制的发现都不是无根之木，无源之水，其必然有所依托和凭借。而涉诉信访就是其中一个极为重要的来源和渠道。但如何从海量的涉诉信访中提取有效的信息；如何把这些有效的信息反馈到院长及其背后的工作机制；如何把这些有效的信息转变为诉讼法规定的“确有错误”的事实支撑和证据支持等系列问题，现阶段尚缺乏成熟且完善的制度安排和机制设计。

（三）高期待和低满足的矛盾

一些涉诉信访事项之所以久拖不决，长期缠访、闹访，问题的症结并不在案件本身而在案件之外。这些案件，一些虽然于法有据，但于情有亏，于理有差；一些实体判断正确，但程序流转存在瑕疵；还有一些于法于理于情

---

① 牟海松：《坚持法治思维和法治方式 深入推进诉访分离和依法分类处理信访诉求工作》，载国家信访局官网，https：//www. gjxfj. gov. cn/gjxfj/hdjl/xfywdjt/webinfo/2019/12/1577516657981891. htm，最后访问时间：2020 年 10 月 8 日。

都无可指摘，但信访人偏执偏信，冥顽不化。按照“诉求合理的解决到位、诉求无理的思想教育到位、生活困难的帮扶救助到位、行为违法的依法处理”的原则，对于这些情况，显然要具体分析区别对待，该解决到位的解决到位，该教育到位的教育到位，该救助到位的救助到位，该依法处理的依法处理。但各方对“到位”存在不同的认识，对依法处理掌握的尺度也不尽统一。对于一些确有错误的涉诉案件的处理，因有国家赔偿法等法律的明确规定，处理起来相对顺畅，各方的争议也不大。但对于一些于法有据，但于情有亏、于理有差以及存在程序瑕疵的涉诉案件，各方在认识上的鸿沟既深且明。具体来看，站在相关人民法院和法官的立场，其认为只要办理案件在法律上经得起考验就应不存在所谓的信访问题，信访人所提的诉求就属无理。站在属地人民政府的立场，其作为信访的属地管理、分级负责的直接责任主体，涉诉信访事项既是法律问题，又是社会问题。因此，其处理信访问题就不能只着眼于法律，更要兼顾社会效果。站在部分信访人的立场上，法律也好、情理也罢都只是一种中间尺度，这个尺度只为其个人利益服务。换言之，个人利益才是是非曲直的最终判准。只要其个人利益没有得到满足和实现，那么案件的裁判就有原罪。在这种执念之下，那些原本对案件的事实的认定和案件结果决定无伤大雅的瑕疵和不足会被无限放大，并以此为由不断上访。而期间产生的机会成本和费用支出都将转化为其诉求的一部分，在信访过程中要求予以兑现。在这种思维之下，各种动辄百万计的巨额赔偿就不足为奇了。

（四）信访兜底和诉讼终局的矛盾

随着越来越多的社会矛盾纠纷进入诉讼纠纷解决机制，诉讼与信访交织，少数群众“信访不信法”“信上不信下”“弃法转访”甚至“以访压法”等问题也日益突出。一些已经进入终结程序或者已依法终结的涉诉信访事项，信访人仍不断通过缠访、闹访甚至以实施违法犯罪行为，制造极端事件的方式持续施加压力。对此，根据《若干意见》关于“人民法院、人民检察院对于依法不能导入司法程序的信访事项，做好解疑释惑的教育疏导工作……对已经依法终结的涉诉事项，除有法律规定的情形外，政府机关不再启动复查程序，不再作为涉诉信访事项进行统计、交办、通报，但要配合地方党委和政府做好释法明理工作”的规定，人民法院似可以从这种无尽的循环中脱身。但由于种种原因，《若干意见》的规定并未落到实处，这一方面助长和强化了信访人的错误预期和不切实际的幻想，使其在无涯的缠访之路上越走越远，精神也深陷在执念的桎梏中无法自拔；另一方面也严重损害了信访终结制度的严肃性。

四、进一步改进涉诉信访工作的意见和建议

涉诉信访工作虽然形式是人民法院的工作，其实则是涉及社会治理层面的系统性工程。正如前文所述，涉诉信访案件的争议产生表面上是因当事各方之间的利益之争，但从更深层面来看既有社会体制转型的因素，又有利益格局调整的影子，还有经济制度变迁的作用。因此，从源头上减少和化解这些争议的产生虽是治本之策，亦非旦夕之功。而从治标的层面来看，当前涉诉信访工作可从以下几个方面着手改进：

（一）正确界定诉与访是做好涉诉信访工作的核心要素

不同的事项有不同的受理程序和处理方式。错误的界定会导致程序空转和无谓的资源内耗，也逐渐消磨涉诉信访人的耐心和期待。正确界定诉与访主要包括两个方面。其一，要正确界定并及时受理涉诉信访和普通信访事项。尤其是对于那些人民法院仅作出程序性处理并未作出实体判决的案件，信访人就争议事实提出信访事项的情形，各部门应该进一步统一认识，妥善处理，坚决防止推诿扯皮的现象发生。同时逐步探索建立起高效有序诉访对接分流机制，变信访人到处跑为机关内部主动转，最大限度地实现只访一次的目标，从而减少访累。其二，要在合理涉诉信访中诉类和访类事项的基础上及时将其导入和启动相关处理程序。现阶段，对于符合申诉条件的信访事项一般都能按照《意见》的要求分流转化到再审申诉程序予以处理。矛盾比较突出的在于那些错过法定申诉期限的案件。在一些地方，此类案件既不能进入再审申诉渠道，作为诉类事项予以处置；又不能及时进入信访终结程序，作为访类事项予以化解，长期游离于矛盾纠纷解决机制之外。站在社会治理的角度，长期游离于机制外的矛盾纠纷犹如一颗不定时的炸弹，存在极大的不可控风险。故对于此类案件应区别不同情形建立适当的饶让机制，尽量将其纳入化解渠道和治理体系之中作为访类事项予以处置和化解。

（二）积极衔接案件评查和审判监督程序是做好涉诉信访工作的重要抓手

当前，实践中案件评查组织主体多元分散、案件评查对象随机泛化、案

件评查权威不足的现象仍然比较突出。直观来看，这些问题会导致原本就捉襟见肘的司法资源更雪上加霜。深层来看，也容易形成所谓的制度疲劳，增加边际成本，降低边际效益，直接影响工作的质效，不利于矛盾纠纷化解。因此，应当进一步整合现有案件评查机制和资源，形成高效有序、重点突出的案件评查新秩序。尤其把更多的资源和精力对准那些法定申诉程序已经完结，但仍不息诉罢访的涉诉信访案件。要认真甄别其所提供的相关材料，针对可能存在原判确有错误的情况，建议移交相关庭室审查，提出处理意见，报请院长是否启动再审。

另外，对已穷尽法律程序、经案件评查后认为没有错误或瑕疵的涉诉信访事项，经过案件审查、评查、公开听证等方式，做到问题解决到位、执法过错查究到位、解释疏导教育工作到位，及时按程序予以终结并予以公示，对法律程序已经终结的案件不再作为涉诉信访事项进行统计、交办、通报，依法不再启动复查程序，打破涉诉信访人不切实际的执念和幻想，帮助其回归正常的生产生活。

（三）努力消除涉诉信访工作中的信息不对称是做好涉诉信访工作的有效助益

一些涉诉信访案件的症结源于信息不对称，这种信息不对称包括内部信息不对称和外部信息不对称。就内部信息不对称而言，信访机构和人民法院普遍建立了各自的信访系统，遗憾的是这些系统之间没有实现互联互通，不能实现信息共享。一方面，信访机构作为党委政府的信访工作主管部门，其掌握的信息和资源尤其是针对涉诉信访人基本情况和实时状态的相关信息是人民法院所不具备的。另一方面，人民法院的长处则在于对案件本身的深刻理解和全面认识。而要化解涉诉信访尤其是疑难复杂的涉诉信访案件，光靠任何一方都很难实现，需要信访机构和人民法院的深度协同。而积极主动、高效有序的信息共享机制自然是深度协同的基础和保障。

从外部信息不对称而论，作为法律专业人士对于各种诉讼程序的衔接和转换自然了然于胸。但不可忽视的是，诉讼纠纷解决机制的绝大部分参与主体是对法律概念和诉讼程序一知半解甚至是懵懂无知的普罗大众。他们需要借助专业人士或者专业机构的辅助才能顺利参与到机制中来，履行自己的义务，维护自己的权利。虽然当今是一个信息爆炸的时代，人们获取信息和知识的渠道更多，扇面更广，但这一切也是以信息极度碎片化和高度凝练化为代价的。实践中，一些涉诉信访人因为不了解申诉程序的时限误期者有之，不清楚启动程序和管辖法院而奔波面询者亦有之。这些原本可以导入法定程序予以处理的信访事项因为信息不对称的技术原因转变为涉诉信访问题。因之，应当考虑从变更现行的裁判文书样式在终审文书中就申诉程序作出明确指引，同时在送达裁判文书时附带送达申诉的相关技术规范标准，从而最大限度地解决外部信息不对称的问题。

（四）必要的心理干预和及时的物质救济是做好涉诉信访工作的当务之急

康德说“人是生活在目的的王国中。人是自身的目的，不是工具”。长期以来，我们习惯于在社会治理和维稳处突的思维方式和分析视角下看待涉诉信访问题和涉诉信访人。在这种思维方式和分析视角下，涉诉信访问题抽象化和涉诉信访人客体化的问题日益突出，从而忽视了涉诉信访问题的基础面向——信访人。各种资源和精力向维稳处突倾斜，缺乏对涉诉信访人的思想疏导、情绪关照、精神抚慰。而很多涉诉信访案件尤其是那些久访不罢、久接不化的陈年旧案，涉诉信访人的基本诉求实际上已得以实现或者在政策范围内予以最大限度的满足，但其仍不停赴省进京走访。其行为逐渐偏执、其思想日渐僵化、其情绪趋向紊乱。这些涉诉信访案件已经超越了案件对错的范畴，演变成涉诉信访人的心理健康问题。传统的维稳处突模式和机制在应对这些涉诉信访案件时显得格外力不从心，责任单位和基层组织虽然付出了大量的人力、物力和财力但收效甚微，相关责任人员和基层工作者则在疲于奔命中顾此失彼，狼狈不堪。因此，针对长期无理缠访、闹访的涉诉信访人，要秉承以人为本的理念，在相关法律法规框架内，适时邀请专业人士介入并区别不同情况给予专业的心理干预和矫正。

在关注涉诉信访人心理健康的同时，也要看到一些涉诉信访人因不断走访，其原本的生产生活平衡被打破，其个人和家庭陷入困顿。长此以往，生活的困顿以及物质的贫乏会加速涉诉信访人心理的扭曲以及对社会产生仇视心理，更有甚者进而引发极端事件。因此，在必要的心理干预和矫正的前提下，必要的物质救济也是必需的。当前，针对涉诉信访人的司法救助制度虽然比较健全，各种层级、不同层次的司法救助都在有条不紊地进行，但现实中，有些遭遇悲惨但循规蹈矩的涉诉信访人与司法救助失之交臂；有些司法救助的申请递交之后如泥牛入海，杳无音信；有些地方大量司法救助金沉淀在专用账户等。这都反映出当下司法救助制度中在救助对象确定、救助方式、救助力度、审批流程和周期等方面存在不少的问题。

（五）妥善处理涉诉信访人在涉诉信访中的违法犯罪行为是做好涉诉信访工作的关键环节

目前，对涉诉信访人在涉诉信访中的违法犯罪（以下简称涉诉信访违法犯罪）的处置存在两种不同观点。一种观点认为其虽在外观上具备违法犯罪的构成要件，但考虑到其系涉诉信访衍生或引发，在原因自由和主观恶性方面具有可宥因素，因此在处置时应作最大的克制。另一种观点认为对涉诉信访违法犯罪的怀柔和克制是导致各种信访乱象的直接原因，主张对这些行为从严从重打击。笔者认为，这两种观点都揭示了部分真理，但也遮蔽了一些显明的事实。耶林说过"没有强制力的法律好像一束不发亮的光、不燃烧的柴"，任何一个制度的良好运行都离不开一个和谐有序的外部环境，对于危害和制约制度运行的行为如果没有外部强制力干涉和纠正，其后果是不可想象的。但涉诉信访违法犯罪毕竟不同于普通的违法犯罪行为，不区分前因后果、不考虑轻重缓急、不衡量得失利弊一律从严从重亦非良策。试想，当越来越多的涉诉信访人被钉在刑柱之上，当涉诉信访违法犯罪变得不再特殊，当社会对最为严厉的威慑机制——刑罚也不再敏感时，我们还有什么可以倚仗？对于犯罪最强有力的约束力量不是刑罚的严酷性，而是刑罚的必定性。[①] 因此，对于涉诉信访违法犯罪应当予以及时但克制地处置，保持一种梯度的理性，即最大限度的非犯罪化。同时也要充分体现违法有责的必定性，对于涉诉信访违法犯罪不迁就、不姑息，本着治病救人、惩前毖后的原则及时予以处置，强化违法与有责之间的心理必然，从而达到净化涉诉信访环境，维护涉诉信访秩序的目的。

结语

在经济社会不断发展、利益主体日益多元化、利益客体不断多样化、利益冲突趋于尖锐化的当下，矛盾纠纷不论是体量还是复杂程度都呈现出迅速

① ［意］切萨雷·贝卡利亚：《论犯罪与刑罚》，黄风译，中国法制出版社 2005 年版，第 72 页。

增长态势。以诉讼为主流且各自为战的纠纷解决机制也早就不堪重负。但无论如何，生活还将继续。我们应在对前路抱有真诚期待和无比信心的前提下，向传统求助、向经验求教、向现实求真，重新审视和定位各种非诉纠纷解决机制的功能和价值，不断探索创新社会治理模式和治理体系。

（作者单位：贵州省高级人民法院）

国家机关工作人员死亡一次性抚恤金与工伤保险中工亡待遇之关系探析

孙超然

一、引言

我国现行《公务员法》第八十三条第一款规定："公务员依法参加社会保险，按照国家规定享受保险待遇。"但法律对于公务员及参照公务员管理的其他国家机关工作人员是否应加入工伤保险并享受相应待遇，并无明确规定。近年来，随着我国社会保险制度的发展，工伤保险参保主体范围不断扩大，部分省市也在探索逐步将公务员等国家机关工作人员纳入工伤保险制度。总的来看，国家机关工作人员参加工伤保险，有利于更好地维护自身权益，特别是在因工作原因负伤或患职业病时，享有更全面和完善的福利待遇。若无特别规定，国家机关工作人员参加工伤保险，也就意味着其能够在因公死亡时，享受工伤保险中相应的工亡待遇。然而，《公务员法》第八十三条第二款又规定："公务员因公牺牲或者病故的，其亲属享受国家规定的抚恤和优待。"那么，这种"国家规定的抚恤和优待"，与社会保险中的工伤保险，特别是工伤保险中的工亡待遇之间，是何关系？二者能否共存？倘不能共存，哪一个应优先适用？

例如，在某案中，某甲系参照公务员法管理的国家机关工作人员，在工作时突发疾病，经抢救稍有好转后，又因紧急工作任务返回工作岗位；后某甲在岗位上又感到不适，自行返回家中休息，在家中再度发病，送医后经抢救无效死亡。某甲死后，当地人力资源和社会保障部门为某甲办理了工伤保险之工亡待遇，后某甲生前所在的乙单位又向其上级丙市人民政府申请抚恤某甲家属，丙市人民政府综合考虑之后，认为某甲之死亡不属"因公牺牲"，且已享受了工伤保险之工亡待遇，因此不予发放死亡一次性抚恤金。某甲之遗属某丁不服，诉至法院，请求法院判决丙市人民政府履行给付死亡一次性抚恤金之义务。那么，某丁之诉讼是否属于法院受案范围？如果不属于，其理由为何？如果属于，某丁能否兼而享有两种待遇？如果不能，某丁应如何最大程度地保护自身的合法权益？对于侵害其权益之行为，应如何寻求救济？

在类似的案件中，要想厘清上述问题，工伤保险之工亡待遇与国家机关工作人员死亡一次性抚恤金，其各自性质及二者间关系成为关键问题。而欲解决这些问题，不能不对工伤保险制度、国家机关工作人员死亡一次性抚恤金制度各自之发展历程，做一梳理。

二、公务员死亡一次性抚恤金制度的初创及其早期发展

（一）国家机关工作人员褒恤制度之创立

1. 国家优抚制度初创之概况

我国国家机关工作人员抚恤制度，创立于新中国成立后不久。[①] 1950 年 12 月，经政务院批准，中央人民政府内务部公布《革命烈士家属、革命军人家属优待暂行条例》《革命残废军人优待抚恤暂行条例》《革命军人牺牲、病故褒恤暂行条例》《革命工作人员伤亡褒恤暂行条例》《民兵民工伤亡抚恤暂行条例》5 个优抚条例，其中《革命军人牺牲、病故褒恤暂行条例》《革命工作人员伤亡褒恤暂行条例》和《民兵民工伤亡抚恤暂行条例》分别对革命军人、革命工作人员、民兵民工伤亡的抚恤做出了规定。

上述若干文件，基本奠定了我国褒恤制度之基础：

（1）区别精神与物质两个方面。例如，《革命工作人员伤亡褒恤暂行条例》开篇第一条即规定“凡革命工作人员因公伤亡者，依本条例之规定褒恤之”。按文义理解，褒，褒扬也，侧重精神上的表彰和认可；恤，抚恤也，侧重物质上的帮助和给付。

（2）区别因公牺牲与病故及因自身过失死亡者。对于前者，当时称烈士，既予以精神上的褒扬，又予以物质上的抚恤；对于后者，则仅给抚恤，

---

① 此处仅论述国家制度。实际上，该制度很大程度上受到党的褒恤制度的影响。早在革命战争年代，中国共产党就陆续建立起一套精神褒扬与物质抚慰相结合的褒恤制度。参见曾爱国：《我们党始终高度重视烈士褒扬工作》，载《学习时报》2022 年 10 月 25 日。

且抚恤费比前者相应减少。

（3）有重大贡献或积劳成疾而病故者，其亲属得享因公牺牲者之褒恤。

（4）抚恤，即政府向遗属一次性支付之物质给付。

2. 革命工作人员抚恤制度之规定

具体规定国家机关工作人员抚恤制度的，是《革命工作人员伤亡褒恤暂行条例》。其第二条即明确区别牺牲（烈士）与病故（包括“非因公失慎致死者”）两种情形，以及褒和恤这两种待遇，规定精神层面的“褒”，仅适用于“对敌斗争或因公光荣牺牲者”，且须由所在机关出具证明。而物质层面的“恤”，则兼用于牺牲和病故者——该条例第二条规定：“（一）凡对敌斗争或因公光荣牺牲者，给予烈士称号，其家属称烈属，由所在机关填具‘革命工作人员牺牲证明书’，发至其原籍县（市）人民政府换发‘革命牺牲工作人员家属光荣纪念证’，按下列规定给其家属一次抚恤费……（二）凡病故或非因公失慎致死者，不称烈士，其家属不称烈属，发给‘病故革命工作人员家属证明书’，并按下列规定发给一次抚恤费……”①

可见，当时牺牲和病故的抚恤待遇，其共同特征是：向死者家属发放一次性抚恤费（当时为一定量之粮食），且一次领讫。而二者的区别，则在于抚恤费的多寡：（1）按死者职级，职级高者多领，职级低者少领。②（2）按死亡情形，同等职级者，“对敌斗争或因公光荣牺牲者”领取较多，“病故或非因公失慎致死者”比前者少领1/4。

3. 革命工作人员死亡抚恤对牺牲与病故之区别

革命工作人员死亡抚恤制度，奠定了我国的国家机关工作人员死亡抚恤制度的几项基础性安排，即：

（1）按职级高低区别予以物质给付。

（2）区别“对敌斗争或因公光荣牺牲者”与“病故或非因公失慎致死者”两种情形，对前者兼以褒恤，而后者不予褒扬，仅予以抚恤，且抚恤费应低于前者。

---

① 冯小刚导演知名电影《集结号》反映的即是相关的故事：战争年代，“所在机关”多次被打散并重新组织，连长“谷子地”要找到组织和证明人，才能将烈士由“失踪”改为“牺牲”，使烈士遗属得到应得的待遇。

② 根据《革命工作人员伤亡褒恤暂行条例》第二条规定，自专员级以上、县长级、区长/县科长级至勤警人员，职级每降一级，粮食少领200市斤。

（3）当时亦有一些特殊制度安排，即其第六条规定：“病故革命工作人员对革命有特殊功绩或工作历史在10年以上确因积劳病故者，经其所在机关申请，省（市）以上人民政府批准，得享受本条例第二条第一项之褒恤。”①这一例外规定，特许那些“对革命有特殊功绩”或“工作历史在10年以上确因积劳病故者”按牺牲处理，允许其家属经一定程序享有与“对敌斗争或因公光荣牺牲者”相同的褒恤待遇。

但当时的规定，仍留下诸多问题。

（二）国家机关工作人员抚恤制度实践中的问题

1. 牺牲认定条件严格而病故抚恤不足

《革命工作人员伤亡褒恤暂行条例》实施后不久，当时的内务部很快发现，在死亡一次性抚恤金问题上，因公牺牲与病故、“非因公失慎致死者”之间的界线，面临现实中种种复杂情况的挑战：“因为因公发生意外事故；有的属于个人操作中的责任事故；有的属于偶然事件，责任不在个人；有的属于在积极完成任务，误触危险而死亡。所以，对于工作人员因公发生意外事故死亡，虽然不能给予烈士称号，但对他们的家属都比照病故给予抚恤，也不见得完全合理。”② 例如，1960年，石油工业部东北供应办事处副科长李某某为了石油工业建设，不分昼夜指挥仓库装卸作业，在夜间不慎被吊车撞伤去世。李某某之情况，按规定显然属于自身之过失，因而当时沈阳市民政局按“病故”标准予以抚恤，本无不当；但李某某生前所在单位，却要求改按牺牲标准发给抚恤金，从而引发争议。此争议后经沈阳市民政局请示到内务部，1961年获内务部明确批复：应该本着烈士称号从严的精神，对一般死者不称烈士，但是对他们的家属可以参照对牺牲人员一次抚恤金的标准发给抚恤金。今后对于工作人员因公发生意外事故死亡的抚恤问题，除了属于个人责任事故死亡的以外，都可按此执行。但考虑到这类问题的复杂情况，各地在执行中所遇到的具体问题，可以根据上述原则酌情处理。个别疑难问题不

---

① 《革命军人牺牲、病故褒恤暂行条例》也采取这一做法，唯情形略有区别，即区分为“革命军人因参战、公干牺牲者（被俘不屈慷慨就义或被特务暗杀等）”及“病故革命军人”两种情形；而且也有“病故革命军人对革命有特殊功绩或工作历史在八年以上因积劳病故者”，“经其所在机关、部队申请，师以上政治机关批准”，其家属得享褒恤之“准用”规定。

② 《内务部关于工作人员因公发生意外事故可按牺牲抚恤标准予以抚恤的函》［（61）内优字第63号］。

便作出决定时，还可报请当地党政领导批准解决。至于李某某因公发生意外事故死亡本人不称烈士，但对他的家属抚恤问题，可以改按牺牲抚恤标准发给。[①] 即严格把握“褒”之范围，但在“恤”的金额上，可根据具体情形予以照顾，其关怀足慰人心。[②]

2. 发放主体存在争议

按《革命工作人员伤亡褒恤暂行条例》等褒恤制度的规定，死亡一次性抚恤金，应由原籍县（市）人民政府发给，是针对当时军人、工作人员家属大多数都居住在原籍的情况制定的。但是此后，随着社会流动和工作调动，军人、工作人员的家属往往随同军人和工作人员一起生活，不在原籍居住，因此绝大多数一次性抚恤金实际由家属居住地的县（市）民政部门发给。但有少数县（市）民政部门按照上述条例的规定，坚持要由死者原籍县（市）人民政府发给，以致问题不能及时解决。为此，民政部于1980年发布了《关于军人、机关工作人员牺牲、病故一次抚恤金应由家属居住地的县（市）民政部门发给的通知》（民发［1980］第20号），该文件决定：对军人，机关工作人员牺牲、病故一次抚恤金，统一由家属居住地的县（市）民政部门发给。至此，死亡一次性抚恤金的发放主体统一为死者家属居住地的民政部门。

3. 公检法等特殊国家机关工作人员如何抚恤

公安机关，以及检察机关、审判机关之工作人员，处于军人与一般工作人员之间的特殊地带。按管理方式，其属于国家机关工作人员；但论其工作任务，又特别险重，尤其是人民警察和检察人员，由于工作职责要求，直接

---

① 《内务部关于工作人员因公发生意外事故可按牺牲抚恤标准予以抚恤的函》［（61）内优字第63号］。

② 除上述问题之外，李某某案例还体现出一个重要问题：由于抚恤经费不由本单位发放，不列入本单位财政，因而一部分地方出于维护本单位职工利益等方面的考虑，有不满足法定情形而仍予申报的动机。这一问题此后仍长期存在，即便调整发放主体，仍未能彻底解决。如有民政部门工作人员就曾发文称“由于利益的驱动，有的单位上报的数据和提供的资料不真实”。施永崇：《一次性抚恤金发放中遇到的问题与建议》，载《中国民政》1999年第7期。在公务员因公致残抚恤制度中，也存在类似情况：“公务员因公致残抚恤采取中央财政负担原则，地方财政不承担责任，公务员所在单位也不承担责任。这样的经费渠道安排，导致有些单位将公务员因公致残抚恤理解成一种福利待遇，努力帮助其工作人员争取，甚至出现出具违背事实的致残性质和致残经过证明等问题。”陈小勇：《公务员因公致残抚恤制度研究》，载《中国民政》2009年第4期。

与犯罪分子接触，特别容易受到后者的伤害。① 因此在这三类人员伤亡抚恤问题上，民政部往往需要单独做出补充性规定。

例如，民政部曾于1995年发布《民政部关于检察人员伤亡抚恤待遇问题的通知》（民优发［1995］9号），明确规定，“经征得财政部同意”，“立功和获得荣誉称号的检察人员死亡后”可“增发”一次性抚恤金，由此可知，检察人员死亡后本身就应当发放一次性抚恤金。此件经最高人民检察院转发后，在检察、民政和财政系统内执行了25年。② 2020年11月6日，《退役军人事务部关于废止和宣布失效一批政策性文件的决定》（中华人民共和国退役军人事务部令第4号）将其废止，但这仅意味着“增发”部分失去依据，而原本的抚恤金仍应发放。

不过，以上几个方面的问题及相应的制度调整，并未从根本上改变国家机关工作人员抚恤制度，特别是其中关于牺牲与病故之区别，以及其作为国家对其工作人员一种特别抚恤之性质。③ 然而，1980年《革命烈士褒扬条例》之制定，却开启了一个崭新的问题，即烈士与一般因公牺牲之区别。

（三）烈士与因公牺牲的区别

1980年，《革命烈士褒扬条例》实施后，初步将烈士从因公牺牲中区别出来。

1980年6月4日，国务院公布《革命烈士褒扬条例》，该法规主要规定的是认定“烈士”的标准，并明确认定的主体和程序。④

---

① 参见何小勇：《警察伤亡抚恤诸问题研究》，载《中国人民公安大学学报（社会科学版）》2020年第2期；刘荣荣：《加快完善检察官抚恤优待保障制度》，载《人民检察》2017年第7期。

② 《最高人民检察院转发民政部〈关于检察人员伤亡抚恤待遇问题〉的通知》（高检发政字［1995］21号）。

③ 类似地，改革开放之后，工资制度改革，抚恤金之计发不得不随之调整。1994年，当时的民政部、人事部、财政部发布了《关于工资制度改革后国家机关工作人员死亡一次性抚恤金计发问题的通知》（民优函〔1994〕212号），该文件明确，为适应国家机关工资制度改革，调整了一次性抚恤金的计发方法。这一调整，并不涉及抚恤制度的性质变化。因此，对抚恤金计发方法的调整，并不影响1950年所颁布之抚恤规定的法律效力。

④ 即将“烈士”分为“因战牺牲”和“因公牺牲”，分别属于第三条规定的五种情形之前三种和后两种：（一）对敌作战牺牲或对敌作战负伤后因伤死亡的；（二）对敌作战致成残废后不久因伤口复发死亡的；（三）在作战前线担任向导、修建工事，救护伤员，执行运输等战勤任务牺牲，或者在战区守卫重点目标牺牲的；（四）因执行革命任务遭敌人杀害，或者被敌人俘虏、逮捕后坚贞不屈遭敌人杀害或受折磨致死的；（五）为保卫或抢救人民生命、国家财产和集体财产壮烈牺牲的。第五条第一款还规定了一种例外情况：“本条例第三条规定以外的牺牲人员，如果事迹特别突出，足为后人楷模的，也可以批准为革命烈士。”

《革命烈士褒扬条例》实际上修改了我国的褒恤制度，规定“因公牺牲”只有在满足一定条件时才能认定为“烈士”。① 具体到国家机关工作人员，按1950年的规定，凡“对敌斗争或因公光荣牺牲”的国家机关工作人员，皆可认定为牺牲，获“烈士”称号。然而根据《革命烈士褒扬条例》，只有其中“因执行革命任务遭敌人杀害，或者被敌人俘虏、逮捕后坚贞不屈遭敌人杀害或受折磨致死的”，或是“为保卫或抢救人民生命、国家财产和集体财产壮烈牺牲的”，才能认定为烈士。不过，对于当时公务员褒恤制度中，其他不涉及烈士认定的内容，特别是对于病故的情况，并未受到该法规的影响。②

三、《军人抚恤优待条例》对国家机关工作人员死亡抚恤制度的影响

（一）《军人抚恤优待条例》原本与国家机关工作人员抚恤制度无直接关系

国务院于1988年发布之《军人抚恤优待条例》，延续了《革命烈士褒扬条例》中对“烈士”与一般“因公牺牲”所做的区别。同时，该法规第四十五条同时废止了《革命烈士家属革命军人家属优待暂行条例》《革命残废军人优待抚恤暂行条例》《革命军人牺牲、病故褒恤暂行条例》和《民兵民工伤亡抚恤暂行条例》，仅没有宣告《革命工作人员伤亡褒恤暂行条例》之废止。——换言之，内务部于1950年所颁布之褒恤制度，除了《革命工作人员伤亡褒恤暂行条例》之外，已全为《军人抚恤优待条例》所废止和代替。

可见，国家机关工作人员如果与军事无涉，本不能适用《军人抚恤优待条例》。因为后者规定的优抚对象，仅限于军人、军属等：《军人抚恤优待条例》第二条规定了“中国人民解放军的现役军人、革命伤残军人、复员退伍

① 该法规第十条明确宣告：“本条例自发布之日起施行。过去有关褒扬革命烈士的规定同本条例有抵触的，以本条例为准。”

② 此后，2011年《烈士褒扬条例》进一步扩大了“烈士”的范围，并增设了烈士褒扬金，从而使得“烈士”的待遇相比一般因公牺牲，更为特殊。《烈士褒扬条例》废止了《革命烈士褒扬条例》，但仍未昭示《革命工作人员伤亡褒恤暂行条例》的全部废除。在国家机关工作人员死亡如何褒恤的问题上，《烈士褒扬条例》相比于《革命烈士褒扬条例》及此前的制度，最大的变化有二：第一，是将烈士的范围扩大，即不仅限于“革命”烈士，更加入了“建设”中的烈士；第二是对于所褒恤烈士的家属，不仅牺牲时发给一次性抚恤金，而且还另设一笔“褒扬金”，突破了传统的“精神（褒）—物质（恤）”二分法。这也意味着“烈士”与一般“因公牺牲”之间的界限进一步明晰。

军人、革命烈士家属、因公牺牲军人家属、病故军人家属、现役军人家属”，其第四十一条、第四十二条则规定了可以参照适用该法规的“武警”以及“因战伤亡的民兵、民工和因参加军事训练伤亡的民兵及其他人员”。

（二）民政部规定国家机关人员抚恤参照适用《军人抚恤优待条例》

虽然《军人抚恤优待条例》本身不涉及国家机关工作人员抚恤制度，但在《军人抚恤优待条例》颁布的次年，民政部发布通知，[①] 规定国家机关工作人员、人民警察伤亡抚恤，参照执行《军人抚恤优待条例》及其行政解释。[②] 其中关于国家机关工作人员死亡及一次性抚恤金问题，明确规定：

（1）国家机关工作人员牺牲，“符合批准为革命烈士条件的，按照现行规定的审批权限予以审批”。

（2）对于死亡性质的确定，“参照《军人抚恤优待条例》及其解释的有关规定办理”。

（3）对于死亡一次性抚恤金的标准，“参照军人死亡的抚恤标准发给”。

（4）国家机关工作人员因公牺牲，“需经县级以上单位的组织或人事部门批准和县、市、市辖区民政部门审核同意，按照规定发给《革命工作人员因公牺牲证明书》和一次性抚恤金”。

由此可知，对于虽然因公牺牲但不符合批准为烈士条件的国家机关工作人员，其因公牺牲的认定，应由县级以上单位的组织或人事部门批准，再经民政部门同意后，发给证明书及一次性抚恤金。[③]

这一规定实质上将国家机关工作人员死亡的性质，参照《军人抚恤优待条例》，明确划分为了烈士、因公牺牲和病故这三种情况，其中：

（1）烈士。其认定条件是符合法定条件，且按规定权限审批。何种条

---

① 《民政部关于国家机关工作人员、人民警察伤亡抚恤如何办理的通知》（民［1989］优字34号）。

② 此处的行政解释是指《民政部关于颁发〈关于贯彻执行《军人抚恤优待条例》若干具体问题的解释〉的通知》（民［1989］优字19号）。

③ 由于立法技术问题，此处没有直接明确发放抚恤金的主体，但应当认为，发给抚恤金的主体仍是民政部门，原因有二：第一，对于发给一次性抚恤金，民政部此前在《关于军人、机关工作人员牺牲、病故一次抚恤金应由家属居住地的县（市）民政部门发给的通知》（民发［1980］第20号）中曾作出过规定，统一由家属居住地的民政部门发给。倘要进行调整，改为由其他主体发给，则无论是改为由地方政府发给，还是改为由前述的“县级以上单位的组织或人事部门”发给，都不宜由民政部门单独发通知来明确，而应联合行文来确定。第二，倘一次性抚恤金不由民政部门发给，而是由其他机关发给，那么在此处设置民政部门的同意程序，其意义何在？而且，由民政部门发给，也与民政部门职责，以及《军人抚恤优待条例》之规定相一致。可见，此处虽然没有说明，但一次性抚恤金仍应由民政部门发给，当无疑问。

件、如何审批？显然不仅要符合《军人抚恤优待条例》及其行政解释中规定的情形，其程序还要符合当时有效的《革命烈士褒扬条例》的规定。这一点在民政部 2004 年发布的文件中也得到了重申和明确。[①]

（2）因公牺牲者。参照《军人抚恤优待条例》及其解释进行认定。

（3）病故者。也参照《军人抚恤优待条例》及其解释进行认定。

（三）国家机关工作人员因病死亡参照适用《军人抚恤优待条例》的问题

参照执行《军人抚恤优待条例》，看似解决了国家机关工作人员的死亡抚恤问题，但国家机关工作人员毕竟不是军人，因此很多规定并不能直接套用。例如，民政部行政解释[②]规定，“在执行任务中因病猝然死亡的”军人，“经军队团级以上单位的政治机关批准”，应认定为“因公牺牲”。但是当我们把这一规定套用到国家机关工作人员身上，会发现有下面几个问题：

1. 认定条件及批准机关问题

何谓“执行任务中因病猝然死亡”？这一概念的主要意义，在于与“病故”之区别。实际上，民政部规定（民［1989］优字 19 号）明确，只有三种情况可以认定为病故，即服现役期间因病死亡（需注意排除在执行任务中因病猝然死亡因而可认定为因公牺牲的情况），因人民内部矛盾自杀身亡，以及非因执行任务遇意外事故死亡的。其中，第一种是病故，后两种是准用病故之规定。

可见，对于军人而言，一旦因病死亡，认定其为因公牺牲，需要三个要件，即执行任务中发病、发病后猝然死亡以及团以上政治机关之批准。凡一个条件不具备，即只能认定为病故。倘若参照此规定认定国家机关工作人员死亡性质，则应认为：执行公务中发病、发病后猝然死亡、经有权机关批准，方能认定为因公牺牲。倘在执行公务中发病、发病后猝然死亡，但有权机关未予批准，只能认定为病故。

此处的批准机关，尚需注意：因军队与地方体制不同，故军队机关不能直接“换算”为地方相应机关。这一问题由民政部规定（民［1989］优字 19

---

① 《民政部关于国家机关工作人员、人民警察伤亡抚恤有关问题的通知》（民函［2004］334 号）规定：“二、国家机关工作人员、人民警察牺牲，批准为烈士的条件，参照《革命烈士褒扬条例》执行，按照现行规定的审批权限审批。”

② 《民政部关于颁发〈关于贯彻执行〈军人抚恤优待条例〉若干具体问题的解释〉的通知》（民［1989］优字 19 号）。

号）解决，即确定“因公牺牲”的批准机关为县级以上单位的组织或人事部门。

2. 不予批准的责任及救济问题

1988 年《军人抚恤优待条例》并未规定违反规定审批的责任及救济，民政部文件及解释也没有提到国家机关工作人员死亡性质认定的审批责任及救济问题。

然而，2004 年《军人抚恤优待条例》修订时，增加了法律责任条款：其第四十五条规定，军人抚恤优待管理单位及其工作人员、参与军人抚恤优待工作的单位及工作人员，如果“违反规定审批军人抚恤待遇”，追责方式是“由其上级主管部门责令改正；情节严重，构成犯罪的，依法追究相关责任人员的刑事责任；尚不构成犯罪的，对相关责任人员依法给予行政处分或者纪律处分”。这里有两个问题：

第一个问题是，何谓“违反规定审批军人抚恤待遇”？它是否包括对符合条件认定为因公牺牲但却不予批准的情况？以文义解释可知，“违反规定审批军人抚恤待遇”，既包括按照规定不应批准为因公牺牲但却予以批准的情形，也包括按照规定应当批准为因公牺牲但却不予批准的情形。

第二个问题是，如果出现违规审批的情况，应当如何救济？《军人抚恤优待条例》中，从未规定此类情况应当如何救济或申诉，仅规定出现此类情况时，由上级主管部门责令改正。① 由此可知，对因公牺牲审批不服的，应向审批机关的上级机关申诉，或通过信访程序予以解决。毕竟这种审批行为既然由组织或人事部门做出，即属于组织、人事部门对国家机关工作人员内部管理职权的一部分，并不能认定为行政行为，按照复议或诉讼程序救济。

3. 发放主体问题

2002 年，民政部、财政部联合发文，规定国家机关工作人员死亡一次性抚恤金改为由死者生前所在单位发放。② 两部门给出的理由是：“现行的国家机关（含民主党派、人民团体）工作人员、人民警察死亡后，由家属户口所

---

① 民政部《伤残抚恤管理办法》（2007）第十条曾规定，“申请人或者民政部门对医疗卫生专家小组作出的残疾等级医学鉴定意见有异议的，可以到省级人民政府民政部门指定的医疗卫生机构重新进行鉴定。省级人民政府民政部门可以成立医疗卫生专家小组，对残疾情况与应当评定的残疾等级提出评定意见。”此后该规章虽经多次修改，但基本维持了这一制度。但评残主要是医学上的评定，采取客观标准，纵涉及行政权力的运用，在绝大多数国家，基本属于行政机关判断余地之内，难获救济。

② 《民政部、财政部关于调整一次性抚恤金发放办法的通知》（民发［2001］317 号）。

在地的民政部门发放一次性抚恤金的规定，是参照传统的军人抚恤办法逐步沿袭下来的，已经不能适应形势发展的要求。”那么，形势究竟发展到何种程度，以至于民政部门不能再作为发放主体？

其实，当时地方民政部门已陆续遇到多方面的问题，包括且不限于资金缺口、程序不规范、单位性质不明、计算基数不明等。[①] 而将死亡一次性抚恤金的发放主体改为生前所在单位，资金由财政负担，则单位性质确认、金额计算、申领和发放程序都在原单位履行，可以一举解决上述问题。

4. 不予发放的责任及救济问题

无论是民政部门，还是死者生前所在单位，其发给一次性抚恤金的行为，究竟属于何种性质，需要分析。按照规定，死亡一次性抚恤金具有特殊性，其起因是国家机关工作人员的死亡，但发给的对象却是死者的遗属，而不是死者本人。正因为如此，这种抚恤金不属于死者的财产。因其不是死者的遗产，不能由死者遗属继承，死者生前的遗嘱也无权确定其分配。但这就造成了问题：在发放一次性抚恤金这一行为之中，双方主体一方为行政机关，另一方为公民，且双方之间不存在内部的管理关系，那么这一行为，是否属于一种行政行为，因而可以对其提起行政诉讼？

《最高人民法院关于公务员一次性死亡抚恤金发放行为可诉性问题的答复》（〔2016〕最高法行他 9 号）就曾明确：“公务员一次性死亡抚恤金的发放行为（包含作为与不作为），不属于行政诉讼受案范围。”在 2018 年最高人民法院的一份再审行政裁定书［（2018）最高法行再 189 号］中，最高人民法院更加明确和具体地论述了这一观点：“《中华人民共和国行政诉讼法》第十三条第三项规定，‘人民法院不受理公民、法人或者其他组织对下列事项提起的诉讼：……（三）行政机关对行政机关工作人员的奖惩、任免等决定’。当时有效的《最高人民法院关于执行〈中华人民共和国行政诉讼法〉若干问题的解释》第四条对该项的解释为，对行政机关工作人员的奖惩、任免等决定‘是指行政机关作出的涉及该行政机关公务员权利义务的决定’。依照《中华人民共和国公务员法》第七十七条第二款‘公务员因公致残的，享受国家规定的伤残待遇。公务员因公牺牲、因公死亡或者病故的，其亲属

① 魏晓莲、郭自祥：《一次性抚恤金发放之我见》，载《民政论坛》1998 年第 4 期；施永崇：《一次性抚恤金发放中遇到的问题与建议》，载《中国民政》1999 年第 7 期。

享受国家规定的抚恤和优待’的规定，公务员的亲属享受国家规定的抚恤属于公务员人事管理中的工资福利保险事项，系基于公务员的权利义务而产生。对于行政机关向公务员的亲属发放死亡一次性抚恤金，亦应属于行政机关作出的涉及公务员权利义务决定的内部行为范畴，由此产生的争议不属于人民法院行政诉讼的受案范围。”①

既然发放国家机关工作人员死亡一次性抚恤金不属于行政行为，而是一种人事管理方面的内部行为，则其救济渠道，亦应按照内部行为处理。这方面，现行《公务员法》第十五章有明确规定。第一，其第九十五条规定，对“不按照规定确定或者扣减工资、福利、保险待遇”的，公务员“可以自知道该人事处理之日起三十日内向原处理机关申请复核；对复核结果不服的，可以自接到复核决定之日起十五日内，按照规定向同级公务员主管部门或者作出该人事处理的机关的上一级机关提出申诉；也可以不经复核，自知道该人事处理之日起三十日内直接提出申诉”。第二，既然对死亡公务员的抚恤属于此类事项，则公务员本人虽已死亡，仍可由其亲属代为提出，这一点早在《公务员法》制定之初就已获得立法机关的认可，② 在《公务员申诉规定》中再次得到明确。③

（四）工作中发病、返回家中后死亡者的抚恤待遇

对于工作中感到不适但返回家中才发病，最终送医抢救无效死亡的国家机关工作人员，是否应认定为“因公牺牲”并给付相应的死亡一次性抚恤金？例如，在本文引言部分所列案件中，某甲在工作时突发疾病，经抢救稍有好转后，又因紧急工作任务返回工作岗位；后某甲在岗位上又感到不适，自行返回家中休息，在家中再度发病，送医后抢救无效死亡。对于这种情况，能否认定为因公牺牲？

笔者认为，对于这种情况，认定为因公牺牲，并无问题。理由如下：

首先，如前文所述，按照民政部规定，国家机关工作人员因公牺牲的，

---

① 更为详细的论述，可参见章文英：《公务员死亡一次性抚恤金的发放不属于行政诉讼受案范围》，载《人民司法（应用）》2018 年第 31 期。

② 参见中国人大网“法律释义与问答”栏目，“行政法类”中“中华人民共和国公务员法释义”之“第十五章 申诉控告”，网址：http：//www.npc.gov.cn/npc/c2189/200508/f6342738611f4a339717e9e16028152c.shtml，最后访问日期：2023 年 6 月 9 日。

③ 《公务员申诉规定》第十六条规定：“复核、申诉、再申诉应当由受到人事处理的公务员本人提出；如本人丧失行为能力或者死亡，可以由其配偶、父母、子女、兄弟姐妹等近亲属代为提出。”

参照执行《军人抚恤优待条例》，而该条例明确规定，军人执行任务中因病猝然死亡的，经有权机关批准，可认定为因公牺牲。因此，国家机关工作人员在工作中感到不适，即使其症状是在返回家中后才急剧恶化，仍应认定为是在执行公务中猝然死亡。具体到本案，某甲之特殊情况在于，其第一次突发疾病，是在工作中，但诊疗未毕，便又投入公务，最终在返回家中休息时再次发病而去世。观其发病到去世之经过，可谓全无私利，一心为公。参照《军人抚恤优待条例》之立法目的，即保障国家对军人的抚恤和优待，激励军人保卫祖国、建设祖国的献身精神，加强军队建设，对某甲认定为因公牺牲，符合立法精神。在认定因公牺牲时应当依法进行，但不宜教条主义，否则对其他国家机关工作人员恐难有正面的激励效果。

其次，需要注意的是，自《革命烈士褒扬条例》施行以来，国家机关工作人员死亡的，已不仅有一般的因公牺牲这一种：其中情节壮烈、特别突出、足为楷模的，足以评定为烈士，享有更高规格的褒恤待遇。因此，不能以认定烈士的标准来要求所有申请认定因公牺牲的情况，并要求所有因公牺牲者都需存在“足为楷模”的情形。因为那样的话，就没有认定“因公牺牲”这一制度存在的必要了，全部都按照“烈士”来处理即可。换言之，在烈士抚恤制度之外，因公牺牲者的抚恤制度，仅仅是对因公牺牲者予以一定之物质给付而已，不能在其上人为地附着过多的价值要素。

最后，本案仍有一问题有待解决，即抚恤制度与工伤保险之关系问题。解决这一问题后我们才能明确，本案中死者之遗属究竟能获得多少物质帮助。

四、国家机关工作人员死亡抚恤与工伤保险之关系

除了军人、国家机关工作人员，一般职工在工伤、患病、伤残等情况下的抚恤，按照另一套制度处理。1951 年 2 月，政务院公布了《劳动保险条例》（于 1953 年 1 月重新修订），该条例主要解决的是“工人职工”患病、工伤、死亡及年老等情况下的抚恤，而且只适用于达到一定条件的工厂、矿场、企业等，不适用于国家机关工作人员。劳动保险制度建立后，几经变革，改革开放后，伴随着劳动合同制度的建立，我国制定了《中华人民共和国社会保险法》等相关法律法规，对工人等一般劳动者的社会保险制度进行了调

整。[1]《劳动保险条例》虽未被废除，但其基本内容已为新的法律所陆续替代。

由此可见，自中华人民共和国建立以来，国家机关工作人员、军人等特殊人群伤残及死亡的抚恤问题，便以褒恤方式解决；而其他职工的抚恤则按照劳动保险方式处理。这两套截然不同的观念与制度，经由二十世纪八九十年代的《军人抚恤优待条例》《企业职工工伤保险试行办法》之分别规定，最终传递到2003年最初制定的《工伤保险条例》。[2]

但《工伤保险条例》实施后，国家机关工作人员原先的抚恤制度给付内容就明显落后，表现在两个方面：第一，给付项目不全。很多工伤保险已经覆盖的工伤项目，抚恤制度没有涉及。第二，给付额度偏低。[3] 1988年的《军人抚恤优待条例》实施后，民政部规定因公牺牲的发给20个月生前工资，2004年该条例修订后才提高为40个月工资，而工伤保险中的工亡待遇则发给48个月至60个月的统筹地区上年度职工月平均工资，在二者的工资水平相同的情况下，后者多发数个甚至数十个月的工资；而2010年《工伤保险条例》将这个规定进一步修改为“上一年度全国城镇居民人均可支配收入的20倍”。因此为了平衡公务员与一般职工的福利待遇，很多地方（如北京、天津）当时就开始探索将公务员纳入工伤保险。不过，随着《军人抚恤优待条例》于2011年修订，因公牺牲给付的标准提高到上一年度全国城镇居民人均可支配收入的20倍再加40个月本人工资，一般而言相对较高。

但此后，人力资源和社会保障部公布的《人力资源和社会保障事业发展“十四五”规划》又明确要求，未来要将公务员和参照公务员法管理的机关（单位）工作人员全部纳入工伤保险制度。目前，各省市常见的做法有三种：（1）统一模式，即公务员参保缴费、享受工伤待遇；（2）单列模式，即公务员参照执行工伤保险的标准，但费用单列；（3）分立模式，即工伤医疗费按

---

① 这一过程，参见郑功成：《中国社会保障30年》，人民出版社2008年版，第267-278页。

② 《工伤保险条例》（2003）第六十二条规定：“国家机关和依照或者参照国家公务员制度进行人事管理的事业单位、社会团体的工作人员因工作遭受事故伤害或者患职业病的，由所在单位支付费用。具体办法由国务院劳动保障行政部门会同国务院人事行政部门、财政部门规定。其他事业单位、社会团体以及各类民办非企业单位的工伤保险等办法，由国务院劳动保障行政部门会同国务院人事行政部门、民政部门、财政部门等部门参照本条例另行规定，报国务院批准后施行。”

③ 杨晓春：《〈工伤保险条例〉执行中的有关问题探讨》，载《中国劳动》2012年第5期。

工伤保险处理，而伤残和死亡抚恤仍参照军人抚恤制度。① 但是，对于国家机关工作人员因公死亡的，其工伤保险与褒恤待遇之间的关系，国家至今没有明确规定。显然，在分立模式下，公务员死亡的，只能参照军人抚恤制度。然而在统一模式和分立模式下，死亡的国家机关工作人员，其遗属能否既申领工伤保险，同时又经其生前所在单位申报死亡一次性抚恤金？毕竟二者的金额尚有一定差距。

按现行规定，公务员死亡的，倘按照工伤保险之工亡待遇处理，其遗属共可获得：

1. 丧葬费（6个月统筹地区上年度职工月平均工资）。

2. 一次性工亡补助金（上一年度全国城镇居民人均可支配收入的20倍）。

3. 供养亲属抚恤金（死亡职工生前提供主要生活来源、无劳动能力的亲属。标准为：配偶每月40%，其他亲属每人每月30%，孤寡老人或者孤儿每人每月在上述标准的基础上增加10%）。

而按因公牺牲处理的，可获得：

1. 一次性死亡抚恤金（上一年度全国城镇居民人均可支配收入的20倍加本人40个月的工资）。

2. 定期抚恤金（发给无劳动能力、无生活费来源，或者收入水平低于当地居民平均生活水平的父母、配偶，以及未满18周岁或者已满18周岁但因上学或者残疾无生活费来源的子女、兄弟姐妹。现行标准为每人每年29080元，平均每月约为2423.33元）。

可见二者仍有差别，成为当事人选择之基础。对于收入超过社会平均水平的公务员，一旦因公牺牲，其家属往往愿意选择因公牺牲制度。

以江西省为例：2015年，江西省人力资源和社会保障厅、江西省财政厅发布《关于印发江西省国家机关、参照公务员法管理的事业单位、社会团体工作人员参加工伤保险办法的通知》，将公务员纳入工伤保险范围，规定公务员的工伤保险费由单位统一缴纳，“因工作遭受事故伤害或者患职业病的，其工伤认定、劳动能力鉴定、待遇标准等，按照《社会保险法》、《工伤保险条例》和《江西省实施〈工伤保险条例〉办法》等有关规定执行”。而在《江西省实施〈工伤保险条例〉办法》第二十八条中规定：“公务员、参照公务

① 张军：《公务员工伤保险的前世今生》，载《中国人力资源社会保障》2013年第8期。

员法管理的事业单位和社会组织的工作人员因工作遭受事故伤害或者患职业病的，可以按照《条例》和本办法的规定进行工伤认定和劳动能力鉴定，享受有关工伤保险待遇，所需费用由所在单位按照《条例》和本办法规定的标准支付。因公负伤或者因公牺牲已受到政府抚恤的，不再进行工伤认定、享受工伤保险待遇。法律、法规或者国务院主管部门另有规定的，从其规定。”该条明确规定抚恤与工伤待遇二者不可兼得。但我们需要注意的是，其中有着顺序上的要求，即只有在已受到政府抚恤后，才不再进行工伤认定并享受相应待遇。但这一规定仍有问题——倘若死者先向人力资源和社会保障机关申请而享受了工伤待遇，再申请抚恤呢？毕竟二者的受理机关完全不同。笔者认为，江西省的规定有其道理：人社部曾发文指出，将公务员纳入工伤保险更多出于一种漏洞补充的考量。由于公务员同样属于劳动者，倘不将公务员纳入工伤保险，则一般职工所享有的许多工伤待遇，公务员反而不能享有，特别是对于不属于国家褒恤范围却又因工作原因而受伤或死亡的公务员而言，这与其同样作为劳动者的身份殊为不符。但是既然纳入，针对同一事件（死亡）便不能进行两次评价，或至少不能因一次死亡而既享受社会保险的工亡待遇又享受国家褒恤，因为那将造成一种尴尬的局面：解决了一种不公，却走向了另一种不公。倘死者之遗属兼而享有褒恤及工伤双重待遇，则其所享受之待遇已超过一般人太多，势必引起社会一般人对于褒恤及工伤制度之反感。然而我国优抚制度在设计时就考虑到要在国家财政、群众负担之间实现平衡，在优抚对象和全国人民的生活水平之间实现平衡。①

但是对于起初因客观原因未获抚恤，转而享受了工伤待遇的国家机关工作人员遗属，倘嗣后重获死亡一次性抚恤金，则其工伤待遇应如何处理？以《江西省实施〈工伤保险条例〉办法》第二十八条规定为例，此种情况应认定为已享受抚恤待遇，不应进行工伤认定。在这种情况下，笔者认为，如果死者遗属获得抚恤，那么此前的工伤认定及工亡待遇应予撤销，并追回相应资金。

---

① “我国优抚对象人数众多，国家目前财政仍比较困难，群众负担也不能过重，优抚对象的生活和全国人民一样，也只能随着国民经济的发展逐步提高。”参见《民政部副部长范宝俊就公布〈军人抚恤优待条例〉发表谈话》（1988 年 7 月 17 日），载民政部政策法规司编：《民政工作文件选编（1988）》，人民出版社 1989 年版，第 110 页。

结论

自中华人民共和国建立以来，国家机关工作人员以及军人伤残和死亡的，由国家抚恤，由特定国家机关用财政资金支付；而其他职工则按照工伤保险制度来解决，由保险机构支付保险金。随着时代和制度发展，工伤保险呈现出覆盖面大、福利待遇更为全面的特点，在人力资源和社会保障部门的力推之下，很多省份都开始探索将公务员等国家机关工作人员陆续纳入工伤保险制度，两种制度出现合流之趋势。不难发现，国家机关工作人员抚恤制度，一般被看作是国家机关工作人员的福利事项，因此发生纠纷时，不能以行政诉讼方式解决，只能向涉嫌违法批准或违法发放主体的上级单位申诉，救济渠道有限。但工伤保险由于是社会保险机构之行为，因而救济方式多样。

由此可见，将公务员等国家机关工作人员纳入社会保险，由社会保险支付相应待遇，无论是从物质帮助的效果来看，还是从申领和救济的程序来看，都更有利于国家机关工作人员权益之实现。但国家出于表彰因公牺牲的考虑，可能仍有保留抚恤制度之必要。在这种情况下，维持因公牺牲等抚恤金适当高于一般职工之标准，也不难理解。但是既然两种制度设计之初就是平行的双轨，因此国家机关工作人员就同一性质的福利待遇，只能从抚恤制度和工伤保险待遇中择一享受，实属理所当然。目前一些省份所规定的，一旦享受了一次性抚恤金，则不能再申请获得工伤保险中的工亡待遇，也体现了这一精神。

［作者单位：中共北京市委党校（北京行政学院）］

案例分析

乱占耕地进行非农建设应当依法处罚

莫晴晴

【裁判要旨】

违法用地行为侵害的是国家土地利用的分类和规划制度，认定行为人是否存在违法用地行为，不以行为人使用的土地是否系有偿流转为判断标准，而是要看使用土地有无办理批准手续、有无改变土地的农业用途等因素。未经批准擅自占用集体土地兴建厂房，且所占土地不符合土地利用总体规划的，行政机关应认定为违法占地，并依法作出相应处罚。

【案情】

原告（上诉人）：如皋市某纺织品有限公司（以下简称纺织品公司）。

被告（被上诉人）：如皋市自然资源局（原如皋市国土资源局）。

2017 年 3 月，原告法定代表人张某某占用磨头镇严狄村 7 组集体土地建造砖混钢结构厂房用于床上用品加工。该厂房非法占用的土地为 828.7 平方米，套合磨头镇土地利用总体规划，828.7 平方米均不符合镇土地利用总体规划，其中 817.78 平方米的占用土地为耕地，10.92 平方米的占用土地为耕地以外的其他农用地。原如皋市国土局在巡查中发现了纺织品公司的违法情形，遂前往现场初查、勘测并发出责令停止土地违法行为通知。2018 年 3 月 6 日，原如皋市国土资源局监察中队建议立案查处，原如皋市国土资源局于

2018年3月12日经呈批立案。2018年4月11日，原如皋市国土资源局向纺织品公司发出行政处罚听证告知书，告知了纺织品公司其违法事实、拟处罚的理由和依据、享受陈述申辩和听证的权利等。纺织品公司于同日收悉，后未在规定期限内向原如皋市国土资源局提出陈述申辩和要求听证。2018年5月2日，原如皋市国土资源局作出皋国土资罚（2018）06060701号行政处罚决定书，认为纺织品公司违反了《中华人民共和国土地管理法》第四十三条的规定，属于非法占地，责令退还非法占用的828.7平方米的土地，限期自行拆除土地上新建的建筑物及其他设施，恢复土地原状，并处罚款人民币17348.1元。纺织品公司不服，提起本案诉讼，诉称其所利用的土地是具有土地承包经营权范围内的土地及荒废土地，并非非法占用集体土地，要求撤销上述处罚决定书。

【审判】

一审法院认为，国家对耕地和农用地进行保护，严格限制农用地转为建设用地。土地承包经营权流转应当遵循不得改变土地所有权的性质和土地的农业用途原则。本案中，纺织品公司在磨头镇集体土地建造砖混钢结构厂房用于床上用品加工，虽然纺织品公司提交了土地租用合同，但其建房行为未办理批准手续、违反磨头镇土地利用总体规划且改变了原土地的农业用途，被告认定其构成违法占地事实清楚。违反土地利用总体规划擅自将农用地改为建设用地的，法律规定的唯一处罚的措施即拆除建筑物、恢复原状。本案中，纺织品公司占用的土地为农用地，不符合土地利用总体规划，如皋市自然资源局对纺织品公司作出退还非法占用的土地，自行拆除建筑物及其他设施，恢复土地原状，并处罚款的处罚，量罚适当，不存在畸重的情形。行政机关作出较大数额罚款等行政处罚决定前，应告知听证权，听取当事人的陈述申辩。本案中，被告在作出处罚决定前向纺织品公司送达了责令停止违法行为通知书和行政处罚听证告知书，告知纺织品公司被告认定的基本违法事实、拟处罚的理由和依据、享受陈述申辩和听证的权利等，并在法定期限内作出处罚决定，程序合法。综上，法院判决驳回原告纺织品公司的诉讼请求。

宣判后，原告不服，向南通市中级人民法院提起上诉，以公司租用他人土地建设厂房并非违法占用且被告处罚决定畸重为由，请求撤销一审判决。

二审法院于 2019 年 9 月 23 日作出终审判决，驳回上诉，维持原判。

【评析】

随着我国城镇化建设的推进，耕地资源逐渐减少，耕地保护越发重要。习近平总书记曾就耕地保护问题多次作出重要批示，全国农村乱占耕地建房整治工作业已拉开帷幕。各级行政机关统一思想，切实加强耕地保护，坚决遏制农村乱占耕地行为。本案明确了违法占地行为的认定，对于依法治理“非农化”问题具有积极意义，2020 年 12 月被最高人民法院评为十大耕地保护典型行政案例。本案判决结合当事人使用土地有无办理批准手续、有无改变土地的农业用途等因素分析当事人用地行为是否构成违法占地，并从认定事实、适用法律及量罚、行政程序三个方面认定行政机关作出的处罚决定合法有据，据此判决驳回了原告的诉讼请求。本案案情看似简单，但行政机关在执法过程中往往对违法占地的内涵和外延不甚清晰，笔者认为有必要对违法占地行为作出如下具体分析。

一、违法占地的概念及判定依据

违法占地行为是国土资源违法行为中最为常见的一种类型，是指行为人未经批准，或者采取欺骗手段骗取批准，违法占用土地进行非农建设的行为。违法占地的主体是违法占用、使用土地的单位或个人，即实施具体违法占地行为且能够独立承担法律责任的自然人、法人或者其他组织。

《土地管理法》（2019 年）明确了单位和个人使用国有土地或者农民集体所有土地进行建设的条件、程序和标准，这也是判定是否构成违法占地的依据。该法第四十四条明确了建设占用农用地需办理农用地转用审批手续；第四十五条至第五十一条明确了集体土地征收的程序和标准；第五十二条至第五十六条明确了建设使用国有建设用地的条件、程序和标准；第五十七条规定了临时用地的条件和程序；第五十八条明确了收回国有建设用地使用权的条件与标准；第五十九条至第六十四条明确了乡镇企业、乡（镇）村公共设施、公益事业、农村村民住宅以及商业、工业等经营性项目等使用集体建设用地的条件、程序和标准；第六十五条明确了在土地利用总体规划制定前已建的不符合土地利用总体规划确定的用途的建筑物、构筑物不得重建、扩建；第六十六条明确了收回集体土地使用权的条件和标准；第七十七条明确了未经批准或骗取批准占地属于违法占地，超过批准的数量占用土地，多占的土地以非法占用土地论处；第七十八条明确了农村村民未经批准或者采取欺骗手段骗取批准，非法占用土地建住宅的属于违法占地，由县级以上人民政府农业农村主管部门依法查处，超过规定标准多占的土地也属于违法占地；第七十九条明确了依法收回非法批准、使用的土地，有关当事人拒不归还的，以违法占地论处。由此可知，任何单位和个人使用土地进行建设，都必须依法办理相应用地手续。本案中，原告纺织品公司所建厂房占地类别为耕地和其他农用地，未办理农用地转用审批手续，违反了上述法律规定，属于非法占用。

二、违法占地的表现形式

违法占地主要有以下四种表现形式：

一是未经批准占用土地，主要是指单位或个人未取得合法用地批准文件或未办理用地批准手续而违法占用土地进行建设。

二是采用欺骗手段骗取批准文件占用土地建设，主要是指单位或个人占地建设虽然取得了用地批准手续，但批准手续是通过弄虚作假骗取的，不具备合法性，也属于违法占地。比如，某村民已有宅基地，却隐瞒情况伙同村干部出具没有宅基地的证明，骗取批准新的宅基地。

三是少批多占，主要是指超过批准的用地面积占用土地，多占的部分属于违法占地。

四是其他形式的违法占地，如依法收回非法批准、使用的土地，有关当事人拒不归还的，以违法占地论处；依法收回国有土地使用权，当事人拒不交还的；临时用地到期，拒不归还土地或在临时用地上修建永久性建筑物、构筑物的；对在土地利用总体规划制定前已建的不符合土地利用总体规划确定的用途的建筑物、构筑物重建、扩建等。

三、违法占地应承担的法律责任

对于违法占地应承担的法律责任，《土地管理法》第七十七条、第七十八条、第七十九条、第八十一条等有明确规定，违法占地需要承担行政处罚、行政责任直至刑事责任。

（一）行政处罚。发现违法占地行为，县级以上国土资源主管部门应当及时制止，符合立案条件的，依法立案查处，应当给予行政处罚的，依法作出行政处罚决定。对于未经批准或者采取欺骗手段骗取批准，非法占用土地以及超过批准数量多占的土地，由县级以上人民政府自然资源主管部门责令退还非法占用的土地，对违反土地利用总体规划擅自将农用地改为建设用地的，限期拆除在非法占用的土地上新建的建筑物和其他设施，恢复土地原状，对符合土地利用总体规划的，没收在非法占用的土地上新建的建筑物和其他设施，可以并处罚款。对农村村民未经批准或者采取欺骗手段骗取批准，非法占用土地建住宅以及超过规定标准多占的土地，由县级以上人民政府农业农村主管部门责令退还非法占用的土地，限期拆除在非法占用的土地上新建的房屋。对于依法收回国有土地使用权当事人拒不交出土地的，临时使用土地拒不归还的，由县级以上人民政府自然资源主管部门责令交还土地，处以罚款。

（二）追究行政责任。违法占地的行为人为机关法人、事业单位法人、国有企业、社会团体，或具有国家工作人员身份的人员的，对有关责任人还应当追究行政责任，给予相应的行政处分。《土地管理法》第七十七条明确：对非法占用土地单位的直接负责的主管人员和其他直接责任人员，依法给予处分。具体处分应当按照《违反土地管理规定行为处分办法》（以下简称《办法》）的有关规定办理。该《办法》第十条规定："未经批准或者采取欺骗手段骗取批准，非法占用土地的，对有关责任人员，给予警告、记过或者记大过处分；情节较重的，给予降级或者撤职处分；情节严重的，给予开除处分。"

（三）追究刑事责任。违法占地构成犯罪的，要依法追究刑事责任。《刑法》第三百四十二条规定："违反土地管理法规，非法占用耕地、林地等农用地，改变被占用土地用途，数量较大，造成耕地、林地等农用地大量毁坏的，处五年以下有期徒刑或者拘役，并处或者单处罚金。"对于违法占地是否构成犯罪，《最高人民法院关于审理破坏土地资源刑事案件具体应用法律若干问题的解释》《最高人民法院关于审理破坏林地资源刑事案件具体应用法律若干问题的解释》《最高人民法院关于审理破坏草原资源刑事案件应用法律若干问题的解释》《最高人民检察院、公安部关于印发〈最高人民检察院、公安部关于公安机关管辖的刑事案件立案追诉标准的规定（一）〉的通知》给出了具体的判定标准。

四、不能简单判定为违法占地的几种情形

违法占地实际是违法建设占地，一般是指违法占地进行非农业建设，也就是违法占用土地建设建筑物和构筑物，农业建设项目和农业用地一般不属于《土地管理法》所称的违法占地。

（一）农业设施建设用地，是指对地表耕作层造成破坏的，为农业生产、农村生活服务的乡村道路用地以及种植设施、畜禽养殖设施、水产养殖设施建设用地。上述设施农业建设用地应当严格按照设施农用地的用地标准、用地政策，办理相应的设施农用地使用手续。考虑到上述设施农业建设用地直接用于或者服务于农业生产和农村生活，其性质属于农用地，不作为新增建设用地管理，同时，设施农用地使用中需要办理的是“备案手续”而非“审批手续”，因此在日常执法和卫片执法检查中，对于“农村道路和设施农业项目用地不宜按照一般建设用地处理，而应当在对项目是否属于设施农业项目、是否符合设施农用地标准和要求、是否办理设施农用地使用手续等进行综合判定的基础上，区分不同情况进行处理：1. 对确实属于农村道路和设施农业项目，但未办理设施农用地手续的，应当责令当事人限期完善设施农用地手续；拒不办理设施农用地手续的，其附属设施用地、配套设施用地中涉及改变农用地性质的部分，应当属于违法建设用地，依照《土地管理法》有关规定依法查处。2. 已经办理设施农用地使用手续的，但其中附属设施用地、配套设施用地超过规定比例和面积的，超过部分属于违法建设用地，应当责令其限期改正，拒不改正的应当依照《土地管理法》有关规定依法查处。3. 已经办理设施农用地使用手续的，但设施农业项目建设中涉及的经营性粮食存储、加工和农机农资存放、维修场所；以农业为依托的休闲观光度假场所、各类庄园、酒庄、农家乐以及各类农业园区中涉及建设永久性餐饮、住宿、会议、大型停车场、工厂化农产品加工、展销等非农业建设用地，未依法办理建设用地审批手续的，属于违法建设用地，应当依照《土地管理法》有关规定依法查处。4. 以设施农业项目建设为名擅自改变用途从事非农业建设占用土地的，属于违法建设用地，应当依照《土地管理法》有关规定严肃查处。

（二）符合标准的“农光互补”“渔光互补”项目用地，如高架棚下为农业种植、养殖或水产养殖，棚顶为光伏板、光伏膜等光伏发电的复合用途，未改变农业用地性质还提高了土地利用效率，同样属于设施农业用地，不属于建设用地，同样应当按照上述农业设施建设用地办理相应的用地备案手续。办理备案手续的，原则上就是合法农业设施用地，未办理备案手续也不能简单认定为“违法占地”，应当按照上述规则区分不同情况进行判定。

（三）农业种植占地、农业结构调整等农业用地，也不属于《土地管理法》所称的“违法占地”。比如，占用永久基本农田发展林果业和挖塘养鱼等，是《基本农田保护条例》禁止的，但该条例并未对此明确法律责任，同时发展林果业和挖塘养鱼属于农业内部结构调整，不是违法建设占地，不能适用《土地管理法》第七十七条按违法占地进行行政处罚；又如，单位个人未经许可占用国有或集体土地进行种植，也不是违法建设占地，不能适用《土地管理法》第七十七条按违法占地进行处罚，而应当按照侵权侵占等由产权人主张权利。

五、违法占用的地类不同，处罚内容亦不相同

（一）擅自将农用地改为建设用地。需根据是否符合土地利用总体规划不同情况，对在违法占用的土地上新建的建筑物和其他设施作出拆除或没收的行政处罚，即违法占用的土地为农用地的，责令退还土地，对违反土地利用总体规划擅自将农用地改为建设用地的，限期拆除地上新建的建筑物和其他设施，恢复土地原状，对符合土地利用总体规划的，没收地上新建的建筑物和其他设施；可以并处罚款。本案中，原告纺织品公司违反土地利用总体规划擅自将农用地改为建设用地，被告对其作出限期拆除新建建筑物和设施、恢复土地原状并处罚款的处罚适用法律准确、量罚得当。

（二）违法占用建设用地和未利用地建设建筑物和其他设施。《土地管理法》第七十七条没有明确是否可以拆除或没收。按照“法无规定不可为”的行政原则，对违法占用建设用地和未利用地形成的建筑物和其他设施，自然资源主管部门不宜作出拆除或没收的处罚决定。《国土资源违法行为查处工作规程》对此类情形进行了细分明确，即违法占用的土地为建设用地或未利用地的，责令退还土地，可以并处罚款。对地上新建建筑物和其他设施，由违法当事人与合法的土地所有者或使用者协商处置，其中，占用国有建设用地或国有未利用地的，国土资源主管部门可以一并没收；违法占用建设用地涉及违反《城乡规划法》的，应当转交城乡规划主管部门处理。

（作者单位：江苏省南通经济技术开发区人民法院）

行政处罚作出时应兼顾行政合理性原则

张宏娟　王　蒙

【裁判要旨】

行政处罚作为典型的侵益行为，其实施必然导致对受处罚的行政相对人权利或者权益的剥夺。因此，行政处罚行为自始至终都应该严格贯彻处罚法定、处罚公正公开、教育与惩罚相结合等原则。

关于废旧金属收购行业行政处罚行为的合法性审查标准，主要涉及三个问题：一是关于处罚权，在废旧金属收购行业，收购生产性废旧金属由前置许可变为登记备案，取消了公安部门的特种许可，但收购主体是企业的规定并没有发生变化，个人不具有收购生产性废旧金属的主体资格，对于个人经界定属于收购生产性废旧金属的行为，公安机关具有法定处罚权。二是关于处罚程序，首先要以符合法律规定的方式将处罚结果送达相对人；其次要依法保障被处罚人的陈述申辩权、听证权；最后对于较重的行政处罚，公安机关负责人应当集体讨论决定。三是关于追诉时效问题，《行政处罚法》和《治安管理处罚法》对于没有被发现的违法行为的追诉时效作了明确规定，但如果对于立案侦查八年后撤销刑事案件转为行政案件进行处罚，不符合行政处罚法关于教育与惩罚相结合的原则。故对于行政处罚行为，尤其是较重的人身罚，既要严格遵守法定程序，确保处罚的合法性，也要贯彻行政合理性原则，将处罚与教育相结合，通过处罚达到教育的目的，以求处罚的公正与合理。

【案情】

原告（被上诉人）：朱某。

被告（上诉人）：白银市公安局。

自2003年以来，朱某租用宋某某的白银区冶金路废品收购站营业执照，长期收购废品。2008年6月1日，白银市公安局决定对朱某收购赃物案立案侦查。6月16日，朱某主动投案，17日被白银市公安局刑事拘留，于7月16日取保候审。白银市公安局将查获的金属及现金20000元予以扣押，6月24日、7月21日分别出具各10000元现金扣押清单，7月30日出具金属等物品扣押清单，并于当日将查获的金属向白银区再生资源回收公司变现处置，变现款120257元。2015年7月2日，白银市公安局将扣押的20000元现金退还朱某。因朱某向白银市人民检察院反映监督撤销刑事立案并纠正违法刑事侦查行为，退还或者赔偿被非法扣押财物，白银市人民检察院向白银市公安局发出《纠正违法通知书》。白银市公安局于2016年3月15日，以朱某掩饰、隐瞒犯罪所得案上游犯罪无法查清为由，决定撤销刑事案件，转为行政案件。2016年4月26日，白银市公安局在该局门口、朱某居住处各张贴行政处罚告知公告。5月4日，白银市公安局作出白公（治）决字〔2016〕第37号公安行政处罚决定，根据《废旧金属收购业治安管理办法》第三条、《治安管理处罚法》第五十九条第（四）项之规定，对朱某行政拘留10日，并处罚款1000元。同日，该局根据《中华人民共和国治安管理处罚法》第十一条第二款之规定，作出白公（治）缴字〔2016〕第37号追缴决定，对扣押的生产性废旧金属变现款120257元予以追缴。行政处罚决定与追缴物品清单邮寄送达给朱某。朱某不服，向白银市人民政府申请行政复议。白银市人民政府于同年8月23日作出白政复决字〔2016〕7号行政复议决定，认为白银市公安局白公（治）决字〔2016〕第37号公安行政处罚决定认定事实清楚，证据确实、充分，适用依据正确，内容适当，决定予以维持。朱某不服，提起行政诉讼。

【审判】

甘肃省庆阳市中级人民法院作出一审行政判决：撤销白银市公安局对朱某作出的白公（治）决字〔2016〕第37号公安行政处罚决定和白银市人民政府作出的白政复决字〔2016〕第07号行政复议决定。

白银市公安局不服一审判决，提起上诉。甘肃省高级人民法院作出二审行政判决：驳回上诉，维持一审判决。

甘肃省高级人民法院生效判决认为，本案是朱某因对白银市公安局作出的行政处罚决定不服而提起的行政诉讼。行政处罚作为典型的侵益行为，其实施必然会导致对受处罚的行政相对人权利或者权益的剥夺。因此，行政处罚行为自始至终都应该严格贯彻处罚法定、处罚公正公开、教育与惩罚相结合等原则。关于白银市公安局作出的行政处罚决定是否合法，主要应审查六个方面问题，具体为：1. 白银市公安局对本案诉争事实是否有处罚权；2. 认定事实的主要证据是否充分；3. 适用法律、法规是否正确；4. 处罚程序是否符合法律规定；5. 处理结果是否存在明显不当的情形；6. 是否存在滥用职权的情形。

关于白银市公安局对本案诉争事实是否有处罚权的问题。本案中，朱某因收购生产性废旧金属而受到行政处罚，双方争议的事实焦点是生产性废旧金属的认定和个人能否收购生产性废旧金属。生产性废旧金属和非生产性废旧金属的区别主要在于其原有用途，生产性废旧金属原来主要用于工业生产，而非生产性废旧金属主要用于生活和农业生产。根据本案证据，朱某收购的废旧金属主要为铜、电机、不锈钢锌、铝等，属于生产性废旧金属。收购生产性废旧金属虽然由前置许可变为登记备案，取消了公安部门的特种许可，但收购主体是企业的规定并没有发生变化。本案中朱某租用的是个体工商户宋某某的废品收购营业执照，故朱某不具有收购生产性废旧金属的主体资格，其收购行为应予行政处罚，白银市公安局对本案诉争事实具有行政处罚权。

关于认定事实的证据是否充分的问题。《公安机关办理行政案件程序规定》（2014）第二十九条规定："刑事案件转为行政案件办理的，刑事案件办理过程中收集的证据材料，可以作为行政案件的证据使用。"故本案中白银市公安局在对朱某刑事侦查中获得的证据，可以作为行政处罚决定的证据使用。在刑事侦查中，公安机关制作了搜查笔录、扣押物品清单、文件清单、对朱某的讯问笔录、对张某甲、张某乙的询问笔录等证据，故本案被诉处罚决定认定事实的证据确实、充分。

关于处罚程序是否符合法律规定的问题。本案中，公安机关未能将处罚决定直接送达朱某，致使朱某不能及时行使陈述权和申辩权，也无证据证明朱某放弃了陈述权和申辩权。本案中白银市公安局对朱某作出的是行政拘留10日、并处罚款1000元的行政处罚，属于应告知当事人听证权的行为并应由公安机关负责人集体讨论决定，现没有证据证明白银市公安局告知了朱某听证权，也不能证明行政处罚决定经过了白银市公安机关负责人集体讨论决定。另外，关于追诉时效问题，虽然《行政处罚法》和《治安管理处罚法》对于没有被发现的违法行为的追诉时效作了明确规定，但如果对于立案侦查八年后撤销刑事案件转为行政案件的进行处罚，不符合行政处罚法关于教育与惩罚相结合的原则。白银市公安局在刑事侦查期间也已经给予朱某 30 日刑事拘留，在长达八年时间的侦查中，行政关系和社会管理秩序在新的条件下也已经得到了修复，故对此行为再进行行政处罚已经不具有教育警示、纠正违法行为的目的，有违行政处罚的立法目的。综上，白银市公安局作出的行政处罚决定违反法定程序。

关于适用法律、法规是否正确的问题。本案行政处罚决定适用的法律是《治安管理处罚法》第五十九条第（四）项的规定和《废旧金属收购业治安管理办法》第三条的规定。《治安管理处罚法》第五十九条规定："有下列行为之一的，处五百元以上一千元以下罚款；情节严重的，处五日以上十日以下拘留，并处五百元以上一千元以下罚款：……（四）收购国家禁止收购的其他物品的。"根据全国人大常委会法工委对中华人民共和国治安管理处罚法第五十九条的释义，第（四）项所指"国家禁止收购的其他物品"，主要是指国家法律、行政法规、规章明令禁止收购的物品，如收购报废的不能直接使用的枪支、弹药等，而收购生产性废旧金属并不属于第（四）项所指的"国家禁止收购的其他物品"。根据上述规定和本案事实，白银市公安局对朱某非法收购生产性废旧金属的行为适用《治安管理处罚法》第五十九条第（四）项进行处罚，属于适用法律不当。

关于处罚结果是否公正的问题。如果公安机关根据违法行为的性质、情节、对社会的危害程度等因素综合考虑，在自由裁量权的幅度范围内对违法者作出行政处罚，就不属于显失公正。《治安管理处罚法》第十九条规定，对于主动投案，向公安机关如实陈述自己的违法行为的，减轻处罚或者不予处罚。本案中，白银市公安局根据《治安管理处罚法》第五十九条第（四）项规定，对朱某非法收购生产性废旧金属的行为作出拘留 10 日，罚款 1000 元的顶格处罚，并未考虑本案中朱某在刑事侦查阶段存在主动投案的情节，有违过罚相当原则和比例原则。

【评析】

在行政法的典则和规范体系中有两个有机的构成部分：一个是行政法的

规则，就是在行政法治过程中设定具体权利和义务的那些规范，通常情况下，它们是能够予以操作的。另一个则是行政法的原则，它被认为是指导和规范行政法的立法、执法以及指导、规范行政行为的实施和行政争议处理的基础性法则，是贯穿于具体规范之中，同时又高于行政法具体规范，体现行政法基本价值观念的准则。① 2014 年修订的《行政诉讼法》中，不仅延续了之前的行政合法性审查原则，还对行政行为合理性审查提出了要求，《行政诉讼法》第七十七条第一款规定："行政处罚明显不当，或者其他行政行为涉及对款额的确定、认定确有错误的，人民法院可以判决变更。"本案不仅对行政行为的合法性进行了判断，当没有法律规则可以适用时，通过对行政行为的合理性进行审查，具体考量是否符合比例原则，行政处罚中是否符合过罚相当原则来进行判断，弥补了适用法律规则时的不足，达到了行政行为形式合法与实质合法的统一。

一、行政合理性原则的基本内涵和适用领域

合理性原则是行政法基本原则的一个重要组成部分，是指行政决定内容要客观、适度、符合理性。因此，有关正义、平等、正当等法价值都被统摄在行政合理性原则之中，行政合理性原则往往作广义解释。② 比如，国务院《全面推进依法行政实施纲要》指出：合理行政是指"行政机关实施行政管理，应当遵循公平、公正的原则。要平等对待行政管理相对人，不偏私、不歧视。行使自由裁量权应当符合法律目的，排除不相关因素的干扰；所采取的措施和手段应当必要、适当；行政机关实施行政管理可以采用多种方式实现行政目的的，应当避免采用损害当事人权益的方式"。根据这一规定，可以看出合理性原则主要包括以下三点：一是行政行为必须符合法律的目的，法律授予行政机关某种权力是为了有效地实现法律的目的，行使自由裁量权不得违背法律的目的；二是行政行为必须具有合理的动机，行政行为的动机必须符合法律的要求；三是行政行为的作出应考虑相关的因素，而不考虑无关的因素，行政机关作出行政行为，应全面考虑行为所涉及或影响的因素，使行为有充分、合理的根据。可见，合理性原则，作为中国行政法的一个基本原则，其内涵非常丰富，容纳了公平原则、公正原则、平等原则、合乎目的

① 姜明安：《行政法学》，法律出版社 1998 年版，第 7-8 页。

② 汪燕：《行政合理性原则与失当行政行为》，载《法学评论》2014 年第 5 期。

原则、必要性原则、效率（益）原则、比例原则和最小侵害原则等。合理性原则产生的主要原因是行政（自由）裁量权存在与扩大，诚然，为了执行公务的需要，行政裁量权必须存在；但与此同时，由于行政裁量权较少受到法律的约束，常常处于被滥用的危险境地。故此，既应当承认行政裁量权的作用，又应当加强对行政裁量权的控制。合理性原则从实质方面对行政（自由）裁量权的行使提出了要求，要求其内容合理。①

二、行政合理性原则在行政处罚中的具体适用

随着行政法理论的发展，我国有关行政法基本原则的研究日益完善，行政合理性原则越来越被狭义地理解，狭义的行政合理性原则类似于德国的比例原则。比例原则是制约行政裁量的基本原则，作为公法原则被广泛应用并有丰富含义，而作为行政法上的比例原则，其主要含义是：行政主体实施行政行为应当兼顾行政目标的实现和保护相对人的权益，如果行政目标的实现可能会对相对人的权益造成不利影响，则这种不利影响应被限制在尽可能小的范围之内，二者应当有适当的比例。在行政处罚中，比例原则体现为过罚相当原则，即如果相对人违反了行政管理而应当被处罚时，行政主体所决定的处罚应当与被处罚人的违法行为相当。② 2021 年修订的《行政处罚法》第五条第二款为过罚相当原则，规定设定和实施行政处罚必须以事实为依据，与违法行为的事实、性质、情节以及社会危害程度相当。过罚相当是行政处罚设定需要遵守的法定原则，这是由行政处罚的性质和行政处罚权的设置共同决定的。一方面，行政处罚兼具处罚和教育的功能，必须根据违法行为的事实、性质、情节等因素方能同时起到处罚和教育的功能，在本次新修订的行政处罚法中，就强化了处罚与教育相结合的原则。另一方面，行政处罚权的设置是分散多层次的，只有设定统一的实体标准，方能保证行政处罚设定权合法有效一致地行使。这就要求凡是有权设定行政处罚的机关，在最初设定时就应当全面、客观地分析违法行为的性质、社会危害程度规定行政处罚。③ 2021 年修订的《行政处罚法》第三十四条，就明确了行政处罚裁量权基准制度，规范行使行政处罚自由裁量权。

---

① 杨建顺：《行政规制与权利保障》，中国人民大学出版社 2007 年版，第 119 页。

② 胡建淼：《行政法学（第四版）》，法律出版社 2015 年版，第 54 页。

③ 全国人大常委会法制工作委员会国家法、行政法室编：《〈中华人民共和国行政处罚法〉释义》，法律出版社 1996 年版，第 9 页。

《治安管理处罚法》第十九条规定，对于主动投案，向公安机关如实陈述自己的违法行为的，减轻处罚或者不予处罚。这也是过罚相当原则在该法中的体现，鼓励违法人主动投案，减轻处罚程度，达到提高公安机关办案效率、维护社会正常秩序的目的。本案中，白银市公安局根据《治安管理处罚法》第五十九条第（四）项规定，对朱某非法收购生产性废旧金属的行为作出拘留10日，罚款1000元的顶格处罚，并未考虑本案中朱某在刑事侦查阶段存在主动投案的情节，也未考虑案件已经经过了八年时间，朱某八年时间中再没有其他违法行为，行政关系和社会管理秩序在新的条件下也已经得到了修护，故对此行为再进行行政处罚已经不具有教育警示、纠正违法行为的目的，有违行政处罚法的立法目的。白银市公安局对朱某的行政处罚违反了行政合理性原则，其处罚程度明显过重，没有做到过罚相当，应予变更。

三、行政合理性原则是对合法性原则的重要补充和更高要求

我国《宪法》第五条第四款、第五款规定："一切国家机关和武装力量、各政党和各社会团体、各企业事业组织都必须遵守宪法和法律。一切违反宪法和法律的行为，必须予以追究。任何组织或者个人都不得有超越宪法和法律的特权。"行政机关作为国家机关的重要组成部分，其行政行为必须合法。我国行政诉讼法规定，人民法院审理行政案件，对具体行政行为是否合法进行审查，合法性审查原则是行政诉讼的一项基本原则。人民法院审查具体行政行为的合法性，主要是审查行政机关的具体行政行为是否超出了其法定的权限，是否符合法律、法规的规定，是否遵守法定的程序，是否滥用职权，查明认定事实证据是否清楚，这也是合法性审查的应有之义。但法律规定是有限的，而社会实践治理中的情况则是多种多样的，行政机关在作出行政行为时并不能确保这个行为法律已经作了明确规定，当法律没有规定时，行政机关能否根据自由裁量权作出相关行为以及应该作出怎么样的行政行为才合理合法呢？本案中就遇到了这种情况，《行政处罚法》和《治安管理处罚法》对于没有被发现的违法行为的追诉时效作了明确规定，但对于立案侦查八年时间后撤销刑事案件转为行政案件再进行处罚，是否有追诉时效，法律并没有明确规定。人民法院在对此类行政行为进行合法性审查时，不能简单地以行政行为没有法律授权而认定其违法，因为当法律没有明确规定时，行政机关又必须作出一项行为时，行政机关只能依据法律、法规赋予的职责权限，基于法律、法规及行政的目的和精神，针对具体的行政法律关系，自由选择而作出公正合理的行政决定，也即行政机关基于自由裁量权作出行政行为。人民法院在审查此类行政行为时，就必须基于行政合理性原则，来判断行政机关作出行政行为时是否公平、公正，是否符合法律精神和行政执法目的。运用行政合理性原则来判断行政机关自由裁量权是否合法是人民法院对行政行为合法性审查的重要补充。

但行政主体必须优先适用行政法规则，而不是适用行政法原则，因为原则与规则相比，它是较为抽象的，真正意义上的行政法治必须做到法律有明文规定或者应当按法律规定而为之。合法性原则主要是成文法（制定法）上演化的原则，而合理性原则主要是执法适法上演化的原则，二者起源不同。① 人民法院在审查行政行为时，应首先根据合法性原则来审查行政机关的行政执法主体资格、行政行为适用法律是否正确，程序是否合法，有没有超越法律行使职权。当穷尽法律规定而对行政行为的自由裁量无法判断或者自由裁量存在较大空间时，对于行政机关的相关判断取舍，便需要运用合理性原则所提供的要素来检验。合理性原则实际上是合法性原则的引申、补充，是适法性原则在裁量问题上的进一步要求。正如本案中，首先通过严格对照法律规定，对白银市公安局的行政执法主体资格，行政处罚适用的法律法规、处罚程序来进行合法性审查，在审查处罚时效问题时，因当前法律对此没有作出明确规定，运用行政合理性原则，综合考量违法情节、法律精神、处罚目的，在实现行政管理目标的前提下尽可能地将对行政相对人的不利影响控制到最小，实现手段和目的的均衡性。

合理性原则既有利于保障行政权的公正行使，又有利于维护公民个人和组织的合法权益，有助于实现更高层次的依法行政，更大限度地追求公共利益。行政审判中，法官应以合法性原则为基础，以合理性原则为补充，既要确保行政诉讼保障行政相对人合法权益的目的，又不能随意扩大适用合理性原则来苛责行政行为尽善尽美，损害行政效率从而影响公共利益的实现。

（作者单位：甘肃省高级人民法院）

① 杨建顺：《行政规制与权利保障》，中国人民大学出版社 2007 年版，第 119 页。

邻里纠纷引起的治安处罚案件中应尊重处罚机关基于处罚与教育相结合原则酌情减轻处罚的裁量行为

王志荣

【裁判要旨】

村民之间因邻里纠纷引起的治安处罚案件中，公安机关根据调查核实的情况，认定报案人存在引起矛盾及导致矛盾持续的情节以及被处罚人存在及时停止违法侵害行为、认错及悔过态度较好等减轻处罚情节，并据此予以减轻处罚，具有事实和法律依据。对于处罚机关在充分收集证据和了解矛盾起源的基础上，基于教育与处罚相结合原则作出的裁量处罚行为应予尊重和支持。

【案情】

再审申请人（一审被告、二审被上诉人）：巴东县公安局。

被申请人（一审原告、二审上诉人）：毛某。

第三人：胡某。

毛某与胡某系同组村民，双方长期因相邻土地的田坎发生纠纷。2018 年 7 月 19 日中午，胡某向公安机关报警称：毛某损坏了其家的田坎，请求处理。巴东县绿葱坡派出所接到报警后，由胡某带路，欲赶往现场解决。当胡某的车行至范家坪村十组乡村公路与通往田某某家入户公路交叉处时，胡某看见毛某，胡某将毛某拉倒在地，并对毛某进行殴打，致毛某手部、腿部受伤。毛某的伤经鉴定为轻微伤。毛某受伤以后，在巴东县卫生院住院治疗 5 天，胡某为其支付了医药费一千元。2018 年 8 月 22 日，巴东县公安局作出《行政处罚决定书》，对胡某给予罚款五百元的处罚。

【审判】

湖北省巴东县人民法院一审认为，胡某因认为毛某损坏了与其相邻土地的田坎遂向巴东县公安局报警请求处理。胡某在巴东县公安局赶往现场的过程中将毛某打伤，该事实证据确实充分，胡某的行为违反了《中华人民共和国治安管理处罚法》（以下简称《治安管理处罚法》）第四十三条第二款第（二）项的规定，巴东县公安局作为该辖区内的治安管理部门，对此事进行处理系履行法定职责的行为，且巴东县公安局在履行职责的过程中并未违反法律规定，程序合法。巴东县公安局在对胡某进行处理时考虑到毛某与胡某之间的矛盾属邻里纠纷，且案发后胡某能如实陈述自己的行为，并支付了毛某的部分医药费，对胡某的行政处罚适用《治安管理处罚法》第十九条第（一）项的规定符合法律规定。因此，巴东县公安局作出的行政处罚决定应予维持。毛某请求撤销巴东县公安局作出的行政处罚决定的诉讼请求，不予支持。据此，巴东县人民法院一审判决：驳回毛某请求撤销巴东县公安局作出的行政处罚决定的诉讼请求。

湖北省恩施土家族苗族自治州中级人民法院（以下简称恩施中院）二审认为，《治安管理处罚法》第四十三条规定："殴打他人的，或者故意伤害他人身体的，处五日以上十日以下拘留，并处二百元以上五百元以下罚款；情节较轻的，处五日以下拘留或者五百元以下罚款。有下列情形之一的，处十日以上十五日以下拘留，并处五百元以上一千元以下罚款：……（二）殴打、伤害残疾人、孕妇、不满十四周岁的人或者六十周岁以上的人的……"本案的伤者毛某系六十周岁以上的人，巴东县公安局适用该条第二款第（二）项是正确的，但是《治安管理处罚法》第十九条规定："违反治安管理有下列情形之一的，减轻处罚或者不予处罚：（一）情节特别轻微的……"本案中，胡某的行为已经适用的是加重的治安处罚，巴东县公安局再适用该条第（一）项认定"情节特别轻微"系认定事实及适用法律错误。一审判决依法应予改判。故恩施中院二审判决：一、撤销湖北省巴东县人民法院作出的一审行政判决；二、撤销巴东县公安局作出的巴公（绿）行罚决字〔2018〕2236号行政处罚决定。

巴东县公安局不服二审判决，向湖北省高级人民法院申请再审。

湖北省高级人民法院再审认为，本案为村民之间邻里纠纷引起的治安处罚案件。从巴东县公安局提供的胡某报警记录、调查询问笔录等来看，胡某与毛某纠纷起源于胡某认为毛某多次偷挖其田坎，并在胡某与相邻土地实际承包经营权人范某打桩定界后仍继续偷挖。根据公安机关查明的事实及双方诉辩理由，本案的焦点问题是巴东县公安局对胡某拉拽毛某倒地致其受伤的行为予以罚款五百元的处罚，是否具有事实和法律依据。

《治安管理处罚法》第四十三条第二款第（二）项规定，殴打、伤害残疾人、孕妇、不满十四周岁或者六十周岁以上的人的，处十日以上十五日以下拘留，并处五百元以上一千元以下罚款。本案中，毛某属于六十周岁以上，且持有残疾人证，胡某的伤害行为理应适用该条进行处罚。但是，公安部《关于实施公安行政处罚裁量基准制度的指导意见》第四条裁量基准的适用中规定，对具有多个裁量情节的，在调节处罚幅度时一般采取同向情节相叠加、逆向情节相抵减的方式，也可以将对整个案情影响较大的情节作为主要考虑因素。也就是说，在裁量的基准方面，公安机关享有根据违法情节等裁量因素予以酌情考虑适用的权利。该指导意见虽为一般规范性文件，但在公安行政处罚领域适用具有指导性质，且与法律适用原则并不冲突。本案中，根据公安机关调查询问笔录、胡某在一、二审及再审中的陈述以及提交的当地村民委员会出具的证明材料等，首先可以说明双方因毛某偷挖田坎多次发生纠纷，毛某并非胡某相邻土地的承包经营权人，其在合法承包经营权人与胡某已经打桩定界的情况下，仍继续其偷挖行为，导致矛盾持续；其次，伤害行为发生时，经公安民警劝阻和制止，胡某及时停止了违法行为，事发后也及时支付了部分医药费，在公安机关对其调查时的认错及悔过态度较好，胡某的行为也未引起更大的损失或造成更严重的损害后果。虽然胡某伤害行为具有伤害对象为六十岁以上老人等情节，但也有情节轻微、及时停止侵害、邻里纠纷社会影响范围较小等减轻处罚的情节，故巴东县公安局引用《治安管理处罚法》第十九条第（一）项规定，认为胡某的违法行为情节特别轻微，对其予以减轻处罚，具有事实依据。同时，《治安管理处罚法》第四十三条第一款规定，殴打他人的，或者故意伤害他人身体的，处五日以上十日以下拘留，并处二百元以上五百元以下罚款；情节较轻的，处五日以下拘留或者五百元以下罚款。因此，巴东县公安局在认定胡某违法行为情节轻微的情况下，对胡某予以五百元的处罚，也具有法律依据，没有超出法定裁量基准的范围。虽然巴东县公安局作出的行政处罚决定未引用第四十三条第一款，引用法条不够完整，但处罚结果体现了处罚法定及教育与处罚相结合的行政处罚原则。毛某再审答辩认为胡某在民警在场的情况下实施侵害行为主观恶性大，但根据一审中公安机关提交的询问笔录、村委会出具证明材料等，可以确认毛某多次挖毁田坎被胡某制止仍予以继续，胡某在报警后发现毛某有离开纠纷现场的行为情急之下予以拉拽，并在公安民警劝阻制止下予以停止，并不构成主观恶性更大的情形。二审法院虽确认了胡某的违法行为具有从重处罚的情节，但未考虑双方矛盾的起源、受害人行为在违法行为发生过程中的作用等本案中的其他事实情节。因此，巴东县公安局的申请再审理由成立。

综上，二审判决适用法律不当，依法应予纠正。湖北省高级人民法院再审判决：一、撤销湖北省恩施土家族苗族自治州中级人民法院二审行政判决；二、维持湖北省巴东县人民法院一审行政判决。

【评析】

2021 年修订的《行政处罚法》第六条及修订前的《行政处罚法》第五条均规定，实施行政处罚，纠正违法行为，应当坚持处罚与教育相结合，教育公民、法人或者其他组织自觉守法。即设定和实行行政处罚必须以事实为依据，与违法行为的事实、性质、情节以及社会危害程度相当。《治安管理处罚法》第五条也规定，办理治安案件应当坚持教育与处罚相结合的原则。再审合议庭认为，行政处罚的教育意义不仅体现在对违法行为人的守法意识教化和对其违法行为的规制与矫正，也应具有通过合法、合理的行政处罚对正确处理社会矛盾纠纷产生积极的、符合理性的价值导向作用。

回到案件本身，本案为村民之间因邻里矛盾纠纷引起的治安行政处罚案件。巴东县公安局基于调查，了解确认了以下三个方面的事实：首先，双方因毛某偷挖田坎多次发生纠纷，毛某并非胡某相邻土地的承包经营权人，其在合法承包经营权人与胡某经村民自治组织调解业已完成打桩定界的情况下，仍继续其偷挖行为，导致矛盾持续；其次，伤害行为发生时，经公安民警现场及时劝阻和制止，胡某立即停止了违法行为，没有造成进一步的损害；最后，事情发生后，胡某也及时支付了部分医药费，在公安机关对其调查时明确表示非常后悔在不理智的情况下对毛某的拖拽行为，认错及悔过态度较好。

尤其是，根据公安机关对胡某的询问笔录记载，胡某本为报警人，在发现毛某偷挖其田埂行为后选择报警，原本是想以合法方式维护自身权益，公安机关也进行了接警处置，跟随其赶往现场，但胡某返回途中发现毛某有离开纠纷现场的行为情急之下予以拉拽，导致毛某倒地受伤，之后也认为应当采取更为理性的态度和方式处理。由此可见，虽然胡某的违法行为具有伤害对象为六十岁以上老人等情节，但也有情节轻微、及时停止侵害、主观恶性较小以及邻里纠纷社会影响范围不大等减轻处罚的情节。

公安部《关于实施公安行政处罚裁量基准制度的指导意见》第四条裁量基准的适用中规定，对具有多个裁量情节的，在调节处罚幅度时一般采取同向情节相叠加、逆向情节相抵减的方式，也可以将对整个案情影响较大的情节作为主要考虑因素。也就是说，在裁量的基准方面，公安机关享有根据违法情节等裁量因素予以酌情考虑适用的权利。巴东县公安局在具体实施行政处罚时显然考虑了被处罚人行为中存在的两个逆向相抵情节，同时将纠纷的起源和理性人的正常应激反应作为重要考虑因素，对胡某的违法行为在罚款五百元与行政拘留五日之间选择确定为罚款五百元，属于正当行使裁量权的范围，处罚方式和幅度均未超出法律的规定。

二审法院只确认了胡某存在加重处罚的情节，未考虑双方矛盾的起源、受害人行为在违法行为发生过程中所起到的作用等重要情节，作出撤销行政处罚决定的行政判决，并不能很好地解决本案纠纷，也未对当事人理性维权提供正确的价值引导，反而对受害人在先的偷挖田埂、干扰他人正常生产生活的行为有所纵容。再审法院基于此提审改判，作出如上判决，体现了司法对行政机关在具有事实和法律依据的情况下正确行使自由裁量的行政行为的尊重与认可。

（作者单位：湖北省高级人民法院）

伤情鉴定结论未作出情况下行政行为合法性的认定

朱远军

【裁判要旨】

伤情鉴定结论是公安机关作出行政处罚决定的重要依据，在伤情鉴定结论尚未作出的情况下，将可能导致违法嫌疑人、被侵害人的行为之间是否存在因果关系无从判断，进而影响公安机关对违法嫌疑人是否处罚以及处罚幅度的判断。因此，公安机关未尽到应尽的通知义务，在伤情鉴定结论未作出的情况下，即在无法认定被侵害人是否存在伤情以及伤情程度的情况下，直接对违法嫌疑人作出不予行政处罚的决定，不仅违反了"先调查、后决定"的原则，系程序违法，而且事实认定不清，依法应予撤销。

【案情】

原告（被上诉人）：高某。

被告（上诉人）：扬州市江都区公安局。

第三人：杭某甲。

2020年3月5日7时许，杭某乙（原告高某丈夫）家与杭某丙（第三人杭某甲父亲）家因门前土地归属问题发生纠纷，双方发生争执。双方均向公安机关控告称被对方打伤，其中高某向公安机关控告在此过程中遭到杭某丙妻子单某、女儿杭某甲的殴打，致其受伤。被告扬州市江都区公安局真武派出所当日受理该案，并开展调查取证。被告经调查，认定原告高某控告第三人杭某甲对其实施殴打的违法事实不能成立。2020年4月1日，被告根据《中华人民共和国治安管理处罚法》第九十五条第（二）项之规定，对第三人杭某甲作出《不予行政处罚决定书》，决定对杭某甲不予处罚。被告扬州市江都区公安局作出该不予行政处罚决定履行了传唤、调查、拟不予处罚告知、复核、决定、送达等程序。原告不服，遂提起诉讼，认为第三人杭某甲对其进行了殴打，且原告的伤情鉴定报告早在 2020 年 3 月 11 日已交给被告指定的法医，但被告至今都没有告知原告伤情鉴定的结果，办案程序违法。故请求撤销被告作出的《不予行政处罚决定书》，责令被告重新作出行政处罚决定书。

扬州市江都区公安局真武派出所于 2020 年 4 月 1 日出具的《关于高某鉴定的情况说明》内容为：2020 年 3 月 5 日，我单位在办理杭某乙殴打他人一案期间，杭某乙妻子高某向公安机关控告称，当日曾遭到单某、杭某甲的殴打，民警及时向高某出具了伤情鉴定委托，并及时协助联系鉴定事宜，2020 年 3 月 11 日，高某在扬州市江都区公安局物证鉴定室进行了伤情鉴定，因现有诊断材料无法认定伤情，故鉴定室要求高某在 15 日后复查肋骨 CT 后再作伤情鉴定。经了解，截至目前高某未向我单位及鉴定室提交任何复查材料，致鉴定结果无法作出。

【审判】

江苏省高邮市人民法院一审认为，根据《公安机关办理行政案件程序规定》第九十条规定，人身伤害案件受伤程度较重，可能构成轻伤以上伤害程度，或者被侵害人要求作伤情鉴定的，以及违法嫌疑人、被侵害人对伤害程度有争议的，公安机关应当进行伤情鉴定。本案中，被告向原告出具了伤情鉴定委托，原告亦于 2020 年 3 月 10 日去江都区人民医院作伤情鉴定，因疫情期间法医鉴定所未开门，导致无法鉴定，原告遂在江都区人民医院就诊。被告再次要求原告去扬州市江都区公安局物证鉴定室鉴定。根据《公安机关办理行政案件程序规定》第九十一条规定，对需要进行伤情鉴定的案件，被侵害人拒绝提供诊断证明或者拒绝进行伤情鉴定的，公安机关应当将有关情况记录在案，并可以根据已认定的事实作出处理决定。经公安机关通知，被侵害人无正当理由未在公安机关确定的时间内作伤情鉴定的，视为拒绝鉴定。本案中，原告认为扬州市江都区公安局物证鉴定室法医在收到其鉴定材料后，并未告知原告两周后复查肋骨 CT，其一直在等待伤情鉴定报告，而被告提供的真武派出所出具的《关于高某鉴定的情况说明》并不足以证明原告存在

“拒绝提供诊断证明”或者“拒绝进行伤情鉴定”等情形。综上，被告未尽到应尽的通知义务，在伤情鉴定结论未作出的情况下，即在无法认定原告是否存在伤情以及伤情程度如何的情况下，直接作出案涉不予行政处罚决定，不仅违反了“先调查、后决定”的原则，系程序违法，而且事实认定不清，因为伤情鉴定结论是被告对第三人是否作出行政处罚决定的重要依据，在伤情鉴定结论尚未作出的情况下，将可能导致被告对原告受伤与第三人的行为之间是否存在因果关系无从判断，进而影响被告对第三人是否处罚以及处罚幅度的判断。

综上，被告作出案涉行政不予处罚决定事实认定不清，主要证据不足，程序违法。一审法院判决：撤销被告扬州市江都区公安局对第三人杭某甲作出的《不予行政处罚决定书》；责令被告扬州市江都区公安局于本判决生效之日起 30 日内重新作出行政行为。

一审宣判后，被告不服，向扬州市中级人民法院提起上诉。二审法院经审理后认为：从在案证据来看，真武派出所民警在事发当日即调查了闻讯到场的四名证人，四名证人证言均证明看见高某与杭某甲、单某纠缠在一起，没有看见杭某甲有殴打高某的行为。但结合杭某甲、单某、杭某丙陈述的情况来看，事发之初是高某与杭某甲纠缠在一起，证人是在单某呼喊后赶至现场，由此所反映的只是到场后目击的情况，对于高某在事发当日两份询问笔录中所指控的事发之初杭某甲在纠缠中拳击其面部、跌坐在其身上并致其后背和胸口疼痛情况的可能性尚不能排除，虽然杭某甲否认殴打了高某，但有伤情照片证明高某脸部有伤痕存在，此时事实尚未全部查清。在此情况下，对于高某主诉的胸口疼痛情况就必须要进行鉴定，而且真武派出所在事发当日即已出具伤情鉴定委托书，委托鉴定机构对高某的伤情进行鉴定，以确定是否有损伤后果存在。

《公安机关办理行政案件程序规定》第九十一条规定，对需要进行伤情鉴定的案件，被侵害人拒绝提供诊断证明或者拒绝进行伤情鉴定的，公安机关应当将有关情况记录在案，并可以根据已认定的事实作出处理决定。在案证据显示，高某对公安机关的询问、送达笔录均不配合签字，在法医鉴定过程中亦不配合进行辅助检查，对此公安机关应当将不配合鉴定行为及可能承担不利法律后果的情况明确告知高某，并将告知经过情况形成笔录记录在案，但是本案中欠缺相关证据。同时，如果有损伤后果存在，还需进一步调查高某在事发当日没有就医的实际原因，以及事发五日后检查是否有伤与事发当日杭某甲纠缠行为之间是否存在关联等情况，然后再结合鉴定结论和其他在案证据进行综合判断。公安机关应当查明全部事实后再作出是否予以行政处罚决定，但上诉人扬州市江都区公安局仅根据初期调查的单某、杭某甲陈述和申辩、高某陈述、证人证言等证据，即认定高某控告杭某甲对其殴打的违法事实不能成立，合理性怀疑尚不能排除，在此事实没有全部查清的情况下，即作出不予行政处罚决定有所不当。遂判决：驳回上诉，维持原判。

【评析】

一、本案中应将伤情鉴定作为是否不予行政处罚的前置条件

《公安机关办理行政案件程序规定》第四十九条规定，对行政案件进行调查时，应当合法、及时、客观、全面地收集、调取证据材料，并予以审查、核实。办案程序规定中虽然没有明确规定伤情鉴定是作出行政行为的必备前置条件，但伤情鉴定是查明案情的重要方式和手段，实践中应结合具体案情从客观、全面的角度进行综合性判断，以确定是否需要进行伤情鉴定。如果有视频等客观证据能够证实，侵害人与被侵害人之间并无肢体接触，那么并无启动伤情鉴定程序之必要，即无须将伤情鉴定作为是否给予侵害人行政处罚的前置程序。申言之，即便公安机关启动了伤情鉴定程序，在伤情鉴定结论尚未作出的情况下，公安机关根据已认定的事实作出处理决定的，亦不能轻易认定被诉行政行为违法。反之，在侵害人与被侵害人之间有肢体纠缠、被侵害人有明显外伤的情况下，公安机关一般应当根据《公安机关办理行政案件程序规定》第九十条的规定启动伤情鉴定程序，并根据已经查明的事实，结合后期的伤情鉴定结论综合判断被侵害人所受伤害的形成原因以及与侵害人之间是否存在关联等，进而对侵害人作出处罚或不予处罚的行政决定。

二、公安机关在伤情鉴定结论尚未作出的情况下径行作出处理决定，程序违法，且事实认定不清

根据《行政诉讼法》第七十条、第七十二条和第七十三条的规定，行政机关所作出的行政行为只有同时具备以下条件，才属于合法的行政行为：主要证据确实、充分，适用法律、法规正确，符合法定程序，不存在超越职权、滥用职权、明显不当和不履行法定职责或义务等问题。缺少其中任何一个条件，都属于违法的行政行为。因此，法院审查被诉行政行为的合法性时，应以上述条件作为判断被诉行政行为是否合法的标准。

关于对主要证据是否确实、充分的审查。行政行为的主要证据是否确实、充分，是法院判断行政行为是否合法的要件之一。根据《行政诉讼法》第七十条第（一）项的规定，法院对主要证据不足的行为，应当判决予以撤销。这里所说的“主要证据不足”，是指被告向法庭提供的证据达不到被诉行政行为所认定的事实所需要的证明标准。根据司法实践中反映出来的情况，行政行为主要证据不足的主要表现形式有以下几种：一是行政行为认定的事实不清或者没有认定事实。即使被告在诉讼中提出有关证据，但这些证据不能证明被诉行政行为认定的事实，亦应按主要证据不足处理。二是行政行为认定的事实没有足够的证据证实。三是行政机关没有证据。

关于对是否违反法定程序的审查。法定程序，是指由法律、法规、规章及其他合法有效的规范性文件设定的行政程序。违反法定程序，是指行政行为违反了合法有效的法律规范规定的程序。我国目前尚未制定统一的行政程序法典，有关行政程序的规定散见于有关行政管理的法律规范之中，对于法定行政程序，行政机关必须遵守。因为它是保障相对人合法权益、防止行政机关违法行政的必要条件。这种事先和事中的保障手段比事后纠正的手段在一定程度上更为重要。因此，《行政诉讼法》将违反程序行为同样纳入构成行政行为撤销理由的行政违法的范畴。法院在审查被诉行政行为的程序是否违反法定程序的问题时，首先要查清被告实施行政行为的方式、步骤、顺序和时限，然后审查被告作出行政行为的程序是否违反法律、法规及其他规范性文件有关程序问题的规定。

具体到本案中，一方面，根据《公安机关办理行政案件程序规定》第九十一条规定，对需要进行伤情鉴定的案件，被侵害人拒绝提供诊断证明或者拒绝进行伤情鉴定的，公安机关应当将有关情况记录在案，并可以根据已认定的事实作出处理决定。经公安机关通知，被侵害人无正当理由未在公安机关确定的时间内作伤情鉴定的，视为拒绝鉴定。在被告公安机关提供的证据不足以证明原告存在“拒绝提供诊断证明”或者“拒绝进行伤情鉴定”等情形时，应认定被告未尽到应尽的通知义务。在伤情鉴定结论尚未作出的情况下，直接对第三人作出不予行政处罚决定，违反了“先调查、后决定”的原则，系程序违法。另一方面，伤情照片证明原告高某脸部有伤痕存在，因此被告还需进一步调查高某在事发当日没有就医的实际原因，以及事发五日后检查是否有伤与事发当日第三人杭某甲纠缠行为之间是否存在关联等情况，然后再结合鉴定结论和其他在案证据进行综合判断。被告应当查明全部事实后再作出是否予以行政处罚决定，但被告仅根据初期调查的证据，即认定原告高某控告第三人杭某甲对其殴打的违法事实不能成立，合理性怀疑尚不能排除，在此事实没有全部查清的情况下，即作出不予行政处罚决定，属于事实认定不清，主要证据不足。

（作者单位：江苏省高邮市人民法院）

行政程序终结后无新的事实理由再行对相对人作出处理明显不当

王雅晶　蔡　力

【裁判要旨】

针对行政相对人的违法行为启动治安处罚行政程序后，公安机关未对行政相对人作出处理，治安处罚程序对行政相对人已实际终结的，公安机关再行对行政相对人作出行政处罚明显不当，人民法院可以判决撤销。

【案情】

再审申请人（一审被告、二审上诉人）：天津市公安局静海分局（以下简称静海分局）、天津市公安局。

被申请人（一审原告、二审被上诉人）：徐某、舒某甲。

一审第三人：天津市静海区独流镇胜利街村民委员会。

徐某、舒某甲系母子关系，徐某与案外人舒某乙系夫妻关系，案外人舒某乙与案外人舒某丙系兄弟关系，四人均为天津市静海区独流镇胜利街村村民。2015 年 8 月 24 日，舒某乙以本村公共厕所地基归属问题为由，伙同舒某丙、舒某甲、徐某将村委会各办公室和会议室门口用砖和泥砌成高约 1 米的砖墙堵住。当日，静海分局独流派出所接时任独流镇胜利街村委会主任张学春报警，依法对该案件受理。经过开展调查认定了该事实，并于同日对舒某乙、舒某丙作出行政拘留的行政处罚，但未对徐某、舒某甲予以处理。直至 2019 年 3 月因原报案人的反映，静海分局独流派出所对该案件再次处理，并于 2019 年 4 月分别作出《行政处罚决定书》决定给予徐某、舒某甲各行政拘留十日。徐某不服对其作出的《行政处罚决定书》，遂向天津市静海区人民法院提起行政诉讼，请求撤销静海分局对其作出的《行政处罚决定书》。舒某甲不服对其作出的《行政处罚决定书》，遂向天津市公安局申请行政复议，天津市公安局作出《行政复议决定书》，确认静海分局对舒某甲作出的《行政处罚决定书》违法。舒某甲仍不服，又向天津市静海区人民法院提起行政诉讼。经天津市静海区人民法院报请天津市第二中级人民法院指定管辖，天津市第二中级人民法院指定两案由天津市北辰区人民法院管辖。

【审判】

天津市北辰区人民法院一审判决针对两案被诉《行政处罚决定书》的论理一致，认为：静海分局提交的证据以及徐某、舒某甲的当庭陈述能够证明，徐某、舒某甲在 2015 年 8 月参与了封堵村委会办公场所的违法行为，构成寻衅滋事的违法事实。静海分局依法对徐某、舒某甲作出行政拘留十日的处罚，认定事实清楚，证据确实、充分、处罚适当。但是，徐某、舒某甲的违法行为发生于 2015 年 8 月，静海分局于同日对其他两名参与人员作出行政处罚，在无违反治安管理人员逃跑等客观原因的情况下，再于 2019 年 4 月对徐某、舒某甲作出被诉行政处罚决定，既不符合《治安管理处罚法》第九十九条关于办理治安案件的期限的规定，也有悖《行政处罚法》的立法精神，静海分局对徐某、舒某甲作出的《行政处罚决定书》违反了法定程序，亦属滥用职权，依法应予撤销。

天津市北辰区人民法院一审判决针对天津市公安局对舒某甲作出的《行政复议决定书》认为：天津市公安局在行政复议过程中，对静海分局作出的《行政处罚决定书》只以违反了法定程序为由确认违法，现对原行政行为予以撤销应对复议决定一并予以撤销。

天津市北辰区人民法院分别判决撤销了静海分局于 2019 年 4 月对徐某、舒某甲作出的《行政处罚决定书》，撤销了天津市公安局对舒某甲作出的《行政复议决定书》。

静海分局不服两案一审判决分别提起上诉，请求撤销两案原审判决。主要上诉理由包括：在案完整的证据链条，能够充分证明徐某、舒某甲在 2015 年 8 月 24 日参与了舒某乙等人封堵独流镇胜利街村委会办公场所的违法行为，已构成寻衅滋事的违法事实，对徐某、舒某甲的违法行为应当予以行政处罚，故静海分局于 2019 年 4 月依法分别作出对徐某、舒某甲行政拘留十日的行政处罚决定。静海分局在案发当日已及时对徐某、舒某甲实施的违法行为予以受理，不受追究时效的限制。静海分局对徐某、舒某甲作出行政处罚决定虽已超过办案期限，天津市公安局在舒某甲的行政复议决定中已确认属于程序轻微违法，静海分局违反程序的情形不足以导致两案被诉行政处罚决定被撤销。

天津市公安局就舒某甲案一审判决提起上诉，请求撤销原审判决。主要上诉理由：舒某乙伙同舒某甲、舒某丙、徐某实施涉案违法行为的事实，有完整的证据链条予以证实，静海分局依法作出对舒某甲行政拘留十日的行政处罚决定，事实清楚、证据确凿、适用依据正确、内容适当。由于超过办案期限，属于程序轻微违法，但对被上诉人权利不产生实际影响，故不予撤销。天津市公安局确认原行政行为违法亦无不当。现有证据材料能够充分证明舒某甲在 2015 年 8 月 24 日的违法行为已构成寻衅滋事的事实，公安机关应当予以行政处罚。依据《治安管理处罚法》第二十二条及《公安机关办理行政案件程序规定》（2014）第一百五十四条之规定，静海分局在案发当日已及时对舒某甲实施的违法行为予以受理，不受追究时效的限制，故被诉行政处罚决定虽已超过办案期限，但其违反程序的情形不足以导致被诉行政处罚决定被撤销。天津市公安局在行政复议决定中已对被诉行政处罚决定超过办案期限予以确认违法，故行政复议决定亦不应被撤销。

天津市第二中级人民法院二审判决针对两案被诉《行政处罚决定书》的论理一致，认为：静海分局在举证期限内提交的证据及各方当事人庭审陈述能够形成一个完整的证据锁链，证明 2015 年 8 月 24 日，舒某乙为达到个人私利，伙同徐某、舒某甲、舒某丙将村委会各办公室和会议室门口砌墙堵住的事实。静海分局依法决定分别给予徐某、舒某甲行政拘留十日的行政处罚，系在法定处罚种类和幅度内作出，符合《中华人民共和国治安管理处罚法》第九十九条规定。公安机关必须依法追究行为人的法律责任，给予治安管理处罚，体现了法律的尊严和执法的严肃性。综观全案，针对同一治安案件，静海分局已于 2015 年 8 月 24 日受理，并于同日对同案的其他两名参与人员作出行政处罚。案发三年后，静海分局基于同一案件事实，于 2019 年 4 月对徐某、舒某甲作出行政处罚决定，违反了上述关于办理治安案件的期限的规定，程序严重违法，依法应予撤销。静海分局主张在案发当日已及时对徐某、舒某甲实施的违法行为予以受理，不受追究时效的限制的上诉理由，缺乏法律依据，不予支持。

天津市第二中级人民法院二审判决针对天津市公安局静海分局对舒某甲作出的《行政复议决定书》认为：天津市公安局查明的事实与静海分局一致。基于静海分局对徐某、舒某甲作出行政处罚决定违反了关于办理治安案件的期限的规定，程序严重违法，依法应予撤销。天津市公安局作出的《行政复议决定书》只以静海分局系超过办案期限作出，属于程序轻微违法为由确认静海分局对舒某甲作出的行政处罚决定违法，依法一并应予撤销。天津市公安局主张被诉行政处罚决定超过办案期限的程序违法情形不足以导致被诉行政处罚决定被撤销，故行政复议决定亦不应被撤销的上诉理由，缺乏法律依据，不予支持。

天津市第二中级人民法院分别判决，驳回上诉，维持两案原审判决。

静海分局不服两案二审判决分别申请再审，主要再审理由包括：1. 2015年8月24日，舒某乙伙同舒某甲、舒某丙、徐某实施涉案违法行为的事实，有完整的证据链条予以证实，再审申请人于2019年4月2日依法分别作出的对徐某、舒某甲行政拘留十日的行政处罚决定，事实清楚、证据确凿、适用依据正确、内容适当。对徐某、舒某甲作出的行政处罚决定虽已超过办案期限，天津市公安局在舒某甲的行政复议决定中已确认属于程序轻微违法，再审申请人违反程序的情形不足以导致被诉行政处罚决定被撤销。2. 依据《治安管理处罚法》（2014）第二十二条及《公安机关办理行政案件程序规定》第一百五十四条之规定，静海分局在案发当日已及时对徐某、舒某甲实施的违法行为予以受理，不受追究时效的限制。请求依法撤销两案二审行政判决。

天津市公安局不服舒某甲案二审判决提起再审申请，主要再审理由为：天津市公安局作出确认被诉行政处罚决定违法的行政复议决定并无不当，再审申请人在行政复议决定中已对被诉行政处罚决定超过办案期限予以确认违法，故行政复议决定亦不应被撤销。请求依法撤销舒某甲案二审行政判决。

天津市高级人民法院复查裁定针对两案被诉《行政处罚决定书》的论理一致，认为：本案的争议焦点是再审申请人静海分局对两案被申请人作出的行政处罚决定是否违反法定程序应予撤销。法律对公安机关办理治安案件的期限作了如下规定：《治安管理处罚法》第九十九条规定："公安机关办理治安案件的期限，自受理之日起不得超过三十日；案情重大、复杂的，经上一级公安机关批准，可以延长三十日。为了查明案情进行鉴定的期间，不计入办理治安案件的期限。”《公安机关办理行政案件程序规定》（2014）第一百四十一条规定：“公安机关办理治安案件的期限，自受理之日起不得超过三十日；案情重大、复杂的，经上一级公安机关批准，可以延长三十日。办理其他行政案件，有法定办案期限的，按照相关法律规定办理。为了查明案情进行鉴定的期间，不计入办案期限。对因违反治安管理行为人逃跑等客观原因造成案件在法定期限内无法作出行政处理决定的，公安机关应当继续进行调查取证，并向被侵害人说明情况，及时依法作出处理决定。”根据两审法院查明的案件事实，徐某、舒某甲参与封堵村委会大门的违法行为发生于 2015 年 8 月 24 日，同日，静海分局已经对其他两名参与人员以寻衅滋事为由作出了治安行政处罚，当时公安机关未对徐某、舒某甲的行为作出处理。案发三年后，静海分局在没有新的事实证据情况下，基于上述 2015 年 8 月 24 日的同一案件事实，于 2019 年 4 月 2 日分别作出两案被诉《行政处罚决定书》，以寻衅滋事为由分别对徐某、舒某甲行政拘留十日（已执行完毕），违反了上述《治安管理处罚法》《公安机关办理行政案件程序规定》（2014）关于办理治安案件期限的规定，且静海分局又未提供证据证明其履行了延期办理案件的程序，静海分局作出两案被诉行政处罚决定的程序严重违法。两审法院判决撤销静海分局作出的两案被诉行政处罚决定，并无不当。再审申请人关于其已经在案发当日及时对徐某、舒某甲实施的违法行为予以受理，因此不受追究时效限制的再审理由，不能否定被诉行政处罚决定程序严重违法依法应予撤销的客观事实，静海分局的再审申请不符合《行政诉讼法》第九十一条规定的情形。

天津市高级人民法院复查裁定针对天津市公安局对舒某甲作出的《行政复议决定书》认为：天津市公安局只以静海分局的行政处罚决定系超过办案期限作出，属于程序轻微违法，确认静海分局对舒某甲作出被诉行政处罚决定违法，作出的本案被诉行政复议决定，适用法律错误。

天津市高级人民法院分别裁定驳回了两案再审申请。

【评析】

两案基本事实清楚，即再审申请人静海分局于 2015 年发现两案被申请人徐某、舒某甲实施了涉案违法行为，但并未对徐某、舒某甲作出相应行政处理。至2019年，静海分局基于2015年所发现的徐某、舒某甲违法事实，分别作出两案被诉行政处罚决定，决定分别对徐某、舒某甲行政拘留十日。鉴于涉诉的两级公安机关一直不认可两案司法判决结论，直至申请再审，天津市高级人民法院再审复查中，本着审慎态度对案件进行了深入全面的复查，确定案件复查焦点为：静海分局主张两案被诉行政处罚行为属于程序违法而不属于“滥用职权”是否成立？两审裁判方式是否恰当？被诉处罚决定被撤销的法律后果如何？

首先，两案被诉行政处罚行为程序上明显超过法定期限。法律对公安机关办案期限做了如下规定：《治安管理处罚法》第九十九条规定“公安机关办理治安案件的期限，自受理之日起不得超过三十日；案情重大、复杂的，经上一级公安机关批准，可以延长三十日。为了查明案情进行鉴定的期间，不计入办理治安案件的期限”。《公安机关办理行政案件程序规定》（2014）第一百四十一条规定“公安机关办理治安案件的期限，自受理之日起不得超过三十日；案情重大、复杂的，经上一级公安机关批准，可以延长三十日。办理其他行政案件，有法定办案期限的，按照相关法律规定办理。为了查明案情进行鉴定的期间，不计入办案期限。对因违反治安管理行为人逃跑等客观原因造成案件在法定期限内无法作出行政处理决定的，公安机关应当继续进行调查取证，并向被侵害人说明情况，及时依法作出处理决定”。《治安管理处罚法》第二十二条规定“违反治安管理行为在六个月内没有被公安机关发现的，不再处罚。前款规定的期限，从违反治安管理行为发生之日起计算；违反治安管理行为有连续或者继续状态的，从行为终了之日起计算”。《行政处罚法》（2017）第二十九条规定“违法行为在二年内未被发现的，不再给予行政处罚。法律另有规定的除外。前款规定的期限，从违法行为发生之日起计算；违法行为有连续或者继续状态的，从行为终了之日起计算”。综观两案，徐某、舒某甲2015年均参与了堵村委会办公室和会议室行为，当时公安机关未予处罚。事隔三年多，公安机关以寻衅滋事为由对二人分别作出行政拘留十日的行政处罚，行政处罚决定书用的是2019年案号但未提供2019年重新立案审批手续等履行正当程序的证据，实际上是继续办理2015年的案件，因此，严重超过治安案件的法定办案期限，且静海分局三年后针对三年前的调查取证继续行使处罚职权，亦未能证明存在其他合理理由。虽然静海分局主张法律对此没有相关程序规定，尤其是前后两次执法行为之间的时间间隔已超过法定的两年行政追究时限且没有任何正当理由，其逾期作为超过了法律的容忍度。

其次，两案被诉行政处罚行为实体上明显不当。公安机关负有依法追究违法行为人的法律责任的义务，给予违法行为人治安管理处罚，体现的是法律的尊严和执法的严肃性。本案需要进一步分析认定的是，被诉行政处罚行为严重超过治安案件的法定办案期限是否具有正当理由，即静海分局的违法情形是否构成“滥用职权”。判断是否属滥用职权，应根据案件背景，判断行政执法机关逾期作为是否存在不正当因素考虑，是否背离了法律授权的基本目的等。两审法院未明确对此予以审查认定，再审复查期间对此节事实情况着重进行了审查。根据两审卷宗，静海分局二审询问中陈述，2015 年的行政调查程序中，当时的报警人（原村委会主任）反映家属向其道歉要求获得谅解，所以仅要求对四名违法行为人中的两名作出处罚，静海分局为防止案件进一步激化和升级，以及考虑舒某甲当时正值大学录取阶段，故对徐某、舒某甲予以暂缓处理。静海分局在复查询问中进一步解释说明，当时未处罚二被申请人除了出于“善意”，还主要考虑涉案治安纠纷涉及村内“家系斗争”且双方积怨很深，对舒家的两人进行治安处罚已能够达到对双方矛盾的调处，起到社会秩序的治理和稳定效果。至于再审申请人三年多以后又作出两案被诉行政处罚决定的原因，静海分局二审询问中陈述，系因涉及 2018 年村委会换届选举，两家相互举报，原报警人（原村委会主任）信访要求公安机关对徐某、舒某甲 2015 年的违法行为依法进行处罚。静海分局在复查询问中进一步解释说明，2019 年系舒家重挑矛盾，舒家举报原报警人违法占地，造成其家族经营的水上农庄被拆除，经济损失巨大，由此导致双方矛盾升级，相互举报愈演愈烈，从而引发了相关部门的关注。

但是，在静海分局两审中未能举证证明徐某、舒某甲具有 2015 年原违法事实之外新的违法事实，或者说，徐某、舒某甲基于其 2015 年原违法事实仍然存在社会危害因素的情况下，时过三年却作出与静海分局当时的善良初衷完全相反的行政拘留处罚结果，于理相悖。

即使按照有关单位关于针对徐某、舒某甲 2015 年违法行为悬而未决的问题依法依规妥善处理的要求，静海分局应根据徐某、舒某甲在 2015 年寻衅滋事违法行为中的社会危害性程度，对徐某、舒某甲依法分别作出行政处罚或者不予处罚、案件终结等处理结果。如果静海分局认为舒家重新挑起两家矛盾导致地方社会秩序存在不稳定因素等问题，可依法另行立案调查，并根据三年多以来是否发生继续寻衅滋事的社会危害性等相关新的事实，对徐某、舒某甲等相关行为人依法作出处理。

静海分局在没有任何新的事实证据的情况下，仅根据搁置了三年多的“违法行为”再行以三年之前的原案号作出行政处罚，不仅违反正当法定程序，而且从执法动机、目的上，存在因不正当因素影响而以行政处罚形式达到其他目的的滥用职权实质。

综上，静海分局作出两案被诉行政处罚的行为，不符合《治安管理处罚法》规定的“教育与处罚相结合”原则，背离了法律授权的基本目的。静海分局主张徐某、舒某甲实施了治安违法行为，即使已经超过了办案期限，静海分局也应当履行职责对徐某、舒某甲作出行政处罚，缺乏法律依据。天津市公安局决定确认静海分局对舒某甲作出的行政处罚决定程序轻微违法，但对舒某甲权利义务不产生实际影响不予撤销的结论，亦缺乏法律依据。两案被诉处罚决定既严重违反《治安管理法》和《公安机关办理行政案件程序规定》（2014）关于公安机关办理治安案件的期限的规定，更有违行政处罚法的立法精神，有滥用职权之嫌。

再次，两案判决撤销被诉行政处罚决定的判决方式是否恰当。根据《行政诉讼法》第七十条第（三）项和第（五）项规定，行政行为违反法定程序或是滥用职权的，法院可以判决撤销，并可以判决被告重新作出行政行为。第七十四条第一款第（二）项规定，行政行为程序轻微违法，但对原告权利不产生实际影响的，法院判决确认违法，但不撤销行政行为。两案被诉行政处罚行为从程序上和实体上明显不当，依法应判决予以撤销。因被诉行政机关不存在通过重新做出行政行为以修复行政程序的可能，故不符合《行政诉讼法》第七十四条第二款第（一）项规定，因“不具有可撤销内容”而确认行政程序违法的情形。天津市公安局未切实履行行政复议机关的内部纠错与监督职责，只是确认被诉行政处罚程序轻微违法，未撤销静海分局明显违反法定程序作出的行政处罚决定，其作出行政复议决定确认被诉行政处罚决定程序轻微违法的结论错误。

最后，两案被诉行政处罚决定被撤销的法律后果预判。两案判决中虽然具体表述了徐某、舒某甲存在违法行为以及两案被诉行政处罚决定实体内容合法等内容，但判决撤销的法律后果是被诉处罚决定自始无效。据此，徐某、舒某甲如提起行政赔偿诉讼，则人民法院判决被诉行政处罚决定自始无效，被申请人所主张的赔偿范围如何确定，最终需要法院行政审判作出司法结论，这应当也是静海分局坚持申请再审的关键所在。尤其是舒某甲在诉讼中一直主张在其毕业后考取飞行员已进入政审阶段时，静海分局对其作出行政处罚决定，其“人生轨迹”因此发生重大改变，要求静海分局对此予以赔偿。鉴于案件存在两级公安机关申请再审，以及后续面临国家赔偿案件的评估预判等问题，两案复查期间，将两案提交专业法官会议进行研究。专业法官会议经研究认为，两审法院判决撤销是正确的，后续如徐某、舒某甲主张赔偿，则应依法予以相应赔偿。因为，即使徐某、舒某甲当年存在应依法予以治安处罚的违法行为，但鉴于静海分局当年已经对此有了判断结论，即主观上，暂缓办理并“希望”不需进行处罚；客观上，时隔三年未予处理，已形成事实上的程序终结。现经过三年未发现新的违法行为，故亦不能证明徐某、舒某甲具有社会危害性应予以治安处罚的必要性。故两审判决本意就是因存在滥用职权情形而判决予以撤销，其法律后果就是两案被诉行政处罚决定自始无效，因执行两案被诉行政处罚决定给两案再审申请人造成的直接损失，属于法定赔偿范围。

（作者单位：天津市高级人民法院）

行政协议约定仲裁条款的一般应确认无效

张雪明

【裁判要旨】

根据《仲裁法》第二条的规定，仲裁的受案范围是平等主体的公民、法人和其他组织之间发生的合同纠纷和其他财产权益纠纷。行政协议是行政机关为实现行政管理或者公共服务目标，与公民、法人或者其他组织协商订立的具有行政法上权利义务内容的协议，属于行政行为的一种，不属于平等主体之间的民事纠纷，不属于仲裁管辖范围。行政协议约定仲裁条款的，人民法院一般应当确认该条款无效。

【案情】

原告（上诉人）：陈某某、蒋某某。

被告（被上诉人）：青田县政府房屋征收工作办公室。

2017年4月30日，青田县政府房屋征收工作办公室作为甲方（房屋征收部门）与蒋某某作为乙方（被征收人）签订了项目名称为青田县城酒厂区块一期旧城改造项目的《青田县国有土地上房屋征收补偿协议书》（货币补偿协议）。该货币补偿协议第九条协议争议解决约定，本协议在履行过程中发生争议，由双方当事人协商解决；协商不成的，提交丽水市仲裁委员会仲裁。原告陈某某、蒋某某以请求确认原被告于2017年4月30日签订的《青田县国有土地上房屋征收补偿协议书》（货币补偿协议）无效为由，于2017年10月23日向松阳县人民法院提起行政诉讼。

【审判】

浙江省松阳县人民法院一审认为，本案原告蒋某某与被告青田县政府房屋征收工作办公室签订的《青田县国有土地上房屋征收补偿协议书》（货币补偿协议），明确约定了对发生货币补偿协议争议的解决方式为提交丽水市仲裁委员会仲裁。现原告陈某某、蒋某某在向法院起诉时未声明有仲裁协议，该院受理后，被告青田县政府房屋征收工作办公室在首次开庭前对原告起诉提出异议。一审法院认为，根据《仲裁法》第二十六条“当事人达成仲裁协议，一方向人民法院起诉未声明有仲裁协议，人民法院受理后，另一方在首次开庭前提交仲裁协议的，人民法院应当驳回起诉，但仲裁协议无效的除外”之规定，原告陈某某、蒋某某的起诉构成不符合其他法定起诉条件的情形。为此，依照《最高人民法院关于适用〈中华人民共和国行政诉讼法〉若干问题的解释》第三条第一款第（十）项之规定，裁定驳回原告陈某某、蒋某某的起诉。

陈某某、蒋某某不服，向浙江省丽水市中级人民法院提起上诉称：一、涉案纠纷属于行政协议纠纷，依法由人民法院管辖，政府格式条款约定不能排除法定管辖权。《最高人民法院关于适用〈中华人民共和国行政诉讼法〉若干问题的解释》第十一条规定，土地、房屋等征收征用补偿协议属于行政协议无疑。公民就该类行政协议提起行政诉讼的，人民法院应当依法受理。所以，行政协议的诉讼属于人民法院法定管辖。法定管辖权是国家基本诉讼制度确定的，不能由当事人自行约定排除。否则，将直接导致政府部门为了排除人民法院行政诉讼司法审查，而通过格式条款约定其他管辖，违背国家基本诉讼制度。二、涉案协议不属于仲裁法管辖范畴，仲裁约定无效。根据《仲裁法》第二条规定，仲裁的受案范围是平等主体的公民、法人和其他组织之间发生的合同纠纷和其他财产权益纠纷。如前所述，涉案协议是典型的行政协议，是行政机关为实现公共利益或者行政管理目标，在法定职责范围内，与公民、法人或者其他组织协商订立的具有行政法上权利义务内容的协议，属于行政行为的一种，不属于平等主体之间的民事纠纷，不在仲裁管辖范围。而根据《仲裁法》第三条第（二）项也明确规定依法应由行政机关处理的行政争议不得仲裁。据此，此类行政协议书中约定仲裁条款，排除法院管辖，因违背国家诉讼基本制度和法律规定而无效。综上，一审裁定驳回上诉人起诉，适用法律错误，应当予以纠正，请求依法撤销一审裁定并裁令一审法院继续审理本案。

青田县政府房屋征收工作办公室答辩称：上诉人的理由不能成立。1. 本案中，签订协议的主体是上诉人蒋某某与青田县政府房屋征收工作办公室。双方为平等民事主体，依法应当适用民事诉讼法等相关法律。且双方在协议的第九条中明确约定了争议解决方式为提交丽水市仲裁委员会仲裁。既然双方已经约定了仲裁条款，又没有任何证据证明该仲裁条款无效，那么就应当适用仲裁条款。2. 从上诉人的一审起诉状可以看出，上诉人对协议的异议在于：陈某某未同意补偿方案，蒋某某个人的签字属于无权处分，但上诉人自始至终都没有对答辩人的征迁程序提出异议。现在要判断这是否属于无权处分以及协议是否有效，属于民事法律调整的范围，故本案在性质上属于民事纠纷。即使协议被认定为行政协议，但引发纠纷的并非具体行政行为，而是民事行为，理应由民法和民事诉讼法调整。一审法院依照《仲裁法》第二十六条之规定和《最高人民法院关于适用〈中华人民共和国行政诉讼法〉若干问题的解释》第三条第一款第（十）项之规定裁定驳回起诉，并无不当。请求二审法院依法裁定驳回上诉，维持一审裁定。

浙江省丽水市中级人民法院认为，《仲裁法》第二条规定：平等主体的公民、法人和其他组织之间发生的合同纠纷和其他财产权益纠纷，可以仲裁。本案系国有土地上房屋征收与补偿引发的协议纠纷。青田县政府房屋征收工作办公室与上诉人蒋某某签订被诉房屋征收补偿协议，是受被上诉人的委托，该协议产生的法律责任应由被上诉人承担。根据《最高人民法院关于适用〈中华人民共和国行政诉讼法〉若干问题的解释》第十一条规定，被诉房屋征收补偿协议系被上诉人为实现公共利益而与上诉人签订的具有行政法上权利义务内容的协议，属于行政协议。本案不属于《仲裁法》第二条规定的调整范围，上诉人起诉依法不受协议约定仲裁条款的约束。现被上诉人提出协议双方为平等民事主体的辩解理由，没有事实和法律依据，二审法院不予采信。一审裁定以上诉人起诉不符合其他法定起诉条件为由予以驳回，适用法律不当，依法应予纠正。上诉人的上诉理由成立，二审法院予以采纳。裁定：撤销一审裁定；本案指令松阳县人民法院继续审理。

【评析】

一、涉案纠纷属于行政协议纠纷，依法应当属于人民法院行政诉讼的受案范围

对于行政协议的定义，《最高人民法院关于适用〈中华人民共和国行政诉讼法〉若干问题的解释》和《最高人民法院关于审理行政协议案件若干问题的规定》都作出过明确规定。《最高人民法院关于适用〈中华人民共和国行政诉讼法〉若干问题的解释》第十一条第一款规定："行政机关为实现公共利益或者行政管理目标，在法定职责范围内，与公民、法人或者其他组织协商订立的具有行政法上权利义务内容的协议，属于行政诉讼法第十二条第一款第十一项规定的行政协议。"《最高人民法院关于审理行政协议案件若干问题的规定》第一条规定："行政机关为了实现行政管理或者公共服务目标，与公民、法人或者其他组织协商订立的具有行政法上权利义务内容的协议，属于行政诉讼法第十二条第一款第十一项规定的行政协议。"根据上述行政协议的定义，行政协议包括四个要素：一是主体要素，即一方当事人必须为行政机关；二是目的要素，即必须是为了实现行政管理或者公共服务目标；三是内容要素，协议内容必须具有行政法上的权利义务内容；四是意思要素，即协议双方当事人必须协商一致。本案系国有土地上房屋征收与补偿引发的协议纠纷。涉案协议为《青田县国有土地上房屋征收补偿协议书》（货币补偿协议），签订一方为青田县政府房屋征收工作办公室（房屋征收部门），另一方为蒋某某（被征收人）。该协议系青田县政府房屋征收工作办公室为了实施青田县城酒厂区块一期旧城改造项目而与被征收人协商订立，符合上述规定的行政协议的定义和特征。

根据《行政诉讼法》第十二条规定："人民法院受理公民、法人或者其他组织提起的下列诉讼：……（十一）认为行政机关不依法履行、未按照约定履行或者违法变更、解除政府特许经营协议、土地房屋征收补偿协议等协议的……"《最高人民法院关于适用〈中华人民共和国行政诉讼法〉若干问题的解释》第十一条第二款规定："公民、法人或者其他组织就下列行政协议提起行政诉讼的，人民法院应当依法受理：（一）政府特许经营协议；（二）土地、房屋等征收征用补偿协议；（三）其他行政协议。"《最高人民法院关于适用〈中华人民共和国行政诉讼法〉的解释》第六十八条规定："行政诉讼法第四十九条第三项规定的'有具体的诉讼请求'是指：……（六）请求解决行政协议争议……"根据上述规定，包括政府特许经营协议、土地房屋征收补偿协议等在内的一系列行政协议纠纷被纳入了行政诉讼的受案范围。公民、法人或者其他组织就该类行政协议提起行政诉讼的，人民法院应当依法受理。

行政诉讼的目的之一是监督行政机关依法行使职权，行政协议争议既然被纳入行政诉讼的受案范围，行政机关在订立行政协议时就不能协议排除司法对行政机关依法行使职权的监督职能。另外，虽然行政协议具有协议性，但其属性首先是行政性，因行政协议引发的争议属于行政争议。此类争议事项往往涉及国家行政权，不仅行政机关不能协议排除，公民、法人或者其他组织也不能自由处分，故只能适用行政途径予以解决。

二、行政协议纠纷一般不适用仲裁解决方式

首先，仲裁的性质决定其不能解决行政协议纠纷。仲裁是指民（商）事争议的双方当事人根据其订立的协议，自愿将其争议提交由非司法机构的仲裁员组成的仲裁庭进行裁决，并受该裁决约束的一种解决纠纷的制度和方式。虽然仲裁活动和法院的审判活动一样，都是解决民事争议的一种方式，但是二者有较大不同。法院行使的是国家所赋予的审判权，而仲裁机构受理案件的管辖权来自双方所达成的协议，没有协议仲裁机构就无权受理。仲裁在性质上具有契约性、自治性、民间性和准司法性。仲裁通常为行业性的民间活动，是一种私人裁判行为，它与和解、调解、诉讼并列为解决民（商）事争议的方式。而行政协议属于行政行为的一种，一方面由于此类争议事项往往涉及国家行政权，当事人不能自由处分，故不能适用只解决民事纠纷的仲裁制度。另一方面，行政协议往往涉及重大公共利益，需要对行政机关的行政行为进行有效的司法监督，而仲裁虽然具有准司法性，但更强调自主、自愿、协商、调解和斡旋，不具有监督与规制行政行为之功能。故仲裁的契约性、自治性、民间性和准司法性的性质决定其不能处理行政争议。

其次，《仲裁法》已明确将行政争议排除在其受理范围之外。《仲裁法》第二条规定："平等主体的公民、法人和其他组织之间发生的合同纠纷和其他财产权益纠纷，可以仲裁。"根据该规定，仲裁制度遵循以下三条原则：一是发生纠纷的双方当事人必须是民事主体，包括国内外法人、自然人和其他合法的具有独立主体资格的组织；二是仲裁的争议事项应当是当事人有权处分的；三是仲裁范围必须是合同纠纷和其他财产权益纠纷。由于行政协议的签订一方必须为行政主体，另一方为公民、法人或者其他组织，当事双方不属于《仲裁法》第二条规定的可以申请仲裁的"平等主体的公民、法人和其他组织"，因此行政协议从形式上就不符合适用仲裁的前提条件。另外，《仲裁法》第三条规定，依法应当由行政机关处理的行政争议不能仲裁。行政争议，亦称行政纠纷，是指国家行政机关之间或者国家行政机关与企事业单位、社会团体以及公民之间由于行政管理而引起的争议。国内外的法律一般规定这类纠纷应当依法通过行政复议或行政诉讼解决。因此，根据上述规定，行政争议不能仲裁。而行政协议争议属于行政争议的一种，因此也不能适用仲裁方式解决。

最后，行政协议争议可参照适用民事法律规范处理。《行政诉讼法》第一百零一条明确规定，行政诉讼法没有规定的，可适用民事诉讼法的相关规定。同理，在行政协议案件中，也可以参照适用民事法律规范中关于民事合同的相关规定来处理和解决协议纠纷。由于行政协议与生俱来的双重属性，给案件审理带来了很大挑战。相较于民事诉讼，行政诉讼解决行政协议纠纷具有一定优势，也更有利于保障当事人的合法权益。第一，从两种诉讼的结构来看，行政诉讼坚持全面合法性审查原则，更有利于对当事人权益的全面保护，这种审查方式客观上比民事诉讼的保护更为周延。第二，由于行政协议双方法律地位存在明显不对等的情况，一些法律规定的行政职权内容被纳入协议当中，行政相对人不可避免处于相对弱势地位，而单纯的民事诉讼难以对行政职权进行监督。而在行政诉讼中，人民法院可以依据行政诉讼法的规定包括行政诉讼特有的举证责任分配原则对协议所涉行政职权事项进行全面合法性审查，以实现对行政职权的监督。第三，行政协议纠纷中往往交织行政许可、行政登记、土地征收补偿等多种行政行为，将其作为行政案件处理有助于发挥府院联动机制功效，促进争议的一揽子解决，从而实现争议的实质性化解，体现司法的能动与温度。

三、法律、行政法规或者我国缔结、参加的国际条约如果另有规定的，对于行政协议中约定的仲裁条款，人民法院不得确认该仲裁条款无效

国际条约是指国家与国家缔结的关于确立、变更或者终止他们之间权利义务关系的协议。两方国家签订的条约为双边条约，三方以上国家签订的条约为多边条约。一般来说，当本国法律与本国缔结或者参加的国际条约有不同规定时，应当适用国际条约，这是国际法的准则。因此，我国《民事诉讼法》第二百六十七条规定：“中华人民共和国缔结或者参加的国际条约同本法有不同规定的，适用该国际条约的规定，但中华人民共和国声明保留的条款除外。”根据该条规定，如果我国的民事诉讼法与我国缔结或者参加的国际条约的规定有不一致时，除了明确声明保留的条款之外，应当首先适用该国际条约的规定。同理，根据《行政诉讼法》第一百零一条的规定，行政诉讼法没有规定的，可以适用民事诉讼法的相关规定。因此，在行政协议案件中，如果我国缔结或者参加的国际条约中规定某类行政协议可以约定仲裁的，对于该类行政协议中当事人约定的仲裁条款，人民法院就不能确认该仲裁条款无效。另外，根据上位法与下位法以及一般法与特别法的关系原则，如果有相关法律、行政法规特别规定了某类行政协议可以约定仲裁条款的，则人民法院也不能确认该仲裁条款无效。

（作者单位：最高人民法院）

行政协议违约责任认定与计算的基本规则

章文英　李　昂

【裁判要旨】

行政协议当事人之间因协议履行发生争议的，协议相对人可能同时提出多个诉讼请求，但通常都会一并要求对方当事人承担违约责任。对此，人民法院应当首先按照合法性标准，主动对行政协议的效力进行审查。在确定行政协议具有效力的前提下，对有关违约责任承担的诉讼请求能否成立再作认定。在具体认定时，应当理顺违约责任、违约金、实际损失、利息等概念之间的关系，避免重复或遗漏计算。

【案情】

再审申请人（一审原告、二审被上诉人）：某县 BR 置业有限公司（以下简称 BR 公司）。

被申请人（一审被告、二审上诉人）：河南省某县人民政府（以下简称某县人民政府）。

被申请人（一审被告、二审上诉人）：河南省某县自然资源局（以下简称某县国土资源局）。

被申请人（一审被告、二审上诉人）：河南省某县产业集聚区管理委员会（以下简称某县产业集聚区管理委员会）。

2011 年 3 月 4 日，某县产业集聚区管理委员会和 BR 公司签订《挂牌成交确认书》，2011 年 3 月 11 日某县人民政府作出《关于对滑新地 2011-C2 号地块国有建设用地使用权出让的批复》滑政新土〔2011〕5 号。2011 年 3 月 9 日某县国土资源局与 BR 公司签订《国有土地使用权出让合同》。该《国有土地使用权出让合同》第三条约定："出让人出让给受让人的宗地位于新区南三环南侧、南四环北侧，宗地编号为滑新地2011-C2号，宗地面积大写贰拾贰万陆仟伍佰伍拾叁点叁叁平方米（小写226553.33平方米）。"第四条约定："本合同项下出让宗地的用途为商业、住宅用地。"第五条约定："出让人同意在2011年9月9日前将出让宗地交付给受让人，出让方同意在交付土地时该宗地应达到本条第（三）款规定的土地条件：（三）现状土地条件。"第六条约定："本合同项下的土地使用权出让年期为商业用地40年、住宅用地70年，自出让方向受让方实际交付土地之日起算，原划拨土地使用权补办出让手续的，出让年限自合同签订之日起算。"第七条约定："本合同项下宗地的土地使用权出让金为每平方米人民币大写叁佰叁拾元（小写￥330元）；总额为人民币大写柒仟肆佰柒拾陆万贰仟伍佰玖拾玖元（小写￥74762599元）。"第八条约定："本合同经双方签字后叁日内，受让人须向出让人缴付人民币大写壹仟肆佰玖拾伍万贰仟伍佰壹拾玖元（小写￥14952519元）作为履行合同的定金。定金抵作土地使用权出让金。"第九条约定："受让人同意按照本条第（一）款的规定向出让人支付上述土地使用权出让金。（一）本合同签订之日起十日内，一次性付清上述土地使用权出让金。"第十三条约定："受让人同意在2012年9月9日之前动工建设。不能按期开工建设的，应提前30日向出让人提出延建申请，但延建时间最长不得超过一年。"第二十条约定："受让人按照本合同约定已经支付全部土地使用权出让金，领取《国有土地使用权证》，取得出让土地使用权后，有权将本合同项下的全部或部分土地使用权转让、出租、抵押，但首次转让（包括出售、交换和赠与）剩余年限土地使用权时，应当经出让人认定符合下列第（一）款规定之条件：（一）按照本合同约定进行投资开发，完成开发投资总额的百分之二十五以上。"第二十九条约定："任何一方由于不可抗力造成部分或全部不能履行本合同不负责任，但应在条件允许下采取一切必要的补救措施以减少因不可抗力造成的损失。当事人迟延履行后发生不可抗力的，不能免除责任。"第三十条约定："遇有不可抗力的一方，应在48小时内将事件的情况以信件、电报、电传、传真等书面形式通知另一方，并且在事件发生后十五日内，向另一方提交合同不能履行或部分不能履行或需要延期履行理由的报告。"第三十一条约定："受让人按照本合同约定，按时支付土地使用权出让金。如果受让人不能按时支付土地使用权出让金的，自滞纳之日起，每日按迟延支付款项的 1‰向出让人缴纳滞纳金，延期付款超过 6 个月，出让人有权解除合同，收回土地，受让人无权要求返还定金，出让人并可请求受让人赔偿违约造成的其他损失。”第三十二条约定：“受让人按合同约定支付土地使用权出让金的，出让人必须按合同约定，按时提供出让土地。由于出让人未按时提供出让土地而致使受让人对本合同项下宗地占有延期的，每延期一日，出让人应当按受让人已经支付的土地使用权出让金的 1‰向受让人给付违约金。出让人延期交付土地超过 6 个月的，受让人有权解除合同，出让人应当双倍返还定金，并退还已经支付土地使用权出让金的其他部分，受让人并可请求出让人赔偿因违约造成的其他损失。”第三十四条约定：“出让人交付的土地未能达到合同约定的土地条件的，应视为违约。受让人有权要求出让人按照规定的条件履行义务，并且赔偿延误履行而给受让人造成的直接损失。”BR 公司分五个批次将《国有土地使用权出让合同》约定的土地出让金共计 7476.2599 万元缴纳至某县产业集聚区管理委员会财务科财政专户，分别为：2011 年 3 月 8 日缴纳 3500 万元，2011 年 3 月 16 日缴纳 975 万元，2011 年 5 月 8 日缴纳 700 万元，2011 年 5 月 13 日缴纳 300 万元，2011 年 5 月 25 日缴纳 2001.2599 万元。2011 年 5 月 25 日，BR 公司将挂牌交易代理服务费 37.3813 万元缴纳至某县产业集聚区管理委员会财务科财政专户。2011 年 8 月 4 日，BR 公司将 299.050396 万元契税缴纳至某县地方税务局。2011 年 8 月 9 日，某县人民政府向 BR 公司颁发了滑国用（新 2011）第 20 号国有土地使用证，该证载明毛地 339.83 亩，净地 292.14 亩。2012 年 1 月 11 日将《国有土地使用权出让合同》项下土地抵押给了新时代信托股份有限公司，贷款 7000 万元，贷款期限是 2012 年 1 月 16 日至 2014 年 1 月 16 日，到期后展期到 2016 年 3 月 7 日，截至 2016 年 9 月 28 日贷款已还清，土地已解押。2012 年 3 月 8 日，河南省人民政府作出《关于促进全省产业集聚区持续健康快速发展的若干意见》豫政〔2012〕34 号，该文件第一大项第（一）项规定：“严格规划实施。突出产业集聚区经济功能，按照发展规划、控制性详细规划和规划环评确定的功能布局、产业定位开发建设，防止随意变更位置、改变功能和盲目扩区，除合理配套的职工公寓、职工培训和必要的生产生活服务设施外，严禁在产业集聚区内进行房地产开发和新建大广场及其他属城市功能的大型公共服务设施，确保产业发展空间。”2012 年 11 月 20 日，某县产业集聚区管理委员会与 BR 公司签订《土地置换协议》，内容为：“甲方：某县新区管理委员会，乙方某县BR置业有限公司。乙方于2011年3月通过挂牌取得国有土地使用权一宗，面积339.83亩，用地性质为商业、住宅用地。因土地政策和县规划调整，乙方宗地位置需要调整。经双方协商，现就土地调整相关事宜达成以下协议：一、调整原因。调整原因主要有两个方面：其一，2012年3月省政府出台了关于促进全省产业集聚区持续健康快速发展的若干意见，意见中明确规定产业集聚区内不允许再建设商住项目；其二，2012年4月我县滑东新区正式启动，县城总体规划重新进行了调整，布局在滑东新区南侧的工业项目需要调整出去。二、原宗地情况。原宗地位于南三环南侧、南四环北侧、六号路东侧、七号路西侧，毛地面积339.83亩，价格为22万元/亩，共缴纳土地出让金7476.26万元，用地性质为商业、住宅。三、拟调整宗地情况。拟调整土地位于创业大道与滑州大道交会处的西南角，商业用地面积为67.08亩，出让价格为37万元/亩；住宅用地面积为237.25亩，出让价格为27万元/亩，土地应缴纳出让金8887.71万元。四、应补交出让金及税款。土地置换后，乙方应再缴纳土地出让金1411.45万元及契税。五、原占地的处置。本协议签订后，甲方收回乙方占地及国有土地使用证，将来用于安置其他工业项目，乙方不得以任何形式干涉。六、新置换地的使用。1. 在乙方将土地出让金及税款交清后，甲方负责给乙方办理国有土地使用证。本宗地将来如需完善挂牌手续，双方再协商而定。乙方必须按照该宗地的经济技术指标及配套设施开发建设，建设方案必须由甲方审批同意后方可动工实施，否则一律视为违章建筑。2. 不论今后经济形势、土地政策和社会条件（农民要求）如何变化，政府土地手续如何履行，本次新调整的土地，甲方对乙方不再调换位置，价格再上涨或变相上涨。3. 甲方负责1—2年内完成调换后土地上村庄的拆除和障碍物的清理，并保证土地的‘五通一平’（上水、下水、强电、弱电、道路通、地面平整）。七、附则。1. 本协议一式四份，甲乙双方各二份。2. 本协议未尽事宜，双方协商解决。”BR公司为开发《国有土地使用权出让合同》《土地置换协议》项下土地，前期投入相关费用633.419567万元，分别为：1. 2012年1月14日支付河南省城乡建筑设计院有限公司鹤壁分公司规划方案费10万元；2. 2012年6月7日支付郑州水清木华房地产顾问有限公司顾问服务费6万元；3. 2014年3月28日支付某县诚信工程咨询服务公司建设项目申请报告编制费1万元；4. 2014年5月27日、2014年6月6日支付河南易居房地产顾问有限公司咨询策划费35万元；5. 2014 年 5 月 28 日支付杭州雅克汉方建筑设计有限公司工程建筑设计费 80 万元；6. 2014 年 6 月 16 日支付郑州道兴路桥工程技术有限公司地形工程测量费 2 万元；7. 2014 年 6 月 18 日支付济南铭威检测技术有限公司检测费 3. 9 万元；8. 2014 年 7 月 17 日、7 月 21 日支付河南浩之森环保科技有限公司环境影响评价费（咨询费）23. 7 万元；9. 2014 年 10 月 23 日支付河南省地震工程勘察研究院地震安评费 3. 6 万元，2017 年 3 月 26 日河南省某县人民法院（2017）豫 0526 民初 946 号民事判决，判决 BR 公司向河南省地震工程勘察研究院支付 14. 4 万元，并承担案件受理费 0. 159 万元，已支出及必然支出的该项费用共计 18. 159 万元；10. 2014 年 12 月 12 日向河南省长河建筑工程有限责任公司支付围挡施工费 58. 8 万元；11. 2014 年 7 月 28 日向某县城关盛发广告企划部支付广告牌制作安装费、广告牌费 2. 99 万元；12. 2015 年 3 月 12 日向某县城关鑫鑫广告制作部支付围挡广告费 5. 102 万元；13. 2015 年 6 月 8 日向某县兴源测绘有限责任公司支付基础地质勘查测绘费 0. 2 万元；14. 2015 年 6 月 23 日向河南省城建规划勘测设计有限公司支付控制性详细规划费 1 万元；15. 2013 年至 2014 年支付安阳市恒通日化有限公司办公楼租金等 8. 5 万元；16. 2014 年 6 月 6 日向河南达发建筑装饰工程有限公司支付办公楼装饰费 7. 6108 万元；17. 2011 年 6 月至本案起诉前，BR 公司支付员工工资共计 205. 451657 万元；18. 2011 年 6 月至本案起诉前 BR 公司日常开支费用共计 164. 00611 万元。另查明：某县产业集聚区管理委员会系某县人民政府的派出机构，原名称为某县新区管理委员会，现某县产业集聚区管理委员会和某县新区管理委员会是一个机构，挂两块牌子。2014 年 6 月 10 日，BR 公司将《土地置换协议》约定的 1411. 45 万元土地出让金缴纳至某县产业集聚区管理委员会财务科财政专户。2014 年 9 月 26 日，BR 公司向某县产业集聚区管理委员会行政事业单位财务结算中心账户支付土地赔偿款 150 万元。BR 公司因拟置换土地一直未能交付使用问题曾以信访途径向有关部门反映，2017 年 9 月 19 日从某县产业集聚区管理委员会财务科财政专户向 BR 公司退回土地出让金 500 万元。

【审判】

一审法院认为：（一）关于 BR 公司主张解除《国有土地使用权出让合

同》和《土地置换协议》的诉讼请求。2011 年 3 月 9 日 BR 公司和某县国土资源局签订的编号为滑新地 2011-C2 号的《国有土地使用权出让合同》是双方的真实意思表示，合同内容符合法律规定，为合法有效合同，双方当事人均应按照合同的约定履行义务。BR 公司已于 2011 年 5 月 25 日前将《国有土地使用权出让合同》项下约定的土地出让金 7476.2599 万元缴纳完毕，《国有土地使用权出让合同》约定的土地交付时间是 2011 年 9 月 9 日前，但某县国土资源局未在 2011 年 9 月 9 日前向 BR 公司实际交付土地，某县国土资源局的行为已构成违约。《中华人民共和国合同法》第一百零七条规定："当事人一方不履行合同义务或者履行合同义务不符合约定的，应当承担继续履行、采取补救措施或者赔偿损失等违约责任。"在某县国土资源局对《国有土地使用权出让合同》违约的情况下，BR 公司和某县产业集聚区管理委员会于 2012 年 11 月 20 日签订《土地置换协议》，对《国有土地使用权出让合同》项下的土地位置调整原因、原宗地情况、拟置换宗地情况、应补缴土地出让金及税款和新置换土地的使用六个方面进行了约定，明确了新置换土地将来如需完善挂牌手续双方再协商而定，还明确了某县产业集聚区管理委员会于 1—2 年内完成调整后土地上村庄的拆除和障碍物的清理，并保证土地的"五通一平"等。该《土地置换协议》是在《国有土地使用权出让合同》违约情况下采取的一项补救措施，是为了弥补《国有土地使用权出让合同》履行中交付土地不能的缺陷，该项补救措施以《土地置换协议》为书面表现形式，是双方协商一致的真实意思表示。根据《中华人民共和国城市房地产管理法》第十二条第一款规定："土地使用权出让，由市、县人民政府有计划、有步骤地进行。出让的每幅地块、用途、年限和其他条件，由市、县人民政府土地管理部门会同城市规划、建设、房产管理部门共同拟定方案，按照国务院规定，报经有批准权的人民政府批准后，由市、县人民政府土地管理部门实施。"第十五条规定："土地使用权出让，应当签订书面出让合同。土地使用权出让合同由市、县人民政府土地管理部门与土地使用者签订。"土地出让合同是法律明确规定的要式合同，应当经有批准权的人民政府批准后，由土地管理部门和土地使用者签订，本案《土地置换协议》不是由土地管理部门和土地使用者签订，签订时未经批准程序，更未进行土地出让的招拍挂程序，《土地置换协议》不是法律意义上的《国有土地使用权出让合同》，不能产生将拟置换土地出让给 BR 公司的法律效力，不是对《国有土地使用权出让合同》的变更，也不能替代《国有土地使用权出让合同》而成为一个新的合同，实质上除 BR 公司缴纳了一部分出让金外，《土地置换协议》并未得到实际履行。另，《土地置换协议》中未对解除《国有土地使用权出让合同》作出约定，《土地置换协议》的签订不能当然地解除《国有土地使用权出让合同》。某县人民政府、某县国土资源局、某县产业集聚区管理委员会诉讼中称《土地置换协议》签订时《国有土地使用权出让合同》已经解除及《土地置换协议》已替代《国有土地使用权出让合同》没有事实根据和法律依据。《中华人民共和国城市房地产管理法》第十七条规定，市、县人民政府土地管理部门未按照出让合同约定提供出让的土地的，土地使用者有权解除合同。鉴于《国有土地使用权出让合同》约定的交付土地目的长期未能达到，违约行为一直在持续，对 BR 公司要求解除《国有土地使用权出让合同》的诉讼请求应予支持。《土地置换协议》这项补救措施是服务于《国有土地使用权出让合同》的，在双方约定的补救措施期限 1—2 年内也未达到置换土地的补救目的，即在 2014 年 11 月 20 日前《土地置换协议》未完成补救《国有土地使用权出让合同》的目的，《国有土地使用权出让合同》解除的情况下，《土地置换协议》作为一项补救措施也就失去了继续履行的意义，对《土地置换协议》应一并予以解除。

（二）关于 BR 公司主张返还土地出让金、挂牌交易代理服务费、土地赔偿款及相应利息的诉讼请求。1. 关于 BR 公司主张返还土地出让金及利息的诉讼请求。《中华人民共和国合同法》第九十七条规定："合同解除后，尚未履行的，终止履行；已经履行的，根据履行情况和合同性质，当事人可以要求恢复原状、采取其他补救措施，并有权要求赔偿损失。"《国有土地使用权出让合同》《土地置换协议》解除后，对 BR 公司已经缴纳的 8887. 7099 万元土地出让金，应当予以返还，但应当扣除某县产业集聚区管理委员会已经于 2017 年 9 月 19 日向 BR 公司退回的土地出让金 500 万元，应当返还 BR 公司土地出让金为 8387. 7099 万元。BR 公司缴纳的 8887. 7099 万元土地出让金作为资金被长期占用，资金占用期间的利息在本质上属于法定孳息，应当在返还土地出让金时一并予以返还。BR 公司请求返还 8887. 7099 万元土地出让金自缴纳之次日至实际履行之日按照中国人民银行同期同类贷款基准利率计算利息的诉讼请求应予支持。但对诉前某县产业集聚区管理委员会于 2017 年 9 月 19 日向 BR 公司退回土地出让金 500 万元的利息应计算至退回之日。根据

BR 公司的交款时间，每笔土地出让金利息的起止计算时间如下：3500 万元自 2011 年 3 月 9 日起算，975 万元自 2011 年 3 月 17 日起算，700 万元自 2011 年 5 月 9 日起算，300 万元自 2011 年 5 月 14 日起算，2001. 2599 万元自 2011 年 5 月 26 日起算，以上均计算至实际履行之日；1411. 45 万元从 2014 年 6 月 11 日起算（其中，500 万元自 2014 年 6 月 11 日起计算至 2017 年 9 月 19 日，911. 45 万元自 2014 年 6 月 11 日起计算至实际履行之日）。2. 关于 BR 公司主张返还挂牌交易代理服务费及利息的诉讼请求。挂牌交易代理服务费 37. 3813 万元是 2011 年 3 月 4 日挂牌成交确认书中确定的费用，BR 公司于《国有土地使用权出让合同》签订后的 2011 年 5 月 25 日将该费用缴纳至某县产业集聚区管理委员会财政专户。河南省发展计划委员会《关于规范全省地产交易中心服务收费标准的通知》豫计收费〔2001〕1667 号对地产交易中心收费有关问题作出了规定，该文件明确规定凡没有按照规定要求建立地产交易中心服务机构的不得收费。某县产业集聚区管理委员会不是地产交易中心，无权收取挂牌交易代理服务费，该项资金被占用至今，对该项资金及占用期间的利息应予返还。对 BR 公司要求返还挂牌交易代理服务费 37. 3813 万元及从 2011 年 5 月 26 日起按照中国人民银行同期同类贷款基准利率计算至实际履行之日利息的诉讼请求应予支持。3. 关于 BR 公司主张返还土地赔偿款及利息的诉讼请求。BR 公司于 2014 年 9 月 26 日向某县产业集聚区管理委员会缴纳土地赔偿款 150 万元，是为了解决拟置换土地的补偿问题，该款项应属于 BR 公司垫付的资金，不应由 BR 公司负担，对 BR 公司请求返还 150 万元土地赔偿款及利息的诉讼请求应予支持。利息计算方法为以 150 万元为基数，按照中国人民银行同期同类贷款基准利率计算，自 2014 年 9 月 27 日起计算至实际履行之日。

（三）关于 BR 公司主张支付违约金的诉讼请求。某县国土资源局未在《国有土地使用权出让合同》约定的 2011 年 9 月 9 日前向 BR 公司交付合同项下土地，已构成违约，《国有土地使用权出让合同》解除后，BR 公司有权按照《国有土地使用权出让合同》约定的违约金条款请求支付违约金。某县人民政府、某县国土资源局、某县产业集聚区管理委员会诉讼中称因 2012 年 3 月 8 日河南省人民政府下发《关于促进全省产业集聚区持续健康快速发展的若干意见》豫政〔2012〕34 号规定，全省产业集聚区用地政策调整发生不可抗力导致《国有土地使用权出让合同》履行不能，属于不可抗力无须承担违约责任。《国有土地使用权出让合同》第二十九条约定：“任何一方由于不可抗力造成部分或全部不能履行本合同不负责任，但应在条件允许下采取一切必要的补救措施以减少因不可抗力造成的损失。当事人迟延履行后发生不可抗力的，不能免除责任。”该项约定与《中华人民共和国合同法》第一百一十八条规定是一致的。某县人民政府、某县国土资源局、某县产业集聚区管理委员会所称的产业集聚区用地政策调整时间在《国有土地使用权出让合同》约定的土地交付时间之后，即使某县人民政府、某县国土资源局、某县产业集聚区管理委员会所称的产业集聚区政策调整属于不可抗力，因出现产业政策调整的时间是在某县国土资源局迟延履行交付土地之后，也不应免除责任，故某县人民政府、某县国土资源局、某县产业集聚区管理委员会答辩称无须承担违约责任不应当支付违约金的理由不能成立。违约金是按照当事人的约定或者法律直接规定，一方当事人违约时，应向另一方支付的金钱，既具有担保债务履行的功能，又具有惩罚违约人和补偿无过错一方当事人所受损失的功能。就本案而言，按照行政协议约定由违约方承担违约金，有助于保护当事人的合理预期，促进交易安全，更有助于促进诚信政府建设，在行政机关与行政管理相对人之间约定违约金的计算标准符合国务院文件规定的前提下，人民法院应当予以尊重和适用。《国务院办公厅关于规范国有土地使用权出让收支管理的通知》国办发〔2006〕100 号第七条规定“土地出让合同、征地协议等应约定对土地使用者不按时足额缴纳土地出让收入的，按日加收违约金额 1‰的违约金”。本案《国有土地使用权出让合同》第三十一条约定“如果受让人不能按时支付土地使用权出让金的，自滞纳之日起，每日按迟延支付款项的 1‰向出让人缴纳滞纳金”；第三十二条约定“由于出让人未按时提供出让土地而致使受让人对本合同项下宗地占有延期的，每延期一日，出让人应当按受让人已经支付的土地使用权出让金的 1‰向受让人给付违约金”。《国有土地使用权出让合同》第三十一条、第三十二条约定的日 1‰的违约金计算标准与《国务院办公厅关于规范国有土地使用权出让收支管理的通知》第七条规定的违约金标准是一致的，对合同出让人和受让人而言出现违约情形均受日 1‰的违约金标准调整，对合同双方是公平的。本案《国有土地使用权出让合同》签订时，合同双方均应当能够预见到不履行合同应当承担的违约金赔偿后果，并应当按约定履行义务。某县人民政府、某县国土资源局、某县产业集聚区管理委员会在本案调解中认为按照日 1‰计算违约金过高并提出要求调减违约金的意见，某县人民政府、某县国土资源局、某县产业集聚区管理委员会应对其主张的违约金过高承担举证责任，但某县人民政府、某县国土资源局、某县产业集聚区管理委员会未对此进行举证。本案 BR 公司作为行政管理的相对人一般处于弱势地位，多年来投入大量资金而未能取得土地进行开发经营，合同履行后的可得利益损失无法衡量，且 BR 公司在履行合同过程中并无过错，由 BR 公司对其所受损失承担举证责任对其是不公平的。某县人民政府、某县国土资源局、某县产业集聚区管理委员会作为行政管理者在行政管理过程中不遵守诚实信用原则和不积极履行职责的过错较为明显，且在调解中提出同意继续交付《国有土地使用权出让合同》项下土地的意见，对土地的现有价值也应作为处理本案的考虑因素。综合本案案情，根据公平原则和诚实信用原则，对某县人民政府、某县国土资源局、某县产业集聚区管理委员会要求调减违约金的主张不予支持。BR 公司为履行《国有土地使用权出让合同》缴纳土地出让金 7476. 2599 万元，该合同解除后，违约金应当以土地出让金 7476. 2599 万元为基数，按照日 1‰标准，自 2011 年 9 月 10 日起计算至判决生效之日。2012 年 11 月 20 日签订的《土地置换协议》作为《国有土地使用权出让合同》的补救措施，BR 公司基于对行政机关的信赖，按照约定缴纳了土地出让金 1411. 45 万元，但在约定的 1—2 年期限内未能达到补救目的，在《土地置换协议》这项补救措施解除不再履行后，应当适用《国有土地使用权出让合同》约定的日 1‰违约金标准，以 1411. 45 万元为基数，自 2014 年 11 月 21 日起计算至判决生效之日。对 BR 公司要求支付违约金的诉讼请求予以支持。

（四）关于 BR 公司主张赔偿损失的诉讼请求。BR 公司诉请赔偿损失共计 1075. 36456 万元，包括：契税 299. 050396 万元、员工工资 205. 451657 万元、日常开支 164. 00611 万元、规划方案费 10 万元、营销策划费 6 万元、项目申请报告编制费 1 万元、前期策划费 40 万元、工程建筑设计费 200 万元、地形测量费 2 万元、工程检测费 3. 9 万元、环境影响性评价费用 23. 7 万元、地震安全性评价费用 18. 159 万元、围挡施工费 58. 8 万元、景观设计费 1 万元、广告牌制作安装费 2. 99 万元、围挡广告费 5. 102 万元、基础地质勘察测绘费 0. 2 万元、控制性详细规划费 1 万元、岩土工程勘察费 16. 6746 万元、办公楼租金 8. 72 万元、办公楼装修费用 7. 6108 万元。契税是由税务机关在不动产产权发生转移时，就当事人所签订契约按产权转移的价值对产权承受人征收的一次性税收，在签订契约当日即发生。就本案而言，契税在 2011 年

3 月 9 日签订《国有土地使用权出让合同》当日发生，契税的发生与《国有土地使用权出让合同》签订后履约过程中的违约迟延交地无因果关系，且契税是由税务机关依法进行征收的，是否应当由税务机关退回，BR 公司可待《国有土地使用权出让合同》解除后向收取契税的税务机关反映解决，对 BR 公司主张赔偿契税损失 299.050396 万元的诉讼请求不予支持。我国民事法律规范并不排除同时适用支付违约金和赔偿损失的民事责任，但综合本案案情，按照土地出让金日 1‰的违约金标准计算的违约金应当已经能够体现出违约金的弥补损失和惩罚功能。BR 公司主张赔偿损失 1075.36456 万元中除契税 299.050396 万元外，剩余 776.314164 万元按照 BR 公司已缴纳土地出让金日 1‰的违约金标准计算的违约金数额中应当已经涵盖但不限于 BR 公司本案举证证明的实际损失，还应包括 BR 公司本案中未举证证明的合同履行后的可得利益及其他损失，故对 BR 公司要求赔偿 776.314164 万元损失的诉讼请求不应再予以支持。

（五）关于某县人民政府、某县国土资源局、某县产业集聚区管理委员会是否应当对 BR 公司各项损失承担连带责任的问题。《国有土地使用权出让合同》的签订主体是某县国土资源局和 BR 公司，合同签订前某县人民政府对宗地出让进行了批复，合同约定的土地出让金款项均缴纳至某县产业集聚区管理委员会的财政专户。《土地置换协议》的签订主体是某县产业集聚区管理委员会和 BR 公司，某县人民政府、某县国土资源局、某县产业集聚区管理委员会诉讼中称《土地置换协议》签订时某县人民政府、某县国土资源局、某县产业集聚区管理委员会都予以认可和同意，《土地置换协议》约定的补交土地出让金及土地赔偿款项均缴纳至某县产业集聚区管理委员会财政专户，且 2017 年 9 月 19 日返还 BR 公司土地出让金 500 万元，亦是由某县产业集聚区管理委员会财政专户支付。综合本案的情况，某县国土资源局是某县人民政府的工作部门，某县产业集聚区管理委员会系某县人民政府的派出机构，某县人民政府、某县国土资源局、某县产业集聚区管理委员会在本案《国有土地使用权出让合同》《土地置换协议》的签订、履行过程中均行使了相关职权，也相互认可各自的行为，BR 公司缴纳相关款项至某县产业集聚区管理委员会财政专户应当是经过某县人民政府、某县国土资源局同意的，导致本案《国有土地使用权出让合同》《土地置换协议》解除的后果是由某县人民政府、某县国土资源局、某县产业集聚区管理委员会共同造成的，故某县人民政府、某县国土资源局、某县产业集聚区管理委员会对本案应当向BR公司返还和支付的各类款项承担连带责任。综上，对本案《国有土地使用权出让合同》《土地置换协议》应予解除，对BR公司主张返还土地出让金、土地赔偿款、挂牌交易代理服务费及相应利息和支付违约金的诉讼请求应予支持，对BR公司的其他诉讼请求应予驳回。

人民法院审理行政协议案件，在适用行政法律规范的同时，可以适用不违反行政法和行政诉讼法强制性规定的民事法律规范。依照《中华人民共和国行政诉讼法》第七十八条第一款，《中华人民共和国合同法》第九十四条、第九十七条、第九十八条、第一百零七条、第一百一十三条第一款，《最高人民法院关于适用〈中华人民共和国合同法〉若干问题的解释（二）》第二十九条第一款的规定，遂判决：（一）解除2011年3月9日某县BR置业有限公司与某县国土资源局签订的《国有土地使用权出让合同》及2012年11月20日某县BR置业有限公司与某县产业集聚区管理委员会签订的《土地置换协议》；（二）某县人民政府、某县国土资源局、某县产业集聚区管理委员会于本判决生效之日起三十日内共同向BR公司返还：1. 土地出让金8387.7099万元及8887.7099万元按照中国人民银行同期同类贷款基准利率计算的利息（以3500万元为基数自2011年3月9日起算，以975万元为基数自2011年3月17日起算，以700万元为基数自2011年5月9日起算，以300万元为基数自2011年5月14日起算，以2001.2599万元为基数自2011年5月26日起算，均计算至实际履行日止；以500万元为基数自2014年6月11日起算计算至2017年9月19日，以911.45万元为基数自2014年6月11日起算计算至实际履行日止）；2. 挂牌交易代理服务费37.3813万元及按照中国人民银行同期同类贷款基准利率计算的利息（以37.3813万元为基数，自2011年5月26日起计算至实际履行日止）；3. 土地赔偿款150万元及按照中国人民银行同期同类贷款基准利率计算的利息（以150万元为基数，自2014年9月27日起计算至实际履行日止）；（三）某县人民政府、某县国土资源局、某县产业集聚区管理委员会于本判决生效之日起三十日内共同向BR公司支付违约金（其中，以土地出让金7476.2599万元为基数，按照日1‰标准，自2011年9月10日起计算至本判决生效日止；以土地出让金1411.45万元为基数，按照日1‰标准，自2014年11月21日起计算至本判决生效日止）；（四）驳回BR公司的其他诉讼请求。如未按本判决指定的期限履行给付金钱义务，应当依照《中华人民共和国民事诉讼法》第二百五十三条之规定，加倍支付迟延履行期间的债务利息。案件受理费 155.5502 万元，由 BR 公司负担 8.0886 万元，由某县人民政府、某县国土资源局、某县产业集聚区管理委员会共同负担 147.4616 万元。

某县人民政府、某县国土资源局、某县产业集聚区管理委员会不服一审判决，向二审法院上诉称：(一)《土地置换协议》签订后政府履行了拆迁义务，并为此支付巨额的拆迁补偿款。一审法院就《土地置换协议》的履行认定为仅由被上诉人补交土地出让金 1411.45 万元与事实完全不符，三上诉人为履行该协议，投入了大量的人力、物力，具备挂牌出让条件。（二）被上诉人在履行《土地置换协议》中就是否继续履行态度反复、犹豫，导致拆迁工作停滞，后期交地延误非因三上诉人单方原因造成。（三）《土地置换协议》中对《国有土地使用权出让合同》的解除有明确约定，特别是协议第五条“原占地的处置”中约定：“本协议签订后，甲方收回乙方占地及国有土地使用权证，将用于安置其他工业项目，乙方不得以任何形式干涉。”以上内容，是解除原《国有土地使用权出让合同》的明确约定。（四）一审法院依据原《国有土地使用权出让合同》判令三上诉人按照日 1‰标准及该合同约定的交地时间作为起算日计算并支付违约金属于认定事实错误、适用法律错误。即使《土地置换协议》不能替代原《国有土地使用权出让合同》，至少《土地置换协议》是《国有土地使用权出让合同》的变更，《土地置换协议》约定的交地时间为两年，即 2014 年 11 月 20 日前交地，原《国有土地使用权出让合同》约定 2011 年 9 月 9 日前交付土地的时间已经予以变更，该内容是双方协商一致的结果，一审法院以原合同约定的交地时间作为违约金的起算时间无事实依据。（五）一审法院既判决支持违约金，又判决按银行同期贷款利率支付利息，适用法律错误。被上诉人请求解除《国有土地使用权出让合同》及《土地置换协议》的时间是 2017 年 6 月 9 日，法院判决两合同解除的时间是 2018 年 8 月 21 日，在此之前，上诉人基于合同对土地出让金的占用是合法的，一审法院以法定孳息判决自交付之日支付利息与事实不符，与法律相背。一审法院认定被上诉人“2012 年 1 月 11 日将《国有土地使用权出让合同》项下土地抵押给了新时代信托股份有限公司，贷款 7000 万元，贷款期限是 2012 年 1 月 16 日至 2014 年 1 月 16 日，到期后展期到 2016 年 3 月 7 日，截至 2016 年 9 月 28 日贷款已还清，土地已解押”。以上事实是被上诉人对原土地使用权的占有使用情况，一审法院仅关注到了上诉人对土地出让金的占用，却对被上诉人对土地使用权的占有使用情况未作任何的评价，显失公平。（六）省政府对产业集聚区用地政策的调整对本案原土地使用权的交付产生了实质影响。单从时间看，豫政〔2012〕34号文件下发时间晚于约定的原土地交付时间，但产业集聚区土地在文件下发前已处于冻结状态，已经实质影响了《国有土地使用权出让合同》的履行。事实上，本案更不属于因土地涨价而导致的出让方恶意违约，而是一直愿意交付土地，在一审调解中拿出了足够的诚意愿意继续履行交地的义务，一审法院以惩罚性的违约责任条款适用于本案是不适当的。（七）一审法院对上诉人要求调减违约金的意见以“未对此进行举证”为由不予支持的观点与现行法律相背。被上诉人《行政起诉状》“诉讼请求”第四项为“请判决三被告赔偿原告前期开发损失1075.36456万元”，第三项为“请判决三被告向原告支付违约金（其中7476.2599万元为基数，按每日1‰，从2011年9月10日计算至判决生效之日止；以1411.45万元为基数，按每日1‰，从2014年11月21日计算至判决生效之日，暂计算至2017年5月31日为17028.3645万元）”，从被上诉人在行政起诉状中请求的违约金与实际损失相比，违约金是实际损失的16倍。而按照《最高人民法院关于适用〈中华人民共和国合同法〉若干问题的解释（二）》第二十九条第二款的规定，当事人约定的违约金超过造成损失的百分之三十的，一般可以认定为合同法第一百一十四条第二款规定的“过分高于造成的损失”。另，参照《最高人民法院关于审理民间借贷案件适用法律若干问题的规定》第二十六条规定，借贷双方约定的利率超过年利率24%不予支持的规定，一审法院适用已解除的《国有土地使用权出让合同》的约定适用日1‰的标准判决支付违约金，同时判决土地出让金自支付之日起按银行同期贷款利率支付利息，不但无事实依据，而且与法律规定的违约金判定原则明显相悖，即使考虑土地出让金的上涨因素以及被上诉人的开发预期收益，被上诉人获取的利润也不可能达到一审法院判决的违约金及利息金额。（八）某县人民政府不是《国有土地使用权出让合同》的签订方，不是《土地置换协议》的签订方，法院判决某县人民政府承担责任无事实依据、无法律依据。综上，请求：1. 撤销一审判决第二项关于三上诉人于判决生效之日起三十日内共同向被上诉人按照银行同期贷款利率支付8887.7099万元自支付之日起的利息，改判为自判决生效之日起按银行同期贷款利率支付利息的诉讼请求。2. 撤销一审判决第三项关于三上诉人于判决生效之日起共同向被上诉人支付违约金的判决内容，改判驳回被上诉人关于支付违约金的诉讼请求。

二审法院认为：（一）关于《国有土地使用权出让合同》与《土地置换协议》的关系。1.《土地置换协议》开宗明义指出："乙方于2011年3月通过挂牌取得国有土地使用权一宗，面积339.83亩，用地性质为商业、住宅用地。因土地政策和县规划调整，乙方宗地位置需要调整。经双方协商，现就土地调整相关事宜达成以下协议。"《土地置换协议》第四条明确载明"应补交出让金及契税。土地置换后，乙方应再缴纳土地出让金1411.45万元及契税"。以上内容均表明，《国有土地使用权出让合同》和《土地置换协议》之间具有直接的关联性，不结合《国有土地使用权出让合同》，不可能产生、也不可能实现《土地置换协议》。2. 从双方签订《土地置换协议》的真实目的看，由于出现了政策性障碍，《国有土地使用权出让合同》履行不能，双方经协商，对《国有土地使用权出让合同》内容进行部分变更，双方的真实意思是为了解决《国有土地使用权出让合同》的履行不能问题。《土地置换协议》仅仅替代了《国有土地使用权出让合同》的一部分，而不是对《国有土地使用权出让合同》的完全替代。3. 如果为解决履行不能问题而签订的《土地置换协议》完全替代了《国有土地使用权出让合同》，不仅没有达到解决履行不能问题的目的，反而让其中一方因此不再承担违约责任，显然违背当事人的基本预期。综上，《土地置换协议》的签订并不导致《国有土地使用权出让合同》的直接解除，《土地置换协议》是对《国有土地使用权出让合同》内容的部分变更，《国有土地使用权出让合同》中约定的违约金条款依然有效。

（二）关于《土地置换协议》的效力问题。根据《中华人民共和国城市房地产管理法》第十二条第一款规定："土地使用权出让，由市、县人民政府有计划、有步骤地进行。出让的每幅地块、用途、年限和其他条件，由市、县人民政府土地管理部门会同城市规划、建设、房产管理部门共同拟订方案，按照国务院规定，报经有批准权的人民政府批准后，由市、县人民政府土地管理部门实施。"第十五条规定："土地使用权出让，应当签订书面出让合同。土地使用权出让合同由市、县人民政府土地管理部门与土地使用者签订。"《中华人民共和国城镇国有土地使用权出让和转让暂行条例》第十一条规定："土地使用权出让合同应当按照平等、自愿、有偿的原则，由市、县人民政府土地管理部门与土地使用者签订。"《最高人民法院关于审理涉及国有土地使用权合同纠纷案件适用法律问题的解释》第二条第一款规定："开发区管理委员会作为出让方与受让方订立的土地使用权出让合同，应当认定无效。"《中华人民共和国物权法》第一百三十七条第二款规定："工业、商业、旅游、娱乐和商品住宅等经营性用地以及同一土地有两个以上意向用地者的，应当采取招标、拍卖等公开竞价的方式出让。"《招标拍卖挂牌出让国有建设用地使用权规定》第四条第一款规定："工业、商业、旅游、娱乐和商品住宅等经营性用地以及同一宗地有两个以上意向用地者的，应当以招标、拍卖或者挂牌方式出让。"从以上规定可以看出，土地出让合同是法律明确规定的要式合同，应当经有批准权的人民政府批准后，由土地管理部门与土地使用者签订，经营性用地应当以招标、拍卖或者挂牌方式出让。从内容上看，本案《土地置换协议》明确约定了置换土地的地块、位置、价格等，实际上是土地出让合同的内容；从主体上看，协议一方某县产业集聚区管理委员会不是法定的土地出让主体；从程序上看，置换地出让没有经过法定的招标、拍卖或者挂牌程序。综上，本院认为，本案《土地置换协议》无效。

（三）关于日1‰违约金标准是否需要调减的问题。1. 本案《国有土地使用权出让合同》第三十一条、第三十二条对双方平等约定了日1‰的违约金（滞纳金）标准。第三十一条约定："受让人按照本合同约定，按时支付土地使用权出让金。如果受让人不能按时支付土地使用权出让金的，自滞纳之日起，每日按迟延支付款项的1‰向出让人缴纳滞纳金。"第三十二条约定："受让人按合同约定支付土地使用权出让金的，出让人必须按合同约定，按时提供出让土地。由于出让人未按时提供出让土地而致使受让人对本合同项下宗地占有延期的，每延期一日，出让人应当按受让人已经支付的土地使用权出让金的1‰向受让人给付违约金。"2. 《国务院办公厅关于规范国有土地使用权出让收支管理的通知》国办发〔2006〕100号第七条规定："……土地出让合同、征地协议等应约定对土地使用者不按时足额缴纳土地出让收入的，按日加收违约金额1‰的违约金……"该规定体现了国家维护国有土地交易市场正常秩序的意志，虽然该规定是约束土地使用者的，但基于公平原则，本院认为本案可以参考适用，双方合同明确约定日1‰违约金标准应当被遵循。3. 关于约定的违约金是否过分高于损失。《中华人民共和国合同法》第一百一十三条规定："当事人一方不履行合同义务或者履行合同义务不符合约定，给对方造成损失的，损失赔偿额应当相当于因违约所造成的损失，包括合同履行后可以获得的利益，但不得超过违反合同一方订立合同时预见到或者应当预见到的因违反合同可能造成的损失。”第一百一十四条第二款规定：“……约定的违约金过分高于造成的损失的，当事人可以请求人民法院或者仲裁机构予以适当减少。”《最高人民法院关于适用〈中华人民共和国合同法〉若干问题的解释（二）》第二十九条第二款规定：“当事人约定的违约金超过造成损失的百分之三十的，一般可以认定为合同法第一百一十四条第二款规定的‘过分高于造成的损失’。”本院认为，上诉人直接以被上诉人主张的前期开发费用为基数与违约金比较，认为日1‰违约金标准过高应予调减的上诉理由不能成立。综合考虑BR公司的前期开发费用投入损失、土地增值收益损失、融资贷款利息损失等，本院认为，日1‰的违约金标准并非过分高于因上诉人违反合同对BR公司造成的损失。4. 本院遵循合同法的诚实信用原则和行政法的信赖保护原则，从保护行政相对人信赖利益、保护民营企业合法权益，以及督促政府遵守诚信原则、为社会作诚信表率的角度考虑，对日1‰违约金标准不予调减。综上，本院认为，日1‰违约金标准不需要调减。

（四）关于违约金的起算点和截止点。1. 对于计算违约金的起算点，本院认为，2011年8月9日，某县人民政府向BR公司颁发了滑国用（新2011）第20号国有土地使用证，该证载明毛地339.83亩，净地292.14亩；2012年1月11日BR公司将《国有土地使用权出让合同》项下土地抵押给了新时代信托股份有限公司，贷款7000万元。由于2012年3月8日省政府《关于促进全省产业集聚区持续健康快速发展的若干意见》的出台，致使该土地无法继续开发使用。因此，本案三上诉人违约的时间，应当是从有客观情况导致BR公司不能按照原土地出让合同约定的使用方式使用土地的时候开始。也即，本案违约金的起算点为2012年3月8日。2. 对于计算违约金的截止点，BR公司诉讼请求中对于违约金的截止时间要求至“判决生效之日”，本院予以支持。

（五）关于违约金与土地出让金利息能否同时支持的问题。1. 以原地块土地出让金7476.2599万元为基数部分，本院支持BR公司关于违约金的诉讼请求，不再支持其按照中国人民银行同期同类贷款基准利率返还利息的诉讼请求。其一，7476.2599万元土地出让金利息的损失，实际上也是因违约造成损失的一部分，无论判违约金还是判利息，都是对违约损失的赔偿，且本案违约金也是以土地出让金本金为基数计算的，双方约定日1‰违约金的标准已经具有督促守约和惩罚违约的功能。其二，本案从《国有土地使用权出让合同》签订至今，历时已 8 年有余，其间，双方对于无效《土地置换协议》的签订均有过错，均应当承担相应责任。同时，本案《国有土地使用权出让合同》第三十二条约定："出让人延期交付土地超过 6 个月的，受让人有权解除合同……" 即便按照 2012 年 11 月 20 日双方签订的《土地置换协议》中"甲方负责 1—2 年内完成调换后土地上村庄的拆除和障碍物的清理"，并保证土地的"五通一平"的约定，至 2015 年 5 月 20 日，BR 公司也已享有合同的单方解除权。但至 2017 年 6 月 22 日，BR 公司才起诉要求解除合同。加上案件进入诉讼程序之后，一、二审法院也在尊重双方当事人意思自治的基础上组织双方进行了多次调解，虽然都是为了实质性化解争议而努力，但双方终因种种原因未能达成一致意见，而这些随着时间的推移，都在客观上造成了日 1‰违约金日复一日地叠加和累积。《中华人民共和国合同法》第一百一十九条第一款明确规定："当事人一方违约后，对方应当采取适当措施防止损失的扩大；没有采取适当措施致使损失扩大的，不得就扩大的损失要求赔偿。"按照该减损规则，结合双方签订无效协议的过错、诉讼时间成本等因素，本院认为，对于时至今日造成的巨额损失，单方面完全由一方全部承担是不适当的。综上，本院在支持 BR 公司关于日 1‰违约金诉讼请求的基础上，决定对于以 7476.2599 万元土地出让金为基数部分，不再支持其按照中国人民银行同期同类贷款基准利率返还利息损失的诉讼请求。2. 为置换地补交的 1411.45 万元土地出让金部分，本院不支持 BR 公司关于违约金的诉讼请求，但支持其按照中国人民银行同期同类贷款基准利率返还利息的诉讼请求。其一，《中华人民共和国合同法》第五十六条规定："无效的合同或者被撤销的合同自始没有法律约束力……" 本案《土地置换协议》自始无效，BR 公司为置换第二个土地补交的 1411.45 万元土地出让金部分，本院不支持其关于违约金的诉讼请求。其二，《中华人民共和国合同法》第五十八条规定："合同无效或者被撤销后，因该合同取得的财产，应当予以返还；不能返还或者没有必要返还的，应当折价补偿。有过错的一方应当赔偿对方因此所受到的损失，双方都有过错的，应当各自承担相应的责任。"本院认为，因《土地置换协议》无效，BR 公司补交的 1411.45 万元应当予以返还，上诉人占有 1411.45 万元期间的利息本质上属于法定孳息，应当在返还本金时一并予以返还。（六）关于违约责任主体的确认问题。某县国土资源局是某县人民政府的工作部门，某县产业集聚区管理委员会系某县人民政府的派出机构，某县人民政府、某县国土资源局、某县产业集聚区管理委员会在本案《国有土地使用权出让合同》《土地置换协议》的签订、履行过程中均行使了相关职权，也相互认可各自的行为，三上诉人应共同承担违约责任。

综上，依照《中华人民共和国行政诉讼法》第八十九条第一款第（一）项、第（二）项，《中华人民共和国合同法》第五十六条、第五十八条、第九十四条、第九十七条、第九十八条、第一百零七条、第一百一十九条第一款，《最高人民法院关于适用〈中华人民共和国合同法〉若干问题的解释（二）》第二十九条第一款之规定，经本院审判委员会讨论决定，判决如下：一、维持濮阳市中级人民法院（2017）豫09行初264号行政判决第一项中关于解除2011年3月9日BR公司与某县国土资源局签订的《国有土地使用权出让合同》的部分；二、维持濮阳市中级人民法院（2017）豫09行初264号行政判决第四项；三、撤销濮阳市中级人民法院（2017）豫09行初264号行政判决第一项中关于解除2012年11月20日BR公司与某县产业集聚区管理委员会签订的《土地置换协议》的部分；四、确认2012年11月20日BR公司与某县产业集聚区管理委员会签订的《土地置换协议》无效；五、变更濮阳市中级人民法院（2017）豫09行初264号行政判决第二项为：上诉人某县人民政府、某县国土资源局、某县产业集聚区管理委员会于本判决生效之日起三十日内共同向被上诉人BR公司返还：1. 土地出让金8387.7099万元；2. 1411.45万元按照中国人民银行同期同类贷款基准利率计算的利息（以500万元为基数自2014年6月11日起算计算至2017年9月19日，以911.45万元为基数自2014年6月11日起算计算至实际履行日止）；3. 挂牌交易代理服务费37.3813万元及按照中国人民银行同期同类贷款基准利率计算的利息（以37.3813万元为基数，自2011年5月26日起计算至实际履行日止）；4. 土地赔偿款150万元及按照中国人民银行同期同类贷款基准利率计算的利息（以150万元为基数，自2014年9月27日起计算至实际履行日止）；六、变更濮阳市中级人民法院（2017）豫09行初264号行政判决第三项为：上诉人某县人民政府、某县国土资源局、某县产业集聚区管理委员会于本判决生效之日起三十日内共同向被上诉人BR公司支付违约金（以土地出让金7476.2599万元为基数，按照日1‰标准，自2012年3月8日起计算至本判决生效日止）。如未按本判决指定的期限履行给付金钱义务，应当依照《中华人民共和国民事诉讼法》第二百五十三条之规定，加倍支付迟延履行期间的债务利息。一审案件受理费 155.5502 万元，由上诉人某县人民政府、某县国土资源局、某县产业集聚区管理委员会共同负担 128.3748 万元，由被上诉人 BR 公司负担 27.1754 万元。二审案件受理费 122.7864 万元，由上诉人某县人民政府、某县国土资源局、某县产业集聚区管理委员会共同负担 101.3350 万元，由被上诉人 BR 公司负担 21.4514 万元。本判决为终审判决。

BR 公司不服二审判决，遂向最高人民法院申请再审。最高人民法院经审查后，裁定驳回再审申请。

【评析】

本案属于行政协议诉讼中法律关系相对复杂的一类案件，行政协议当事人之间存在多个行政法律关系，纠纷时间持续较长、分歧较大，所涉事项较多、金额较大。对于此类案件，人民法院应当按照行政协议案件的合法性与合意性要求，整体上理顺协议当事人之间的法律关系，在此基础上对照具体诉讼请求作出认定，避免陷入双方当事人之间繁杂的诉辩意见中。

一、行政协议的效力审查

行政协议的效力状态，直接影响协议当事人之间的法律关系以及相关主张能否成立。因此，行政协议当事人因协议订立、履行等发生争议后，无论当事人是否对行政协议的效力提出主张，人民法院均应当对行政协议是否具有效力依法进行审查并作出认定。行政协议的效力状态主要有未生效、有效、无效、效力已解除等情形，不同的效力状态决定当事人可以提出的诉讼请求类型。以协议相对人请求解除行政协议并追究违约责任为例，该诉讼请求的成立，必须建立在行政协议已生效且具有效力的前提之上。对于行政协议无效的，其法律效果等同于协议当事人之间的法律关系回归至未订立行政协议之前的状态，不存在协议解除以及追究违约责任的可能，人民法院应当认定协议当事人现有的法律关系以及各自履行的义务，根据双方当事人对协议无效以及相关行为的过错情况，判令相关当事人采取相应措施或承担相应责任，以恢复至协议未订立之前的状态。就本案而言，协议相对人就土地出让合同以及土地置换协议分别提出相应的诉讼请求，一、二审法院对土地置换协议的效力认定结论不同，二者对协议相对人诉讼请求是否予以支持的情况自然也有所不同。

关于行政协议效力的审查，应当严格遵循合法性审查原则，从程序要求与实体要求两个方面进行审查。从行政行为角度出发，不具有合法性的行政行为，除程序轻微违法且对协议相对人权利不产生实际影响或否定协议效力将会给国家利益、社会公共利益造成重大损害等法定情形外，其效力通常都应当予以否定。形式上，前述合法性判断标准与民事合同违法而被认定无效的标准有所区别，后者的标准为违反强制性法律规范中的效力性规定，而在实践中对何为效力性规定仍存在较大分歧。关于法律行为的无效标准，无论是民事行为抑或行政行为，所蕴含的法律精神均应当是相同的，即该行为不属于法律保护的对象，依法不应当作出，即使作出也不应当发生效力。对于这类行为的认定，有较为直观的判断标准，主要表现为：违反相关法律规定、对协议当事人之外的其他合法权益造成损害。这里的合法权益包括特定主体如国家、集体或第三人等享有的合法权益，以及公共管理秩序等公序良俗。

以本案《土地置换协议》为例，该协议系在双方当事人难以继续履行涉案《土地出让合同》情形下所采取的补救措施，其目的在于替代涉案《土地出让合同》，其所约定的内容亦指向国有土地使用权的转让。因此，《土地置换协议》的性质为国有土地使用权的出让合同。根据我国法律规定，国有土地使用权出让合同的签订，应当符合法定条件、遵循法定程序，包括：经有批准权的人民政府批准，通过土地出让的招拍挂程序后，由土地管理部门和土地使用者签订。《土地置换协议》的签订，直接通过置换的方式将土地予以出让，未经法定的招拍挂程序，显然不符合法定要求，违反了法律的强制性规定。该协议的签订，若肯定其效力，将导致土地出让的法定程序被规避，损害国有土地出让管理秩序，对所涉土地具有获得意向的主体也因此丧失通过招拍挂程序参与公平竞争的权利。因此，《土地置换协议》属于无效协议。需要注意的是，关于涉案《土地出让合同》，尽管人民法院均未否定其效力，但该合同有关“毛地”出让的相关约定是否具有效力仍值得探讨。根据相关规定，我国国有土地出让应当“净地”出让，禁止“毛地”出让。通常而言，对于“净地”出让方式，协议相对人可以通过实际占有实现事实交付，以及颁发国有土地使用权证实现法律交付。由于存在部分“毛地”出让，导致事实交付与法律交付不对应的情形出现。也正因如此，导致《土地出让合同》的双方当事人对所涉“毛地”是否实际出让存在较大争议。因此，《土地出让合同》有关“毛地”出让约定的效力亦应当予以否定，才能将合同当事人之间的法律关系与相关法律规定有效对应。

二、协议效力否定后的法律后果

行政协议的解除以及确认行政协议无效，均属于否定行政协议效力的法定情形，但二者在适用条件及相应的法律后果等方面，行政协议因无效而不具有法律效力的，不存在协议解除问题，该协议则无须履行，也不存在追究违约责任问题。该协议已经履行的，协议当事人应当恢复协议订立之前的法律状态。以本案为例，《土地置换协议》属于无效协议，因该协议取得的财产，应当予以返还。有过错的一方应当赔偿对方因此所受到的损失，双方都有过错的，应当各自承担相应的责任。双方当事人均应知晓签订《土地置换协议》应当符合法定条件，因而对协议无效的后果均应承担相应的责任。相比而言，法律关系相对复杂的属于《土地出让合同》，人民法院最终认定该合同予以解除，并追究行政机关的违约责任。在作出前述结论时，应当理顺协议当事人之间的法律关系。本案中，协议相对人已经按照《土地出让合同》的约定履行相关义务即缴纳土地出让金，行政机关则应当按照合同约定履行交付土地使用权义务。所谓“交付”土地使用权，因土地属于不动产，其“交付”的方式与动产有所不同，最主要的方式为出让主体不再实际控制该不动产，且配合受让主体办理不动产转移登记，受让主体可以实际使用该不动产。行政机关并未实际控制《土地出让合同》中约定的土地使用权，且已配合协议相对人办理了国有土地使用权证，协议相对人在法律上可以实际使用该土地使用权，且实际上已以该土地使用权为标的物办理了相应抵押。因此，从形式上，行政机关已经履行了“交付”义务。关于交付的土地使用权标准，《土地出让合同》约定的标准为达到“现状土地条件”。行政机关将签订《土地出让合同》时的土地使用权交付给申请人即已达到约定的标准。但由于“现状土地条件”中存在部分“毛地”，并不符合国有土地使用权“净地”出让的法定要求，超出协议相对人按照法律规定对土地现状为“净地”的合理预期。行政机关未在约定的期限内交付“净地”，属于履行不符合《土地出让合同》约定的违约情形，应当承担继续履行、采取补救措施或者赔偿损失等违约责任。换言之，《土地出让合同》并未依法履行完毕，行政机关应当继续履行并就申请人的相关损失予以赔偿。但是，在协议履行过程中，河南省人民政府作出《关于促进全省产业集聚区持续健康快速发展的若干意见》（豫政〔2012〕34号）（以下简称河南省政府34号文），规定产业集聚区内不允许再建设商住项目。另外，某县滑东新区正式启动，某县县城总体规划重新进行了调整，布局在滑东新区南侧的工业项目需要调整出去，《土地出让合同》所涉地块已不能再按照其约定的用途进行使用。即使行政机关将所涉地块改造成“净地”交付给协议相对人，协议相对人亦无法按照其签订的《土地出让合同》使用该地块，即协议相对人的合同目的不能实现。而对于河南省政府34号文的作出以及某县县城总体规划的调整，协议当事人双方在签订《土地出让合同》时不能预见，且均必须予以遵守。因此，《土地出让合同》的目的因不可抗力的发生而不能实现。此时，存在两种协议关系：一是行政机关继续按照《土地出让合同》履行交付“净地”义务，协议相对人接收“净地”，此时合同履行完毕，协议相对人之间的权利义务关系终结。但协议相对人不能按照约定用途使用涉案地块，其需通过向禁止其使用涉案地块的主体提出主张以弥补其所受损失，即协议相对人需要通过后续较为复杂的程序才能救济其权益。二是协议当事人在已知《土地出让合同》目的无法实现情形下，可以主张解除该合同，不再继续履行。本案中，协议当事人签订《土地置换协议》，其目的就在于替换《土地出让合同》，即具有解除前述合同的共同意思表示。合同解除后，尚未履行的，终止履行。因此，行政机关因不可抗力发生后而未履行《土地出让合同》约定义务的，不属于违约情形，无须承担违约责任。但对不可抗力发生之前未履行义务的行为，则应承担违约责任。

三、违约责任认定与计算的规则

在确定协议一方当事人需要承担违约责任后，对方当事人可能提出多种违约责任计算方法。本案的协议当事人提出多种诉求，一、二审人民法院对部分事项的计算方法也不尽相同，而要准确认定违约责任，需要正确厘清违约责任与相关概念之间的关系，以及其所蕴含的法律精神。

1. 违约责任的界定

《中华人民共和国民法典》第五百七十七条规定：“当事人一方不履行合同义务或者履行合同义务不符合约定的，应当承担继续履行、采取补救措施或者赔偿损失等违约责任。”第五百七十八条规定：“当事人一方明确表示或者以自己的行为表明不履行合同义务的，对方可以在履行期限届满前请求其承担违约责任。”根据前述规定，违约责任主要是协议一方当事人具有协议义务，但其未履行或履行不符合约定或法定要求的。违约责任的承担，需建立在协议本身已经具有效力以及存在义务需要履行等基础之上。对于协议尚未生效或者无效的，则不存在协议约定的义务，也就没有违约责任。在实践中，应当注意区分违约责任的前提与后果。后者包括继续履行、采取补救措施或者赔偿损失等，具体应当根据协议的效力状况决定。如一方当事人构成根本违约，对方当事人要求解除协议的，则不存在继续履行，仅能要求采取补救措施或者赔偿损失。本案中，协议相对人主张解除协议，还要求对方当事人继续履行交付土地义务，则不能得到支持。

2. 违约责任与相关概念之间的关系

在违约责任的确定过程中，协议当事人之间可能事先约定多种计算方法，此时涉及多个不同概念，主要有定金、违约金、损害赔偿金、利息等。这些概念都可用以作为违约责任的计算方法，协议当事人之间可以提前约定其中一种抑或同时约定多种，还可以约定特定的计算方法。约定多种计算方法的，守约方可以且仅能选择其中一种。如同时约定定金与违约金，守约方可以且仅能选择其中一种。资金被违法占有所造成的利息损失，也属于实际损失的一种。若协议约定定金或其他违约责任计算方法的，则守约方不能同时主张定金与利息损失，若利息损失与其他损失之和过分高于定金的，守约方可以请求赔偿超过定金金额的损失。

无论采取何种计算方法，都不能跳脱出违约责任的法律精神，即违约责任在于弥补守约方因对方违约行为所造成的损失，这种损失包括合同履行后可以获得的利益。客观上，违约责任的计算方法与实际损失之间可能存在出入。对于出入过大的，当事人一方可以向人民法院提出请求，以实际损失为标准，对违约责任的计算进行适当调整。在计算实际损失时，首先要确定整体的计算规则，即守约方在协议正常履行时可以获得的利益减去守约方因违约行为而实际获得的利益，其中实际获得的利益情况可能是利益的减损，也可能是损失的扩大。利益的计算规则为实际收入减去成本。尚未发生的，还应当考虑正常的市场风险可能带来的影响。在确定前述计算规则之后，则应当对照具体事项逐一计算。以本案为例，《土地出让合同》在依法解除之前，行政机关依法承担违约责任，可以按照协议约定的违约责任计算方法确定，不再计算利息损失。在因不可抗力客观上不能履行而依法应当予以解除之时，此时不再适用违约责任的计算方法，而应当按照协议解除后的法律后果予以认定，如把占有的资金及时予以返还，未及时返还的，违法占有期间的利息属于实际损失的一部分。

3. 违约责任与行政法律责任的关系

行政协议具有行政性与协议性双重特征，行政机关未按照约定或法定要求履行协议义务的，也可以认定行政机关履行行政协议义务的行为广义上不具有合法性，此时协议相对人按照协议性要求，可以主张违约责任，按照合法性要求，可以主张行政赔偿责任。无论协议相对人如何选择，都有相应的法律依据。且违约责任与行政赔偿责任，所遵循的法律精神相同，均为弥补守约方的实际损失。行政赔偿的直接损失范围，也包含行政相对人尚未发生但必然遭受的损失。如被纳入征收范围的房屋价值赔偿，不再是以房屋本身单纯价值，而是以房屋被征收可获得的补偿利益作为计算标准。违约金过分高于实际损失的，同样可以依法进行调整。因此，违约责任与行政赔偿责任，在本质上应当逐步趋同。

需要注意的是，协议双方当事人之间属于平等关系，同等地适用违约责任计算的约定。但在确定具体责任时，应当区分违约责任与行政法律责任之间的区别，并遵守法定优先于约定原则。以本案为例，协议当事人约定因违约产生的损失赔偿额的计算方法为“应在 2011 年 9 月 9 日前交付土地，每延期一日，按受让人已支付出让金的 1‰向受让人给付违约金”。之所以确定前述标准，协议当事人采取的系对等原则，即《国务院办公厅关于规范国有土地使用权出让收支管理的通知》国办发〔2006〕100 号第七条规定“土地出让合同、征地协议等应约定对土地使用者不按时足额缴纳土地出让收入的，按日加收违约金额 1‰的违约金”。按照前述计算标准，每年的违约金将达到本金的 36.5%，属于相对过高情形。此时，按照约定责任情形，双方当事人原则上可以请求适当减少。按照法定责任情形，则应当予以遵守。因此，人民法院最终未对此进行调整。但值得研究的是，规范性文件属于行政法律责任追究依据的，其适用对象仅为协议相对人，行政主体可以依据该规范性文件对协议相对人作出处理，协议相对人因自身的行为不符合法律规定而承担行政法律责任。但就行政机关的违约行为而言，严格意义上并不能直接参考该规范性文件作出相对等的责任约定。

（作者单位：最高人民法院　湖北省武汉市新洲区人民法院）

国家赔偿方式的适用应遵循经济性原则

——尊重当事人选择与人民法院依法决定赔偿方式并不矛盾

谭星光

【裁判要旨】

国家赔偿由财政支付，赔偿方式的确定除了尊重当事人的意愿之外，其选择应贯彻经济性原则，避免无端消耗国家有限的财政，给公共利益造成不合比例的损害。是否恢复原状及返还原物，当事人的选择并不具有法定优先性，基于经济性原则，综合其他因素，人民法院有权决定适用特定的国家赔偿方式。

【案情】

上诉人（一审原告）：莫某。

被上诉人（一审被告）：宁波市北仑区综合行政执法局（以下简称北仑执法局）。

2018年10月某天，被上诉人北仑执法局工作人员夏某某会同其他人员将原告莫某停放在戚家山街道渡头村一场地内的轻型货车装运至宁波经济技术开发区达平土建工程队场地内；2018年11月5日，被上诉人北仑执法局工作人员陈某某出具印制有“戚家山街道行政执法中队”《违停提车单（提车联）》一份给上诉人莫某并同其一起前往该停车场，因该车辆被损坏，上诉人莫某未将其提走。被上诉人北仑执法局的拖车行为已经被北仑区法院（2019）浙0206行初5号判决书确认违法。

另查明，涉案车辆行驶证载明：车辆所有人莫某，车辆类型为轻型普通货车，使用性质为营转非，强制报废期为2025年11月24日。

【审判】

一审法院认为，本案的争议焦点为：一、原告莫某起诉是否符合法定起诉条件；二、被告北仑执法局是否应赔偿原告主张的损失。关于原告莫某起诉是否符合法定起诉条件的问题。被告北仑执法局主张其行政赔偿未经赔偿义务机关先行处理，故原告莫某的起诉不符合《最高人民法院关于审理行政赔偿案件若干问题的规定》第二十一条的规定形式要求。该院认为，《中华人民共和国国家赔偿法》（以下简称《国家赔偿法》）第九条第二款规定："赔偿请求人要求赔偿，应当先向赔偿义务机关提出，也可以在申请行政复议或者提起行政诉讼时一并提出。"根据上述规定，对于法律设置的提出赔偿的两种途径，赔偿请求人可以自行选择。原告莫某先提起要求确认北仑执法局行政强制行为违法的行政诉讼，之后又提起行政赔偿诉讼，这表明原告莫某未选择向行政机关直接提出赔偿请求的途径，而是选择人民法院解决其行政赔偿问题。此种情形应视为在提起行政诉讼时一并提出了行政赔偿诉讼请求，无须赔偿义务机关先行处理，故原告莫某有权提起本案诉讼。

关于被告北仑执法局应否赔偿原告莫某主张的损失问题。该院认为，本案被告北仑执法局对原告莫某的涉案车辆实施强制拖走的行为，已被该院（2019）浙0206行初5号判决书确认违法。根据《国家赔偿法》第二条第一款规定，国家机关和国家机关工作人员行使职权，有本法规定的侵犯公民、法人和其他组织合法权益的情形，造成损害的，受害人有依照本法取得国家赔偿的权利。第三十二条规定，国家赔偿以支付赔偿金为主要方式。能够返还财产或者恢复原状的，予以返还财产或者恢复原状。因涉案车辆被拖走后存在损坏的情形，故被告北仑执法局应当对该车辆损坏的部分负责修复，并返还给原告莫某。

关于原告莫某主张的涉案车辆被拖走期间，无法进行营运，要求被告北仑执法局赔偿经济损失40万元的诉请。该院认为，根据《国家赔偿法》第三十六条第（八）项的规定，对财产权造成其他损害的，按照直接损失给予赔偿。本案中，该涉案车辆为非营运车辆，原告莫某主张的"营运损失"不属于应当赔偿的直接损失范围，且原告莫某仅提供一份电话录音证据，未提供其他证据予以佐证，故对其该项诉请不予支持。考虑到原告莫某为本案多次到相关部门反映情况，给其造成一定的误工费及交通费损失，具体金额该院酌定 5000 元。关于原告莫某主张的精神损害赔偿以及要求公开道歉的诉请，鉴于本案不存在侵犯人身权的事实，不属于《国家赔偿法》第三十五条规定的应当支付精神损害抚慰金和赔礼道歉的情形，故该请求事项不成立。

综上，原告莫某的第二项、第三项、第四项诉讼请求没有事实根据和法律依据，该院不予支持。依照《国家赔偿法》第四条、第三十六条第（三）项，《最高人民法院关于审理行政赔偿案件若干问题的规定》第三十三条之规定，判决：一、被告北仑执法局于本判决发生法律效力之日起十日内对涉案轻型货车损坏部分予以修复，并返还给原告莫某；二、被告北仑执法局于本判决发生法律效力之日起十日内赔偿原告莫某损失 5000 元；三、驳回原告莫某的其他诉讼请求。

上诉人莫某上诉称，2018 年 10 月 11 日其将涉案车辆停在小港季景路旁边的一个停车场里面，同年 10 月 13 日晚上其去开车拉货时发现该车不见了。后打电话报警，得知该车是被戚家山街道行政执法中队拖走了。其遂找被上诉人协商，但后者未予理会。起诉到北仑法院之后，该院却不顾其遭受的损失，仅同情性的判决赔偿 5000 元，其不服，认为一审判决错误，请求二审法院依法撤销该判决，依法改判。

被上诉人北仑执法局未提供书面答辩意见，在询问中称一审判决正确，且目前车辆已经修好，但上诉人拒绝接收。请求驳回上诉，维持原判。

二审审理过程中，被上诉人在微法院上提供涉案车辆维修厂家的证明一份，修复后行驶的视频，拟同一审时提供的修理清单等一起证明涉案车辆已经完整修复。上诉人莫某质证认为因修理过程中车辆的大梁被切断重整过，因此车辆的安全性无法得到保障，其拒绝接收该车辆。本院对被上诉人的证据予以认定。为确认该车辆的实际价值及判断是否需要由专业鉴定机构对车辆大梁修复的安全性进行鉴定，本院依法委托了宁波子博机动车鉴定评估有限公司对涉案车辆进行了评估，经评估，涉案车辆的重置成本（新车）价格为 3. 58 万元，在 2018 年被被上诉人拖车时的价格为 6000 元。上诉人未提供新的证据。经审查，本院对一审认定的事实经过予以确认。

宁波市中级人民法院认为，根据《国家赔偿法》第九条第二款规定："赔偿请求人要求赔偿，应当先向赔偿义务机关提出，也可以在申请行政复议或者提起行政诉讼时一并提出”。因上诉人莫某先提起要求确认北仑执法局行政强制行为违法的行政诉讼，之后又提起行政赔偿诉讼，应视为在提起行政诉讼时一并提出了行政赔偿诉讼请求，其起诉符合相关法律规定。被上诉人北仑执法局关于莫某未向其先行申请赔偿而直接起诉不符合起诉条件的主张，没有法律依据，本院不予采信。

关于本案的赔偿，涉及车辆本身的损害赔偿和因为车辆被拖走后引发的其他损失。本院分别作出以下认定：

关于车辆本身的损害赔偿，《国家赔偿法》第三十二条规定，国家赔偿以支付赔偿金为主要方式。能够返还财产或者恢复原状的，予以返还财产或者恢复原状。因涉案车辆被拖走后存在损坏情形，一审判决后被上诉人北仑执法局对该车辆进行了修理，并主张其已经修复，根据其提供的汽车修理厂的证明及车辆开动的视频等证据，从一般生活经验来看，应认为车辆已经修复。上诉人质疑涉案车辆大梁修复的安全性，该问题需要专门经过专业机构的鉴定。经咨询，如果对涉案车辆大梁修复的安全性进行鉴定，所需要的费用为 2 万元以上。而涉案车辆本身的价值仅 6000 元，因此进行鉴定明显不符合经济性原则，也与国家赔偿法的精神相背离。故本院根据实际情况，不组织进行鉴定，而是提供两个赔偿方案供上诉人选择：其一，上诉人放弃车辆，由被上诉人按拖车时车辆的评估价格赔偿其人民币 6000 元，车辆归被上诉人所有；其二，车辆仍然归上诉人所有，由被上诉人另外补偿一部分钱给上诉人。经本院在微法院上向上诉人释明，其明确要求要车辆，并要求被上诉人继续修理车辆，直至其满意为止。本院认为，相对于被上诉人提供的涉案车辆由专业的修理厂出具的修复证明及可以行驶的视频等客观证据，上诉人主张的继续修理直至其满意为止这种非专业人员的纯主观判断无疑缺乏合理性。但鉴于对车辆大梁修复的安全性的专业鉴定因不符合经济性原则而未予完成，理论上还不能百分之一百排除可能存在安全隐患，而上诉人的选择存在不确定性，在此情况下，为彻底避免安全隐患，解决争议，本院认为应不返还车辆而由被上诉人按拖车时车辆的评估价格赔偿上诉人人民币 6000 元。

关于拖车导致的其他经济损失。上诉人主张按每天损失 1500 元，按 11 个月零 27 天计算，共计赔偿其经济损失人民币 40 万元，该主张实际上是指车辆的营运收入，根据《国家赔偿法》第三十六条第（八）项的规定，对财产权造成其他损害的，按照直接损失给予赔偿。该涉案车辆为非营运车辆，故上诉人主张的“营运损失”不属于法定的直接损失范围，即便存在上诉人主张的因车辆被拖走，其不得不租用车辆用来替代使用，但上诉人亦未举证证实相关实际损失存在。一审法院鉴于莫某多次到相关部门反映情况，客观上存在一定的误工费及交通费损失，综合本案实际情况酌情赔偿人民币 5000 元，经了解，按该院的本意此 5000 元的主要部分实为可能存在的租车费用，本院认为，总体金额确定并无不当。同时，根据《国家赔偿法》第三十五条规定，应当支付精神损害抚慰金和赔礼道歉的，仅限于侵犯人身权情形，而本案不存在此种情形，故一审判决不支持上诉人莫某主张的精神损害赔偿以及公开道歉的赔偿请求，并无不当。

综上，一审判决认定事实基本清楚，程序合法，但其判决结论因发生新的事实而应予以部分改变。上诉人的上诉理由不成立，本院不予支持。依照《中华人民共和国行政诉讼法》第八十九条第一款第（一）项、第（二）项的规定，判决如下：一、撤销宁波市北仑区人民法院作出的（2020）浙 0206 行初 72 号行政判决第一项，由被上诉人宁波市北仑区综合行政执法局按拖车时车辆的评估价格赔偿上诉人莫某人民币 6000 元，涉案车辆不再予以返还；二、维持宁波市北仑区人民法院作出的（2020）浙 0206 行初 72 号行政判决第二项。上述两项共由被上诉人宁波市北仑区综合行政执法局赔偿上诉人莫某人民币 11000 元。三、驳回上诉人莫某的其他诉讼请求。本案为赔偿案件，诉讼费用依法免收。一审法院收取受理费 50 元不当，应予退还，本院予以指正。车辆评估费用 2000 元，由被上诉人宁波市北仑区综合行政执法局负担。

【评析】

一、起诉确认行政行为违法胜诉之后，赔偿请求人是否还需要向赔偿义务机关申请赔偿之后才能提起行政赔偿诉讼

《国家赔偿法》第二条规定，国家机关和国家机关工作人员行使职权，有本法规定的侵犯公民、法人和其他组织合法权益的情形，造成损害的，受害人有依照本法取得国家赔偿的权利。第九条第二款规定，赔偿请求人要求赔偿，应当先向赔偿义务机关提出，也可以在申请行政复议或者提起行政诉讼时一并提出。赔偿请求人对于通过何种方式获得赔偿具有选择权，既可以选择由赔偿义务机关先行处理，也可以在申请行政复议或者提起行政诉讼时一并提出。赔偿请求人先提起行政诉讼，之后再提起行政赔偿诉讼，就是选择通过司法途径解决其赔偿问题。基于司法最终原则，人民法院对赔偿之诉应当依法受理并作出明确而具体的赔偿判决，保护赔偿请求人的合法权益，实质性解决行政争议。在当事人已经依照前述程序提出明确的赔偿请求，已经进入司法程序的情况下，人民法院不应再判决由赔偿义务机关先行作出赔偿决定，使赔偿争议又回到行政途径。人民法院直接判决赔偿更有利于公平、公正解决问题，避免行政机关对赔偿问题不予处理、拖延处理或者作出不合理的赔偿决定，最后当事人仍然需要通过司法裁判寻求救济，增加当事人的诉累。（2019）最高法行申 8133 号行政裁定书作出了上述认定，（2020）最高法行赔申 380 号行政裁定书则进一步认为，对于国家赔偿法规定的单独提起赔偿请求和提起行政诉讼时一并提出赔偿请求的两种途径，当事人可以自由选择，当事人先提起行政诉讼，之后又提起行政赔偿诉讼，表明其没有选择向行政机关直接提出赔偿请求的途径，而是选择由人民法院解决其行政赔偿问题。在这种情况下，如果要求当事人再向赔偿义务机关提出赔偿请求方可提起行政赔偿诉讼，实际上剥夺了当事人在赔偿程序上的选择权。我们认为，这符合行政赔偿的本意。而且，应该明确的是，对于主张应由赔偿义务机关先行处理的主张，其核心理由无非有两个，一是行政机关已与当事人充分接触，对赔偿事由、赔偿诉求、损失情况的掌握更加清楚，有利于迅速完成对当事人的赔偿，更有利于妥善解决实体赔偿问题。二是行政先行有利于两方协调解决纠纷，化解官民矛盾。相关主张并非没有道理，但实践中相反的情况也多有出现，即行政机关常拒绝赔偿，把先行处理赔偿当成博弈工具，从而有违规则设置初衷，不利于当事人迅速获得赔偿，就本案而言，实质上在确认拖车行为违法的前案诉讼之前，赔偿申请人已经与赔偿义务机关进行过多次交涉，进而通过确认拖车行为违法之后，行政机关也并没有及时与赔偿申请人协商主动进行赔偿，因此把行政先行处理视为一种选择而非必经途径，更有利于保障当事人的赔偿权利。

二、在可能恢复状、返还原物且当事人有此意愿的情况下，人民法院是否可以根据案情决定本案采用支付赔偿金的方式

《国家赔偿法》第三十二条规定："国家赔偿以支付赔偿金为主要方式。能够返还财产或者恢复原状的，予以返还财产或者恢复原状。"该规定存在两种不同的理解：第一种认为，"为主"意味着"优先"。金钱赔偿方式的适用优先于返还财产和恢复原状。除特别情形外，绝大部分的赔偿都应当通过支付货币的形式进行。无论对于人身自由还是健康或生命的损害，无论是财产损害，还是精神损害，一般均考虑通过支付货币的方式进行①。第二种认为，二者之间是一种主从关系而非优先关系。“为主”并不意味着“优先”。在造成财产损害的情况下，是否支付赔偿金，以是否能够返还财产或者恢复原状为前提，只有在不可能采取返还财产或者恢复原状的情况下，才能采取赔偿金的方式②。结合《国家赔偿法》第三十六条规定“侵犯公民、法人和其他组织的财产权造成损害的，按照下列规定处理：（一）处罚款、罚金、追缴、没收财产或者违法征收、征用财产的，返还财产；（二）查封、扣押、冻结财产的，解除对财产的查封、扣押、冻结，造成财产损坏或者灭失的，依照本条第三项、第四项的规定赔偿；（三）应当返还的财产损坏的，能够恢复原状的恢复原状，不能恢复原状的，按照损害程度给付相应的赔偿金；（四）应当返还的财产灭失的，给付相应的赔偿金……”，我们认为，一般情况下，侵犯公民、法人和其他组织的财产权造成损害的，首先应当考虑返还原物，其中应当返还的财产损坏的，能够恢复原状的恢复原状，不能恢复原状的，才应按照损害程度给付相应的赔偿金。那么，是否只要客观上能恢复原状及返还原物的，就要不计代价满足当事人此类赔偿请求？我们认为结论是否定的。

首先，无论返还财产还是恢复原状都只能在一定条件下适用，其中，返还财产的条件包括：1. 原物须存在。如果原物已经毁损或灭失，返还财产也就无从谈起。2. 返还财产比金钱赔偿更便捷。3. 不影响赔偿义务机关的公务。如果已经用于公务活动，返还原物会影响公务活动的，则不得以返还原物的方式赔偿③。同样，恢复原状也有其适用条件，一般认为包括：1. 必要性，即有必要采用，其作用不可能被其他方式取代，如果恢复原状对于原所有人已无实质意义，则不能采用恢复原状的赔偿方式。2. 可能性，包括客观上可能，即损害有修复的可能性，修复不会给公共利益造成不合比例的损害，还要求主观上赔偿义务机关有能力采取恢复原状的措施。3. 不会造成违法后果。如果恢复原状的行为带有违法性，并且可能造成违法后果，则不能采用

---

① 马怀德：《国家赔偿法的理论和实务》，中国法制出版社 1994 年版，第 253 页。

② 高家伟：《国家赔偿法》，商务印书馆 2004 年版，第 245 页。

③ 江必新、胡仕浩、蔡小雪：《国家赔偿法条文释义与专题讲座》，中国法制出版社 2010 年版，第 170-171 页。

恢复原状的赔偿方式。4. 不影响公务。恢复原状不仅要了解需要恢复的财产的基本状态，而且要花费一定的人力、财力。因此，采用恢复原状的赔偿方式很有可能影响赔偿义务机关的正常公务活动。如此，恢复原状的赔偿方式就不应采用①。

其次，即便客观上可能，特殊条件下也应允许通过支付赔偿金的方式替代履行。其中应重点考虑赔偿经济性原则。所谓经济性原则，是指国家赔偿要以最少的投入实现赔偿效益的最大化，即成本—收益的最大化。从正面角度来看，它鼓励选择最经济、最简捷的方式满足对当事人的赔偿申请；从反面角度来看，它必然限制赔偿资源的浪费。对于这一点，道理非常明显，国家赔偿是由国家财政支付的，我国目前的国力财力还不雄厚，出于这种现实条件制约，我国的赔偿采取的是有限赔偿，赔偿原则是直接损失原则，国家不对间接损失负责。在赔偿项目赔偿范围中尚且如此，赔偿方式的适用同样应该量入为出，在有限的财政供给条件下，尤其应当避免不当赔偿方式的选择造成浪费。唯其如此，才能在保障赔偿请求人的实质权利不受损的前提下，有效维护国家赔偿财政资金的安全，兼顾对其他赔偿请求人的权利保障，充分发挥整体制度的作用。

最后，关于受害人的主观诉求，一般认为，国家赔偿义务机关或司法机关在确定赔偿方式和赔偿结果时，适当考虑受害人的主观诉求，对于提高赔偿结果的公正性和社会效果具有正面意义，因为国家赔偿制度承载着多方面的功能，其一就是实现社会正义，而正义标准具有主观性，受害人选择的赔偿方式获得满足，对平息其因被侵权而产生的不满有着积极的意义②，但应注意，因国家赔偿是法定赔偿，故当事人的主观诉求对赔偿方式的确定并不具有决定性。人民法院实践中除尽量去满足赔偿请求人的诉求外，应从全案的实际情况出发，综合各种客观条件，所决定的赔偿方式并不应视为违法。

因此，本案中被拖走的车辆因为实物尚存，应予以返还，同时，因该车辆存在损坏情形，应当予以修复，各方对此均无异议，本案中赔偿义务机关在一审法院判决后即将涉案车辆送到修理厂进行了修理，相关车辆经修理后由修理厂出具证明，视频证据也显示其可以正常行驶，但赔偿请求人提出了

---

① 参见房绍坤、毕可志：《国家赔偿法学》，北京大学出版社 2004 年版，第 290-292 页；高家伟：《国家赔偿法》，商务印书馆 2004 年版，第 252 页。

② 马怀德：《国家赔偿法的理论和实务》，中国法制出版社 1994 年版，第 273 页。

车辆大梁经过重整存在安全隐患，需要继续进行修理，该主张不能完全排除合理性，在此情况下，是否需要按照其意愿继续进行修理呢？因为存在安全隐患是当事人的主观猜测，虽然有一定的合理性，但从证据的证明力来看，其还不能压倒汽车修理厂的证明和汽车能正常行驶的视频证据，因此在此种情况下，由法院主导安排对车辆修复的安全性进行专业检测，方能公平平息各方争议。然而，专业检测却面临着一个经济性的问题，即经了解相关检测费用需要两万元左右，远远高于涉案车辆价值（后者经专业评估价值只有6000 元）。这就意味着如果进行专业鉴定就会导致如下结果：鉴定结果如果是大梁修复合格，则意味着赔偿申请人要全部或者部分负担鉴定费用，在车辆价值远小于鉴定费用的情况下，赔偿将会变得没有意义。而如果由赔偿义务机关来负担明显不公平，由人民法院负担也面临着车辆价值与支持鉴定费用的成本—收益即经济性问题。而如果鉴定结论是大梁修复不合格，其结果是继续修复，价值 6000 元的车辆最终将由国家财政支付 3 万元（已有的修理花费了 7000 元）以上，鉴于该车辆接近使用年限，又不是对当事人具有（如祖传玉石等）特殊纪念意义的物品，因之，相关鉴定及修理行为明显不具备经济性。相关操作除消极的情绪对抗外，没有其他实质意义。鉴于此，根据实际情况，本案不组织进行鉴定，而通过协调的方式解决问题，即提供两个赔偿方案供上诉人选择。经法院在微法院上向赔偿请求人释明，其明确要求要车辆，并要求被上诉人继续修理车辆，直至其满意为止。在此情况下，本案应作出直接按评估价格进行赔偿的决定。

三、关于车辆营运损失和精神赔偿

关于拖车导致的其他经济损失，上诉人主张按每天损失 1500 元，按 11 个月零 27 天计算，共计赔偿其经济损失人民币 40 万元，在诉讼过程中还想再行增加。关于损失的构成，其认为既包括因为失去车辆而不得已租车产生的损失，还包括车辆不能行驶而不能拉货营业的损失，甚至还包括自己装修停工产生损失。对于上诉人相关损失主张，应分别处理。对于后者，上诉人所主张的实际上是指车辆的营运收入，根据《国家赔偿法》第三十六条第（八）项的规定，对财产权造成其他损害的，按照直接损失给予赔偿。因为该涉案车辆已经由营运车辆转为非营运车辆，故上诉人主张的“营运损失”不属于法定的直接损失范围，不应予以赔偿，而上诉人主张的装修停工所产生的所谓损失，更与拖走车辆无关。至于因车辆被拖走不得不租用车辆替代使用的合理费用，确属于赔偿范围。《国家赔偿法》第二十六条规定，赔偿请求人和赔偿义务机关对于自己提出的赔偿主张，应当提供证据，本案上诉人对于相关损失未举证证实，但根据一般生活常识，结合上诉人装修的工作性质需要用车，应当有一定的损失存在。一审法院鉴于莫某多次到相关部门反映情况，客观上存在一定的误工费及交通费损失，综合本案实际情况酌情赔偿人民币 5000 元，经了解，按该院的本意此 5000 元的主要部分实为可能存在的租车费用，因此应认为总体金额确定并无不当。同时，根据《国家赔偿法》第三十五条规定，应当支付精神损害抚慰金和赔礼道歉的，仅限于侵犯人身权情形，而本案不存在此种情形，故一审判决不支持上诉人莫某主张的精神损害赔偿以及公开道歉的赔偿请求。

（作者单位：浙江省宁波市中级人民法院）

调查研究

新《行政处罚法》对同类案件裁判思路的检视及适用裁判的指引

周文霞　许婷婷　许金荣

【摘要】《行政处罚法》自1996年施行以来，历经两次修正，而2021年修订的《行政处罚法》对于法律体例、行政处罚原则、具体内容等均进行了较大的修改和完善，对于今后行政处罚的实施及司法审查具有重要影响。本文在统计分析既往行政处罚案件的基础上，系统梳理了既往行政处罚类案裁判思路，并通过对新旧法律规定的比较研究，分析现行行政处罚法律制度，总结行政处罚类案裁判的事实认定、程序遵循及法律适用，进而对行政机关依法行使行政处罚权提出建议。

【关键词】行政处罚　检视　指引

引言

行政处罚作为行政机关有效实施行政管理、贯彻落实相关法律法规的重要手段，在行政管理领域适用最广、占比最大。相应地，引起行政纠纷、后续引发行政诉讼的概率更高。《行政处罚法》自1996年3月17日第八届全国人民代表大会第四次会议通过以来，共经历两次修正，分别是2009年和2017年，但总体而言，对于整体框架和条文内容没有较大修改。而2021年1月22日由第十三届全国人民代表大会常务委员会第二十五次会议修订通过的《行政处罚法》对于法律体例、行政处罚原则、具体内容等均进行了较大的修改和完善，对于今后行政处罚的实施及司法审查具有重要影响。

开展本课题研究，即在统计既往行政处罚案件的基础上，系统梳理了既往行政处罚类案裁判思路，并通过对新旧法律规定的比较研究，分析现行行政处罚法律制度，总结行政处罚类案裁判的事实认定、程序遵循及法律适用，进而对行政机关依法行使行政处罚权提出建议，研究意义重大。一是更好地领会新《行政处罚法》[①] 的立法精神。党的十八大以来，以习近平同志为核心的党中央推进全面依法治国，深化行政执法体制改革，建立权责统一、权威高效的行政执法体制；完善行政执法程序，坚持严格规范公正文明执法。《行政处罚法》的修订是贯彻落实党中央重大改革决策部署，推进国家治理体系和治理能力现代化，加强法治政府建设，完善行政处罚制度，解决执法实践中遇到的突出问题的重要举措。法律的制定修改需要从执法到司法的贯彻适用，如何更好地在司法裁判中适用新《行政处罚法》，尤其是解决好过渡期内法律适用缺乏标准化、司法裁判尺度不统一等问题是本次课题研究的重要目标。二是不断提升行政审判专业化建设。行政处罚类案件在行政诉讼案件类型中总体上较为单纯清晰，一方面，相关裁判规则相对成熟，《行政处罚法》自出台距今已适用 24 年，与行政诉讼审判在我国正式确立也相去不远，行政处罚类案件的审查标准、裁判尺度逐渐提炼出规则并形成体系；另一方面，法律关系相对清晰，无论是相较于牵涉面较大、法律程序纷繁复杂的征地拆迁类案件，还是行政协议等新类型案件而言，行政处罚的法律关系主要是行政处罚机关和被处罚人，个别处罚类型中需要追加第三人，需要经诉讼审查的核心要素，如职权依据、事实、程序、法律适用等也是比较清晰明确的。基于行政处罚类案件较为单纯清晰的类型特点，应通过标准化的审查不断提升行政审判的水平和能力，进而形成具有指导性的裁判规则，强化同类案件裁判尺度的统一性。三是进一步推动行政机关依法行政。行政审判是行政机关依法行政的晴雨表。新《行政处罚法》对于行政机关依法行政提出了更高标准和更严要求，赋予权力的同时课以责任，这是权责相统一的直接体现。本次撰写调研课题的目标，除更好指导行政审判工作外，还在于以

① 新《行政处罚法》由中华人民共和国第十三届全国人民代表大会常务委员会第二十五次会议于 2021 年 1 月 22 日修订通过，自 2021 年 7 月 15 日起施行。

案释法：检视既往类案裁判，同时也是对行政机关实施的行政处罚行为的第二次审查，有利于站在新法施行的基础上，对行政机关更好地行使行政处罚权、发挥《行政处罚法》应有制度目标的建言献策。四是更好地维护行政相对人和诉讼当事人的合法权利。通过新旧《行政处罚法》相关条文的对比，不难发现在本次修订中，将保障当事人合法权益摆在了更为重要的位置，不论是行政处罚所坚持的处罚和教育相结合、权利救济等原则，还是具体到条文中的初犯不罚、轻微不罚、明确听证范围等内容，均可以看出新《行政处罚法》对权利保障的重视。行政处罚案件在我省行政诉讼案件类型中占比较大，案件所涉范围囊括了公安、规划、国土、环保等多个管理领域，又因行政处罚是对行政相对人违法行为的负面评价，关乎行政相对人诸多实体权利，背后可能牵涉民生稳定等敏感问题，更好地理解和适用法律对于司法裁判者而言正如揭开正义女神的面纱，让违法者无处遁形，让守法者的合法权益得以维护。

本次《行政处罚法》修订，对行政处罚概念、行政处罚种类、听证范围、法制审核范围、办案期限等有较大修订，如新处罚种类的设定、处罚主体的扩大、法制审核制度以及处罚公示制度的确立等重大变化，将对今后执法机关的处罚工作及法院司法审查产生较大影响。本调研在《行政处罚法》修订的背景下，检视司法实践中涉及修订前《行政处罚法》[①] 的既往案件，对比分析了涉及新《行政处罚法》的同类型案件，以期在法定处罚职权、处罚程序、处罚裁量等方面探寻适应新法需要的标准体系。本调研课题通过梳理 2018 年至 2020 年三年以来的行政处罚类案情况，着重从处罚所涉领域、处罚种类、裁判方式、行政机关败诉原因等方面进行类型化分析，并通过案件检视角度，重点剖析受案范围、职权来源、法条竞合情况下的处罚适用、初犯不罚、公示制度、电子设备公布制度、处罚时效、简易程序、听证程序、法制审核制度等多个方面，进而提出行政执法和司法裁判的类案审查审理建议。

① 修订前《行政处罚法》指 2017 年 9 月 1 日第十二届全国人民代表大会常务委员会第二十九次会议第二次修正。

一、2018—2020 年行政处罚类案件总体情况

2018—2020 年，全省共审结行政处罚类一审案件 6054 件。[①] 其中，2018 年审结 1375 件，2019 年审结 2476 件，2020 年审结 2203 件。

（一）行政处罚所涉领域广泛，分布不均衡

三年间，全省行政处罚类案件所涉行政管理领域广泛，结案时明确填报的领域超 40 个（另有近 1200 件未明确列明行政管理领域[②]），诸如教育、司法、物价、文化、农业、能源等均有涉及。其中，占比前三位的依次是治安管理处罚、道路交通管理和其他行政管理领域，分别约为 26.6%、23.1%、14.8%，三者合计占据行政处罚类案件的“半壁江山”。

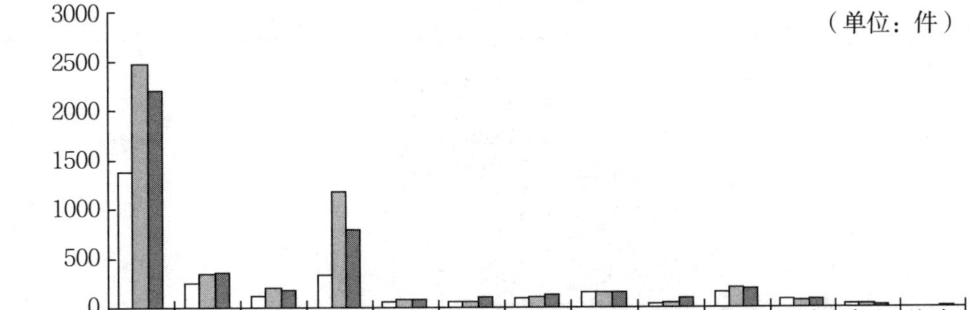

	全省	杭州	宁波	温州	嘉兴	湖州	绍兴	金华	衢州	台州	丽水	舟山	海事
□ 2018年	1375	245	120	332	57	61	94	155	35	158	81	34	3
▩ 2019年	2476	339	205	1179	86	64	102	150	48	199	68	35	1
■ 2020年	2203	355	174	794	87	106	126	156	94	191	85	23	10

图 1：全省一审行政处罚案件地区分布

从年份分布来看，除治安管理处罚领域案件数持续增长外，其他领域均有升有降。其中，2018—2019 年，城建、道路交通、环境保护类案件数均呈倍数增长，以道路交通类尤甚，从 2018 年的 122 件增长为 2019 年的 736 件。

从所涉领域的地域分布来看，部分领域地域特征明显，如旅游类主要集中在位于沿海地区的嵊泗、镇海等地，商标类主要集中在全球最大的小商品

① 该 6054 件一审行政处罚类案件已剔除行政处罚赔偿案件和涉管辖案件。

② 2018—2020 年，行政处罚类案件未标明管理领域的共 197 件，将行政管理领域标明为“乡政府”的共 85 件，标明为“其他行政管理”的共 894 件。

集散中心义乌市，水利主要集中在舟山地区，海关则主要集中在宁波地区。

从地区分布来看，全省十二个地区案件分布极度不均衡：虽然湖州、嘉兴、绍兴、衢州地区案件数每年缓慢增长，但所占比重均较小，该四地区的总数或可与杭州地区持平，但与温州地区仍相差甚远。温州地区 2019 年的案件数是 1179 件，占全省案件数比例约 47.6%，仅比其他十一个地区的总数少了 100 余件。每年案件数位居其次的地区分别是杭州、台州、宁波、金华。

（二）结案方式覆盖面全，撤诉、判决此消彼长

6054 件案件中，裁定驳回起诉 371 件，占比约 6.1%；原告主动撤诉、被告改变原行政行为后原告撤诉（即准予撤诉）及原告未及时缴纳诉讼费等（即按撤诉处理）3054 件，占比约 50.4%；以判决方式结案 2519 件，占比约 41.6%。此外，不予立案 57 件，调解 48 件，终结 5 件。

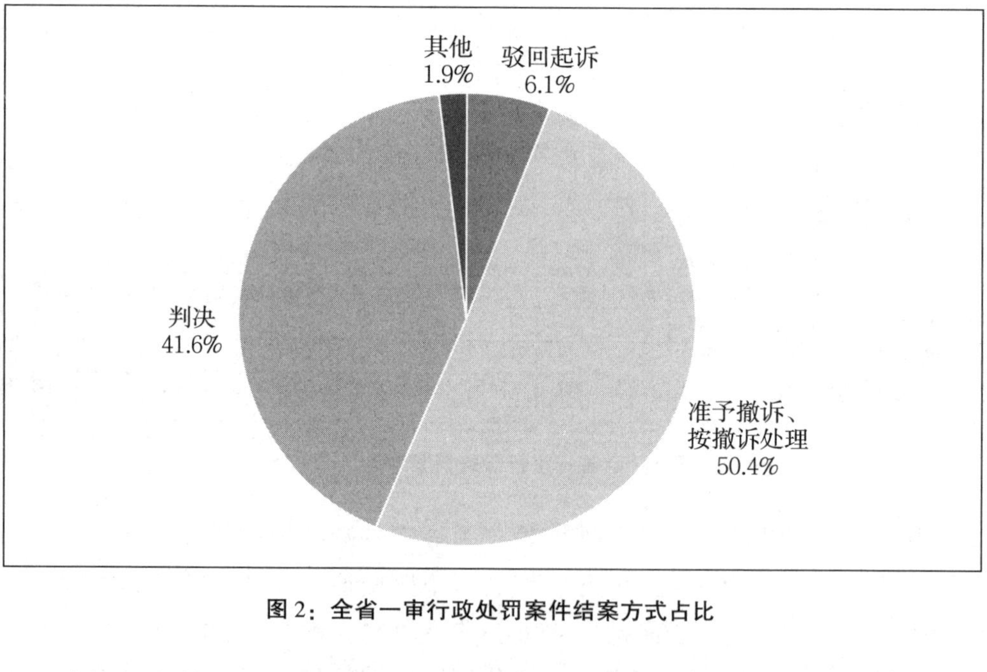

图 2：全省一审行政处罚案件结案方式占比

从年份分布来看，准予撤诉、按撤诉处理与判决所占当年总结案数比例呈现此消彼长态势：2018 年审结的 1375 件中，准予撤诉、按撤诉处理共 545 件，占当年总结案数约 39.6%；判决 702 件，占当年总结案数约 51.1%。2019 年审结的 2476 件中，准予撤诉、按撤诉处理共 1360 件，占当年总结案数约 54.9%；判决 927 件，占当年总结案数约 37.4%。2020 年审结的 2203 件

中，准予撤诉、按撤诉处理共 1149 件，占当年总结案数约 52.2%；判决 890 件，占当年总结案数约 40.4%。驳回起诉所占当年总结案数比例均呈缓慢下降态势：从 7.3%下降至 6.1%、5.4%；调解所占当年总结案数比例则呈缓慢上升态势：从 0.4%上升至 0.6%、1.1%。驳回起诉比例的降低从侧面反映出当事人诉讼能力的提高和行政机关执法水平的提升，而调解结案方式比例的上升则从侧面反映出行政争议实质性化解工作取得一定成效。

准予撤诉、按撤诉处理案件中，从所涉行政管理领域看，治安管理处罚、道路交通管理和其他行政管理三领域合计占比约 68.1%，与该三领域占总案件数的比例相近；从地域分布来看，温州地区以 1750 件、占比约 57.3%排在全省前列。①

以判决方式结案案件中，治安管理处罚领域独占鳌头，占比高达约 43.4%。

（三）行政处罚类案件败诉率低，实体性错误是主因

2018—2020 年审结的行政处罚类一审案件 6054 件中，行政机关一审败诉案件 187 件，败诉率 3.09%，远低于一审行政案件整体败诉率；2018 年至 2020 年全省二审改判一审行政案件 427 件，行政处罚类案件二审改判案件 34 件，占比 7.96%，其中改判行政机关败诉 27 件，改判驳回原告诉讼请求 7 件。

一审即败诉的 187 件案件中，败诉原因主要涉及超越法定职权、事实认定不清、程序违法等方面。其中，超越法定职权 8 件，占比 4.28%，主要集中在无强制实施权的乡镇政府（街道办事处）实施了强制拆除行为、公安机关管辖了其他行政机关在公务活动中产生的纠纷等方面；事实认定不清、法律适用错误 93 件，占比 49.73%，主要体现在证据不足、处罚考量情节认定错误或直接适用法律错误等方面；程序违法 85 件，占比 45.45%，主要在于未保障原告重要程序性权利、办案超期、未妥善送达等方面；被告未在规定时限内举证 1 件。

---

① 2018—2020 年，温州地区每年准予撤诉、按撤诉处理类案件占该地区总案件数的比例均平稳保持在 80%以上，湖州、舟山地区呈逐年上升态势。

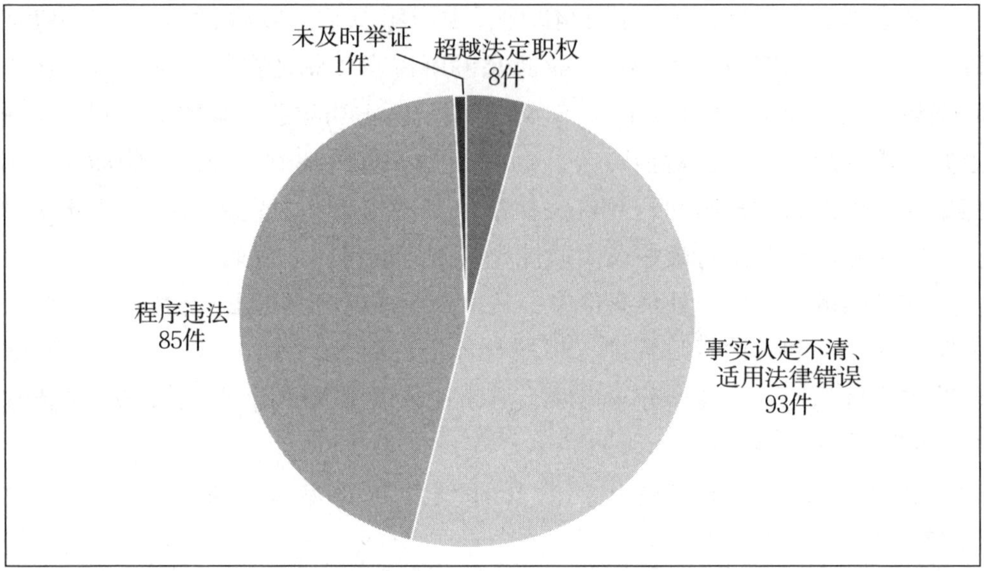

图 3：全省一审行政处罚案件败诉原因分布

从裁判结果来看，一审败诉的 187 件案件中，确认行政处罚行为违法 82 件，占比约 43.9%，其中部分为系列案件；撤销行政处罚 64 件，占比约 34.2%；撤销行政处罚，同时责令被告重新作出 33 件，占比约 17.6%；认为罚款数额偏高而直接变更行政处罚决定 6 件，占比约 3.2%；确认行政处罚行为无效、确认行政处罚行为违法并责令重作各 1 件。[①]

程序违法的 85 件案件中，因严重违法而致使行政处罚被撤销的有 33 件；因轻微违法而确认行政处罚违法的有 52 件。而轻微违法的 52 件案件中，办案超期 33 件，未妥善送达、未履行已事先告知的程序等其他情形 19 件。

（四）败诉案件处罚方式多样化，突破立法规定

修订前《行政处罚法》第八条明确规定了行政处罚的种类，但是 187 件败诉案件中，相关行政机关所作处罚方式已突破该立法规定，有“加付赔偿金”“限期解危”“责令补种树木”等存有争议性的处罚方式，亦有超前于当时立法规定的“通报批评”。

① 确认行政处罚行为违法并责令重作的案件指的是，在行政诉讼过程中，被告自行撤销被诉行政行为，但原告坚持诉讼，而被告在撤销被诉行政行为后又需给出终局性结论，故法院判决确认被诉行政行为违法，同时责令被告重新作出处理。

从处罚种类的多寡来看，187 件一审败诉案件中[①]，处以一种处罚方式的共 131 件，主要涉及罚款、拘留、限期拆除、没收违法所得、收缴违约金、限期搬离、吊销许可证、暂扣执照、警告、加付赔偿金等。其中，单纯作出处罚决定的 112 件，主要是限期拆除 56 件、罚款 29 件[②]、拘留 19 件；在作出处罚决定的同时，一并责令恢复原状或责令改正违法行为、公开更正违法行为的共 19 件，主要集中在规划、广告管理等行政领域。处以两种处罚方式的共 25 件，其中有 23 件是罚款与责令停产、拘留、没收非法财物、责令停业等的组合。同时处以三种处罚方式的共 3 件。

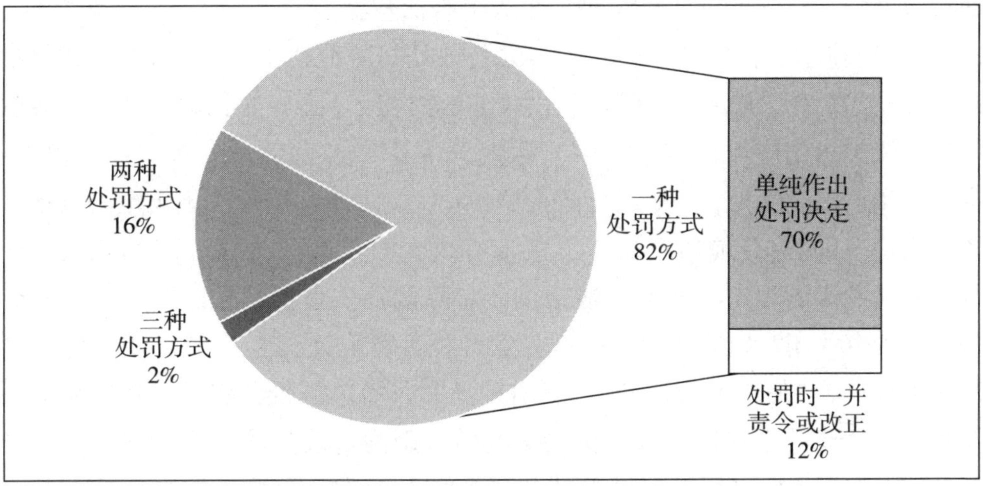

图 4：全省一审行政处罚败诉案件处罚方式分布

二、案件裁判检视

（一）行政处罚性质的厘清

新《行政处罚法》第二条规定："行政处罚是指行政机关依法对违反行政管理秩序的公民、法人或者其他组织，以减损权益或者增加义务的方式予以惩戒的行为。"该条属新增规定。作为我国第一部行政行为法，1996 年即颁布施行的《行政处罚法》仅载明了行政处罚的种类，并未明确行政处罚的

① 另有不予立案、终结调查各 1 件，不予处罚 25 件。

② 其中 1 件是以折价回购违法建筑的方式变相予以罚款。

定义，之后的修订也未予以完善。司法实践中，行政处罚类案件始终占据各类行政案件数量的首位，而行政处罚的识别方法是首要的疑难问题。对某一行为是否属于行政处罚，经常产生争议，并引发该行为是否适用《行政处罚法》以及相对人程序性权利如何保障的争论，如责令类行政管理措施、限期拆除、收回土地使用权等行为。[①] 在理论和实践的推动下，新《行政处罚法》终于首次在立法上明确了行政处罚的定义，从实质角度判断行政处罚行为，较之于晚施行的《行政许可法》《行政强制法》滞后许多。行政处罚的定义清晰了行政处罚的内涵和外延，有利于规范、保障行政机关依法、有效地实施行政处罚，有利于进一步保护当事人的合法权益。

新《行政处罚法》第九条规定："行政处罚的种类：(一) 警告、通报批评；(二) 罚款、没收违法所得、没收非法财物；(三) 暂扣许可证件、降低资质等级、吊销许可证件；(四) 限制开展生产经营活动、责令停产停业、责令关闭、限制从业；(五) 行政拘留；(六) 法律、行政法规规定的其他行政处罚。"相较修订前历经二十五载未有改变的《行政处罚法》第八条关于行政处罚种类的规定，增加了通报批评、降低资质登记、限制开展生产经营活动、责令关闭、限制从业等行政处罚种类，将第（五）项统一调整为"暂扣许可证件""吊销许可证件"。新增种类亦非简单创设，而是将现行单行法律规范中已经明确规定、行政执法实践中常用的行政处罚种类纳入。虽然新《行政处罚法》的种类规定仍被部分专家学者诟病，但是相较修订前《行政处罚法》，已然丰富、完整了行政处罚的种类，在一定程度上适应了执法实践的需求。

案例检视：某园林建设公司诉 Z 市住房和城乡建设局行政处罚案[②]——修订前《行政处罚法》关于通报批评性质的认定。2017 年 11 月，原告某园林建设公司通过公开招投标竞得该市一处直路改造工程，并签订施工合同，约定入场施工时间。2018 年 3 月，被告 Z 市住房和城乡建设局发现，该公司一直未进场施工，认为该公司未及时进场施工的行为给当地带来一定的负面影响，为规范招投标中标单位的标后履约行为，决定对该公司通报批评。该公司不服，以被告所作通报批评的处罚决定没有明确法律依据为由要求判决

---

① 耿宝建：《行政处罚案件司法审查的数据变化与疑难问题》，载《行政法学研究》2017 年第 3 期。

② 浙江省嵊州市人民法院（2018）浙 0683 行初 49 号。

处罚决定无效，被告辩称通报批评并非行政处罚，仅是对施工单位违反行业考核要求所作的行业管理措施，不属于《行政诉讼法》规定的受案范围。法院经审查后认为被告所作公开的“通报批评”势必对当事人产生名誉减损和社会评价降低的后果，对当事人具有一定的制裁性，属于行政处罚，但所作处罚决定于法无据，依据《行政诉讼法》第七十五条的规定，判决确认该处罚决定无效。该案中，被告Z市住房和城乡建设局作出的“通报批评”行为发生于2018年3月。因修订前《行政处罚法》并未规定行政处罚的定义，亦未明确规定行政机关可以作出“通报批评”的行政处罚，承办法院一方面无法直接援引修订前《行政处罚法》对被告的行为作出认定，仅能根据该行为呈现的后果特征作出司法判断；另一方面直接对照修订前《行政处罚法》，认为被告所作处罚决定没有法律依据。但是，若依照新《行政处罚法》，该案就相对简单许多，裁判结果也大相径庭，法院既可以直接适用新《行政处罚法》第二条的规定，判断出被告作出的“通报批评”属于行政处罚，又可以直接适用该法第九条第（一）项的规定，认为被告作出的处罚决定符合法律规定，不再因没有依据而承担败诉责任。

从上述法律规定和案例裁判中可以发现，判断一行为是否属于行政处罚，既要适用新《行政处罚法》第九条规定的处罚种类进行形式判断，又要结合新《行政处罚法》第二条规定的定义进行实质审查，且实质审查是关键。因此，对于某些行政行为，虽未披着行政处罚种类“外衣”，但有着“以减损权益或者增加义务的方式予以惩戒”的内核，其仍属于行政处罚，应受新《行政处罚法》的规制。

（二）综合行政执法制度

新《行政处罚法》第十八条规定：“国家在城市管理、市场监管、生态环境、文化市场、交通运输、应急管理、农业等领域推行建立综合行政执法制度，相对集中行政处罚权。国务院或者省、自治区、直辖市人民政府可以决定一个行政机关行使有关行政机关的行政处罚权。限制人身自由的行政处罚权只能由公安机关和法律规定的其他机关行使。”该条对修订前《行政处罚法》第十六条作了新增和删改，主要涉及行政处罚权的横向集中调配。新《行政处罚法》第十八条第一款为新增条款，首次在立法上确认了“综合行政执法制度”，既体现和巩固了行政执法体制改革的重大成果，亦为进一步深化综合行政执法体制改革提供了法律依据。该条第二款删除了“经国务院授权”的内容，将施行综合行政执法的范围从有限扩展为无限，有助于实现不同省份间执法主体的统一。该条第三款增加的“法律规定的其他机关”使得原有规定更为规范、完整，如《反间谍法》等明确规定国家安全机关也可以行使限制人身自由的行政处罚。

案例检视：张某某诉C县综合行政执法局行政处罚案[①]——综合行政执法局行政处罚职权合法性的确定。被告C县综合行政执法局在执法中发现，原告张某某在对其商铺进行装修的过程中，在未取得建设工程规划许可证的情形下，擅自将该商铺东侧、北侧、西侧的公共走廊进行封闭施工，经测量，其封闭面积合计102平方米。封闭施工完成后，该公共走廊与商铺形成整体空间，供张某某作商品陈列和广告展示。被告根据《城乡规划法》第四十条、第六十四条等规定，对张某某作出限期拆除的行政处罚。张某某不服，认为依照《城乡规划法》的相关规定，被告无权作出被诉行政处罚决定。法院经审理认为，为加强城市管理，提高行政执法的效率和水平，Z省出台《城市管理相对集中行政处罚权条例》，由综合行政执法局集中行使对违反规划管理规定的部分行为实施行政处罚的职权，具体职责范围包括了该案的情形，故被告有权以自己的名义作出被诉处罚决定。新《行政处罚法》施行前，张某某提出被告所作处罚决定无职权依据的主张有一定的道理，实践中对于综合行政执法作出行政处罚的合法性问题时有争议，部分观点认为在缺乏法律规定的情形下，地方性法规并不能成为其职权依据，地方性法规有越位之嫌，而新《行政处罚法》明确了相对集中行政处罚权的法律地位，对于今后减少甚至消除类似行政处罚主体的职权依据问题，将起到极大的促进作用。此外，在适用新《行政处罚法》第十八条时需注意，行政处罚权相对集中之后，原行政机关相应的处罚职权已随之转移，不可再继续行使相应职权，在执法工作中发现属集中执法部门处理的行为时，应及时予以移送，否则属于缺乏职权依据，所作处罚决定将被确认无效。

（三）规范竞合时从一重罚

新《行政处罚法》第二十九条规定，“对当事人的同一个违法行为，不得给予两次以上罚款的行政处罚。同一个违法行为违反多个法律规范应当给

① 浙江省高级人民法院（2018）浙05行终166号。

予罚款处罚的，按照罚款数额高的规定处罚。”与修订前《行政处罚法》第二十四条相比，后半部分属于新增内容，有效地吸收了刑事法律规范中“择一重处”精神，目的在于解决当同一个违法行为违反多个法律规范应当给予罚款处罚时，如何适用法律规范的问题。最高人民法院2019年12月26日发布的第139号指导案例即为适用罚款数额较高规定的典型案例①。该案例裁判于2017年，由此可见，执法、司法实践在规范竞合的适用方面超前于立法规定。

该条规定了“从一重罚”的适用规则，但是尚未明确所涉法律规范效力等级相同或不同的该如何操作，亦未对执法主体相同或不同时该如何操作进行细化。139号典型案例中，所涉法律规范是《大气污染防治法》和《固体废物污染环境防治法》，法律位阶相同，选择适用处罚较重的《大气污染防治法》易于被接受，也符合现行有效的《环境行政处罚办法》第九条的规定。② 新《行政处罚法》第二十九条规定中所称的“多个法律规范”，既包括多个不同位阶的法律、法规、规章，也包括同一部法律、法规、规章中的多个条文。在该条规定未作明确标识的情形下，这里的多个法律规范之间，应不考虑效力等级问题，否则不会明确适用罚款数额高的规定，这对于通行的法律适用原则，如特别法优于普通法、上位法优于下位法等是一种突破。

139号案例中，所涉两部法律的执法主体均是生态环境保护主管部门，适法相对简便。对于执法主体不一致的，首先发现违法行为的执法主体应审慎作出罚款的处罚决定，必要时应邀请相关执法主体共同商讨，以防出现违反新《行政处罚法》第二十九条的处罚结果。如公安机关交通管理部门在执法过程中，发现货运车辆存在《道路交通安全法》第九十二条的违法情形时，应同时注意《公路法》第七十六条第（五）项的规定内容，充分、准确地判断应适用何部法律规范、由哪个执法主体予以处罚。当然，若公安机关交通管理部门在执法过程中未注意到《公路法》的相关规定，径直按照《道路交通安全法》的规定予以罚款，交通主管部门事后发现了该违法行为，并

---

① 参见最高人民法院指导案例第139号：上海某建材开发有限公司诉上海市金山区环境保护局环境行政处罚案。

② 《环境行政处罚办法》第九条规定，当事人的一个违法行为同时违反两个以上环境法律、法规或者规章条款，应当适用效力等级较高的法律、法规或者规章；效力等级相同的，可以适用处罚较重的条款。

且认为应按照《公路法》的规定给予更高额的罚款，此时，为保护先行行为的效率和既定力，并且有利于当事人，交通主管部门应受“一事不再罚”的羁束，评价超载行为的违法性后自行予以终结，不再适用“从一重罚”的规定，但可以函告公安机关交通管理部门其适法存在错误。

（四）首违不罚原则

新《行政处罚法》第三十三条规定：“违法行为轻微并及时改正，没有造成危害后果的，不予行政处罚。初次违法且危害后果轻微并及时改正的，可以不予行政处罚。当事人有证据足以证明没有主观过错的，不予行政处罚。法律、行政法规另有规定的，从其规定。对当事人的违法行为依法不予行政处罚的，行政机关应当对当事人进行教育。”除第一款第一句是修订前《行政处罚法》既有的内容外，该条其他内容均是新增内容，首次在立法上确定了“首违不罚”和“没有主观过错的不罚”等不予处罚情形，并进一步规定对于不予处罚的应予以教育。该条的新增、完善是此次新《行政处罚法》修订的重要亮点之一，体现了行政处罚的教育功能和柔性执法的温情。

“首违不罚”制度并非新《行政处罚法》的“原创”，而是“回应型立法”的典范，在上升为法律之前，“首违不罚”的地方性立法和执法探索已广泛存在于交通、市场监管、税收征缴等领域。例如，原杭州市物价局早在2004年3月底即开始探索“首违不罚”制度，在其开展的商品明码标价专项整治行动中，对首次查到没有做好明码标价的商家，对其予以教育而非直接罚款。之后，江苏、上海、广东等地相继出台了“免罚清单”规定。“重视行政处罚中免予处罚的适用，是包容审慎监管理念的必然要求，也是对行政执法资源有限性的回应，更是适应营商环境建设的现实需求。”①

案例检视：某科技公司诉H市市场监督管理局行政处罚案②——虽认定“初次违法”，但适用修订前《行政处罚法》仍需处罚。被告H市市场监督管理局2018年8月10日在执法检查中发现原告某科技公司正在使用一台已经于7月20日到期的储气罐，该公司无法提供该储气罐的检验合格证、检验报告，该公司负责人称储气罐到期后还未来得及进行检验。被告认为涉案储气罐属于应当定期检验的特种设备，该公司使用未经定期检验的储气罐的行为

---

① 张红：《免予行政处罚制度的现实困境与解决之道》，载《中国司法》2020年第4期。

② 浙江省杭州市西湖区人民法院（2018）浙0106行初180号。

违反了《中华人民共和国特种设备安全法》第四十条第三款“未经定期检验或者检验不合格的特种设备，不得继续使用”的规定，同时认为该公司系初次违法，且违法行为的持续时间不满一个月，涉案特种设备仅 1 台，属于情节较轻，根据《中华人民共和国特种设备安全法》第八十四条的规定，并参照 H 市《质量技术监督行政处罚裁量细则》中特种设备裁量标准的规定，决定对该公司罚款三万元。该公司提出，一是其仅超期检验二十日，时间持续较短；二是在被告执法检查当日即将涉案储气罐停止使用，及时改正了违法行为；三是检验部门于 8 月 12 日对其储气罐进行检验时发现符合要求，也未产生危害后果；四是其之前一直按规定对储气罐进行检验，从未拖延，此次未及时检验系因公司当时处于亏损状态，为筹措经营而暂时耽搁了检验，三万元的罚款其也无力承受，因此认为可对其公司免予行政处罚。法院经审查后认为该公司的诉请无事实和法律依据，依法予以驳回。对照修订前《行政处罚法》，H 市市场监督管理局所做罚款并无不当，且已经参照地方性裁量标准予以从轻处罚。但是该行为若发生在新《行政处罚法》施行之后，H 市市场监督管理局极有可能适用新《行政处罚法》第三十三条之规定，对该公司作出不予处罚决定。

“首违不罚”虽不是新鲜事物，但是在其以法律层面进行规定具有普适性后，实践中如何把握操作，仍需要审慎以待。从法条内容来看，在同时满足“初次违法”“危害后果轻微”“及时改正”三个限定性条件的前提下，可以实行“首违不罚”。从字面意思理解，“初次违法”应指的是行为人发生的第一次违法行为，同时结合新《行政处罚法》关于追责时效的规定，该“初次违法”还应指的是执法机关首次发现了该违法行为；关于“危害后果轻微”指的是已经出现了危害后果，但是后果轻微；关于“改正”，不应限定为须主动改正，即经告知后自行改正也应是其应有之义。但是对于“初次违法”的时间如何限定、“危害后果轻微”的程度判断、改正的“及时性”问题，均需执法部门结合执法实践合理确定，如 H 市关于交通违法行为领域的“初次违法”时间限定在 3 个月内，即在 3 个月内无某一特定轻微违法行为的，只予以口头警告[①]而不予以罚款和记分的处罚，因此一年之内，至少有三次“首违不罚”机会。此外，对于“初次违法”，应是行政主体无证据证

---

① 此口头警告与新《行政处罚法》第九条规定的“警告”性质不同。

明行为人之前有过违法行为，“危害后果轻微”则应由行政主体予以判定，而“及时改正”需行为人提供证据予以证明。因此，为方便执法，行政主体对相关行为人的首次免罚应予以“留痕”，作为日后监管执法的依据。对于曾免罚又“明知再犯”的，则将从严从重查处。同时，根据该条规定的是“可以”不予行政处罚，即执法主体具有一定的自由裁量权。结合新《行政处罚法》第三十六条特别追责时效的适用对象的相关规定，涉及公民生命健康安全、金融安全以及其他危害国家利益、社会公共利益的违法行为不应适用“首违不罚”制度。

（五）公示制度运用

在新《行政处罚法》中，直接或间接涉及公示的条款颇多。最为明显的规定，当属《行政处罚法》第三十九条，该条规定：“行政处罚的实施机关、立案依据、实施程序和救济渠道等信息应当公示。”该条属于新增规定，既是对《国务院办公厅关于全面推进行政执法公示制度执法全过程记录制度重大执法决定法制审核制度的指导意见》（以下简称《指导意见》）执法实践的立法升华，亦是对新《行政处罚法》第五条所确立的行政处罚公开原则的细化之一。将与行政处罚相关的重要信息予以公示，是保障社会公众知情权、参与权、监督权的重要体现，可以提高执法的透明度、阳光性。

参照上述《指导意见》，行政处罚相关信息的公示可分为事前公示、事中公示和事后公示。新《行政处罚法》第五条第三款、第十八条第一款、第二十条第二款、第二十四条第一款、第三十四条、第三十九条、第四十一条第一款等都属于事前公示，第五十二条、第五十五条属于事中公示，第四十八条属于事后公示。而对照新《行政处罚法》第三十九条规定所涉及的公示内容来看，该法第五条第三款、第三十四条公示的是处罚依据，第十八条、第二十条第二款、第二十四条第一款公示的是实施机关，第四十一条第一款公示的是实施程序，第五十二条、第五十五条既涉及实施机关，又涉及实施程序。同时，参照上述《指导意见》，行政机关需要公示的内容远远超过新《行政处罚法》第三十九条的规定，还包括随机抽查事项清单、监督方式等内容，因此，从行政机关“自我加压”有利于社会公众角度来看，新《行政处罚法》第三十九条中所规定的“等”指的是“等外等”，即需要公示的信息不限于已列举的“实施机关、立案依据、实施程序和救济渠道”四类，其他与行政处罚相关、需要社会公众知晓的信息，都应当予以公示。

案例检视：某五金电器厂诉H市原国土资源局行政处罚案[①]——行政处罚裁量基准的适用。原告某五金电器厂未经批准，于2017年擅自占用土地进行建设房屋和道路硬化。被告H市国土资源部门根据《土地管理法》《土地管理法实施条例》和《H市国土资源行政处罚裁量基准》的相关规定，对该五金电器厂作出责令退还土地、没收地上非法建筑物、予以罚款的行政处罚。该五金电器厂提起行政诉讼，请求撤销行政处罚决定。法院经审理后认为，该五金电器厂的建设行为虽非法占用了建设用地，但是所建项目符合土地利用总体规划，H市国土资源部门所作罚款的数额符合《H市国土资源行政处罚裁量基准》中的规定情形，适用依据正确。所作整体处罚决定认定事实清楚，程序合法，适用依据正确，遂驳回该五金电器厂的诉讼请求。行政处罚裁量基准在执法实践中广泛存在于公安、环境保护、国土资源等多个领域，但是在以往的司法裁判中，甚少评价行政处罚裁量基准的合法性问题。诸如该案，并未对《H市国土资源行政处罚裁量基准》作任何审查，而是直接评判认为H市国土资源部门所作的罚款决定符合该裁量基准中的具体规定，进而认为使用依据正确，确认其行为合法。但是若依新《行政处罚法》第三十四条和第三十九条、第五条第三款的规定，需审查《H市国土资源行政处罚裁量基准》是否已向社会公布，若未曾向社会公布，则H市国土资源部门不可将其作为罚款的处罚依据，所作处罚决定将因没有依据而被确认无效。

（六）违法行为存续状态和最长时效

修订前《行政处罚法》第二十九条规定："违法行为在二年内未被发现的，不再给予行政处罚。法律另有规定的除外。前款规定的期限，从违法行为发生之日起计算；违法行为有连续或者继续状态的，从行为终了之日起计算。"新《行政处罚法》第三十六条规定："违法行为在二年内未被发现的，不再给予行政处罚；涉及公民生命健康安全、金融安全且有危害后果的，上述期限延长至五年。法律另有规定的除外。前款规定的期限，从违法行为发生之日起计算；违法行为有连续或者继续状态的，从行为终了之日起计算。"可以看出，新《行政处罚法》关于行政处罚的最长时效作出的修改，最长时效的运用一要满足特殊领域即公民生命健康安全和金融安全，二要满足发生

---

① 浙江省杭州市西湖区人民法院（2019）浙0106行初251号。

危害后果。这一内容的修改解决了2017年《行政处罚法》条款中未区分违法行为、性质、危害性等因素均一刀切适用2年的情况，更有利于打击严重违法行为。

案例检视一：某某家农产品开发公司诉J市N区市场监督管理局行政处罚案[①]——最长处罚时效给予特定领域更长的行政执法追溯期。原告某某家农产品开发公司系从事生产蔬菜制品、新鲜蔬菜收购、蔬菜批发及食品生产的有限责任公司，其于2015年10月23日获得了全国工业产品生产许可证，有效期至2018年11月2日，许可证上载明“经审查，下列产品符合食品生产许可证发证条件，特发此证。产品名称：蔬菜制品（蔬菜干制品）”。许可证获批后，原告未经许可增加了热加工糕点、速冻面米食品、熟制品类别，至2018年2月18日获准增加上述内容。2018年3月22日，被告J市N区市场监督管理局在对原告进行检查时发现其未经许可生产销售新鲜肉粽子200只、真空肉粽200只、速冻肉粽200只，经立案调查作出涉案《行政处罚决定书》，原告不服诉至法院，法院经审理认为该违法行为已经超过两年的处罚时效，被告作出行政处罚事实认定不清、依法应予撤销。而根据新《行政处罚法》第三十六条第一款的规定，该违法行为涉及食品安全，应当属于该条规定的涉及公民生命健康安全，行政处罚时效应为5年，适用新《行政处罚法》的法律规定，因此该案将作出驳回原告诉讼请求的判决。

案例检视二：违法建设行为的违法后果未消除的应属于违法行为连续或继续状态。关于违法建设行为形成的违法建筑，从何时开始计算违法行为的终了期限，在理论与实务界既往颇有争议。有观点认为应是从违法建设行为完毕开始计算处罚时效，还有观点认为违法建筑这一违法后果未消除的应视为该违法行为一直处于持续状态。从本调研所涉的违法建设行政处罚案件来看，对于这类案件的处罚时效观点基本一致，即违法建筑在行政处罚立案受理时如依然存在，那么该违法行为属于一直连续状态，并不受违法建设行为完毕时间的限制。案件较多，在此不一一赘述。

（七）确认无效条款

关于确认无效的条款，修订前《行政处罚法》规定在第三条第二款：“没有法定依据或者不遵守法定程序的，行政处罚无效。”而新《行政处罚

---

① 浙江省嘉兴市中级人民法院（2018）浙04行终163号。

法》规定在第三十八条："行政处罚没有依据或者实施主体不具有行政主体资格的，行政处罚无效。违反法定程序构成重大且明显违法的，行政处罚无效。"在立法体例上，新法将总则部分关于无效的条款修改至行政处罚的管辖和适用这一章，更符合该条的制度功效。且新法规定的内容与《行政诉讼法》关于确认无效裁判方式的标准也更加一致，将行政执法和司法审查进行标准化和统一化，有利于行政执法机关在执法环节就按照司法审查的标准自我要求，避免"你干你的，我判我的"的乱象。而新法相较于旧法条款的内容更为科学，修订前《行政处罚法》中规定的不遵守法定程序就要确认无效，无形中扩大了无效情况的适用，而无效后带来的自始无效的法律效果不利于行政管理领域的稳定性，也是司法裁判中应当慎重适用的。

案例检视：北京某公司诉P区安全监督管理局行政处罚案①——确认无效判决在司法实践中的适用早于新法条款的确定。2016年10月27日15时许，北京某公司浙江办事处工作人员王某某更换室内台球桌桌布。当日15时40分许，王某某操作过程中左手接触到黑胶布缠绕的接头时发生触电，后经抢救无效死亡。同年10月28日，P区安监局接到事故报告，建立事故调查组，并于当日派遣工作人员会同专家对事故现场进行了勘查，于同年10月31日和11月2日对现场进行拍照固定。2017年1月3日，P区安监局对此予以立案调查。经询问相关证人、调取相关证据，P区安监局查明，死者王某某在进入北京某公司工作后，北京某公司未对其开展过安全生产教育和培训，致使王某某未能熟悉有关安全操作规程，违章作业，北京某公司对该起事故的发生负有责任。同年3月27日，P区安监局对北京某公司作出行政处罚决定，决定对北京某公司处以罚款人民币二十一万元。北京某公司不服，诉至法院。法院经审理认为，被告未通知原告到场参加勘验并在勘验笔录上签字，勘验程序严重违法，勘验笔录不能作为定案证据，依据《行政诉讼法》第七十五条的规定确认该行政处罚无效。确认无效判决是相较于撤销、确认违法更为严苛的裁判方式，在司法实践中一直处于慎用的状态。在新法修改施行前，当存在应当作出确认无效判决的情形时，法院裁判缺少《行政处罚法》的法律依据，尚可适用《行政诉讼法》的相关规定，但我们也同时注意到《行政复议法》及其实施条例并没有对于确认无效的复议决定方式，这对于复议机关而

① 浙江省舟山市中级人民法院（2018）浙09行终54号。

言，在缺少《行政处罚法》规定的情况下，给复议审查工作带来掣肘。

（八）电子设备公布制度

新《行政处罚法》第四十一条规定："行政机关依照法律、行政法规规定利用电子技术监控设备收集、固定违法事实的，应当经过法制和技术审核，确保电子技术监控设备符合标准、设置合理、标志明显，设置地点应当向社会公布。电子技术监控设备记录违法事实应当真实、清晰、完整、准确。行政机关应当审核记录内容是否符合要求；未经审核或者经审核不符合要求的，不得作为行政处罚的证据。行政机关应当及时告知当事人违法事实，并采取信息化手段或者其他措施，为当事人查询、陈述和申辩提供便利。不得限制或者变相限制当事人享有的陈述权、申辩权。"虽在个别行政管理领域已经通过部门法的形式确定了电子设备公布制度，但这次在新法修订中明确了该条款，更有利于开展对电子取证程序的监督、规范和管理。

案例检视：王某诉某市公安局交警大队行政处罚案①——电子设备未公布处罚不成立。2017 年 10 月 28 日，王某在某高速公路行驶过程中因超过高速路限定时速，被高速路上设置的超速拍摄电子设备拍到，某市公安局交警大队对超速行驶行为给予 200 元罚款、扣 6 分的行政处罚。王某认为该处罚决定作出依据的事实来源于电子设备抓拍，但该超速拍摄电子设备并未提前提示和公布，案涉处罚决定缺乏事实依据，遂诉至法院。法院经审理认为，根据《道路交通安全违法行为处理程序规定》第十六条的规定，"交通技术监控设备的设置应当遵循科学、规范、合理的原则，设置的地点应当有明确规范相应交通行为的交通信号。固定式交通技术监控设备设置地点应当向社会公布"。原告主张于法有据，应予支持。可见新《行政处罚法》根据现实行政管理公开透明公正的价值需要，吸收了道路交通等法律法规中关于电子设备公布制度的规定，进行了有益的修改完善。

（九）简易程序适用范围

简易程序规定于行政处罚决定一章中，主要的修改内容在于简易程序适用范围。修订前《行政处罚法》第三十三条规定："违法事实确凿并有法定依据，对公民处以五十元以下、对法人或者其他组织处以一千元以下罚款或

① 浙江省湖州市中级人民法院（2018）浙 05 行终 50 号。

者警告的行政处罚的，可以当场作出行政处罚决定。当事人应当依照本法第四十六条、第四十七条、第四十八条的规定履行行政处罚决定。”新《行政处罚法》第五十一条规定：“违法事实确凿并有法定依据，对公民处以二百元以下、对法人或者其他组织处以三千元以下罚款或者警告的行政处罚的，可以当场作出行政处罚决定。法律另有规定的，从其规定。”修订前后对于事实清楚、法定依据充分的前提要件并未发生改变。改变之处体现有二：一是简易程序适用的范围扩大了，由原来的50元以下、1000千元以下，提高到了200元以下、3000千元以下。这一修改一方面符合现阶段经济发展的客观规律，另一方面进一步深化扩大简易程序的适用，让行政执法部门从大量的简单行政处罚案件中解脱出来，提高行政执法效率，进而推动社会治理合理化、高效化。二是规定了例外条款，使得该条款的规定内容逻辑更为严密，避免法律规定乃至法律适用的冲突。

案例检视：台某某诉H市交通运输局交通行政处罚案①——原适用普通程序的行政处罚案件根据新《行政处罚法》应适用简易程序。2019年10月23日1时许，台某某驾驶某旅游汽车集团有限公司的出租汽车在某机场出租车上客处载客，至专用道进口因该车短途补客卡过期失效，通道岗亭处未让其进入，1时10分，台某某将车堵在专用道进口，拒绝驶离，1时16分许，市运管局执法人员让其靠边停车，台某某拒绝配合，2时2分许，台某某再次挪车堵塞通道，导致通道无法通行。随后，机场公安局场区派出所民警到达，该车辆由机场公安局交警支队民警使用拖车拖至该机场出租车服务区停车场，2019年10月23日，机场公安局场区派出所对台某某作出行政处罚决定书，对台某某给予200元罚款。台某某不服，诉至法院。法院经审理认为该处罚决定事实清楚，法律适用正确，程序合法，判决驳回原告诉讼请求。根据修订前《行政处罚法》的规定来看，本案无论是行政机关的处理抑或法院的司法裁判都没有问题。但通过案件事实的审查可以看出该案中的违法情形是符合新《行政处罚法》简易程序适用范围的规定的。如通过简易程序处理本案，也无须经历普通程序从立案调查到作出决定这一系列复杂的环节，将会大大节省行政机关的执法资源，对行政相对人而言也更为快捷。需要注意的是，并非简易程序适用后，行政相对人就无权再提起复议或诉讼，当事

① 浙江省杭州市中级人民法院（2020）浙01行终509号。

人对简易程序的现场确认行为更不能视为其已经放弃了复议和诉讼的权利。新《行政处罚法》虽不像修订前《行政处罚法》单独规定一条明确此义，但在第五十二条对复议、诉讼权利的明确告知中已有体现。

（十）法制审核程序

修订前《行政处罚法》第三十八条第二款、第三款规定："对情节复杂或者重大违法行为给予较重的行政处罚，行政机关的负责人应当集体讨论决定。在行政机关负责人作出决定之前，应当由从事行政处罚决定审核的人员进行审核。行政机关中初次从事行政处罚决定审核的人员，应当通过国家统一法律职业资格考试取得法律职业资格。"新《行政处罚法》第五十八条规定："有下列情形之一，在行政机关负责人作出行政处罚的决定之前，应当由从事行政处罚决定法制审核的人员进行法制审核；未经法制审核或者审核未通过的，不得作出决定：（一）涉及重大公共利益的；（二）直接关系当事人或者第三人重大权益，经过听证程序的；（三）案件情况疑难复杂、涉及多个法律关系的；（四）法律、法规规定应当进行法制审核的其他情形。行政机关中初次从事行政处罚决定法制审核的人员，应当通过国家统一法律职业资格考试取得法律职业资格。"学术界很多学者认为新修订的《行政处罚法》确立的法制审核制度在修订前的规定中已有雏形。但修订之后，法制审核的对象、审核程序、审核人员的资格都有了更为明确的规定。需要注意的是，法制审核的行政处罚均属于重大、疑难复杂的情况，这为行政处罚的合法性设定了最后屏障。未经法制审核程序或法制审核程序不通过的，均不能作出行政处罚决定，如果此时行政机关作出了行政处罚决定，则该处罚决定程序违法，应予撤销或确认无效。同样也应关注到法制审核的人员如资格不符合上述规定，其法制审核意见亦不能作为行政处罚决定作出的依据，此时作出处罚决定也将面临败诉的后果。由此，涉及司法审查中对于法制审核的证据审查问题，被告应当将经过法制审核程序的情况及审核意见作为证据提交。行政机关可根据该条规定要求制作法制审核意见表，留痕留证，接受司法审查。

案例检视：朱某某诉 N 区公安局治安行政处罚案①——法制审核程序是否需要经过司法审查以及如何进行审查？2019 年 4 月 15 日 16 时许，原告因

① 浙江省德清县人民法院（2019）浙 0521 行初 132 号。

怀疑第三人向其鱼塘内扔竹枝及对其有辱骂行为，其手持两块砖瓦片闯入第三人家中，踹开房门，与第三人发生争执。第三人丈夫沈某某下班回家后，发现第三人面部受伤，第三人称为原告所打伤，沈某某遂报警。2019 年 4 月 16 日，被告作出行政处罚决定书，认定原告殴打第三人，致其右脸部、右眼眼睑等部位多处受伤，构成殴打他人的违法行为，决定对原告作出行政拘留 13 日并处罚款 500 元的行政处罚。原告认为被告作出的涉案行政处罚未按照《中华人民共和国行政处罚法》第三十八条规定，由行政机关负责人集体讨论决定，并在决定前应由审核人员进行审核，属于程序违法，故向法院提起行政诉讼。该案中，被告提交了处罚审批表，但该表上法制人员审核意见一栏并未签字，最后法院认为未签字属于轻微违法，并不影响当事人的实体权利，仅进行了指正，判决驳回原告的诉讼请求。从新《行政处罚法》角度来看，法制审核的意义重大，是行政机关自我监督和审查的重要手段和必经程序，如果该案在新《行政处罚法》施行后裁判，想必会作出不同的裁判结论，行政机关也应更为重视法制审核环节，避免流于形式，真正发挥其自我监督、自我纠错的程序价值。

（十一）行政处罚办案期限

新《行政处罚法》第六十条规定：“行政机关应当自行政处罚案件立案之日起九十日内作出行政处罚决定。法律、法规、规章另有规定的，从其规定。”这是对行政处罚办案期限作出的一般性规定，如无法律、法规、规章的特别规定，均应依照 90 日的办案期限。该条款的明确规定进一步规范了行政处罚的办案程序，对行政处罚的效率性提出了更高的要求，避免了行政执法久拖不决。需要注意的是，90 日是从行政处罚案件的立案开始，而不包含相关行政违法行为投诉举报的受理时间。

案件检视：金某某诉 J 县公安局治安行政处罚案①——超过行政处罚办案期限作出处罚决定的司法审查。2017 年 9 月 7 日 14 时左右，案外人钭某某与案外人丁某某，因合伙结算事宜在某金店内发生推搡、拉扯。14 时 13 分，被告民警到现场处置纠纷。原告金某某系案外人金某锋的表弟。原告听案外人金某锋说嫂子钭某某算账被打，14 时 19 分左右到达纠纷现场。14 时 30 分左右，原告与丁某某亲属发生争吵，被在场民警拉开。14 时 36 分左右，案外人

① 浙江省丽水市中级人民法院（2019）浙 11 行终 149 号。

金某锋到达某金店，将随身携带的两根铁链锁交给原告后进入金店，后原告将该两根铁链锁放置于某金店门旁边。14 时 51 分左右案外人陈某用铁链锁将店门锁住。原告金某某从店内离开后，于 14 时 56 分左右开始坐守在店门口。15 时 23 分左右，原告起身离开。2017 年 9 月 22 日，被告以原告涉嫌扰乱单位秩序对原告传唤询问。2019 年 3 月 28 日，被告以原告涉嫌寻衅滋事对原告进行传唤，并对发生在 2017 年 9 月 7 日的纠纷进行再次询问、调查。同日 22 时 38 分，被告将拟对原告作出的行政处罚的内容向原告进行告知，原告进行了陈述和申辩并拒绝在该告知笔录上签字。2019 年 3 月 28 日，被告作出涉案《处罚决定书》并向原告送达。现原告对《处罚决定书》不服，诉至本院请求予以撤销。根据《治安管理处罚法》第九十九条规定，“公安机关办理治安案件的期限，自受理之日起不得超过三十日；案情重大、复杂的，经上一级公安机关批准，可以延长三十日。为了查明案情进行鉴定的期间，不计入办理治安案件的期限”。对于治安管理类行政处罚的办案期限有明确规定，从新《行政处罚法》关于期限的特别规定来看，应当按照《治安管理处罚法》的规定确定该案件的处罚办案期限。此类涉及期限的案件处理的难点在于，对于该程序违法情形，法院给予何种评价，本案一审、二审对本案有完全不同的见解。本案一审认为该办案期限超期 15 个月之久，已经达到了撤销的裁判标准，而二审却认为该程序违法并不影响本案的实体裁判，本案在其他事实清楚、证据充分的前提下，对于该违法情形应认定为未对当事人实体权利产生实际影响，仅确认违法并保留行政处罚的效力。

关于超过办案期限的问题，是否因超过的时间长短而有所区别：超过时间短（1 天、2 天，还是 1 个月、2 个月?）的就确认违法？超过时间长（半年、1 年?）的就需要撤销？这样的评判标准不一势必造成裁判结果的不统一。笔者认为上述案件检视的二审裁判思路有助于对该问题裁判尺度和标准的把握。即不应以超期时间的长短确定裁判方式，因为时间长短本就是不确定和因人而异的，而是应当以该程序违法问题是否对当事人实体权利造成影响的实体化标准进行判断。如果实体处理事实清楚、证据充分、法律适用正确，仅因超过法定办案期限给予撤销的司法评价，那么该撤销判项之后必然要跟随责令重作的判项以给该违法行为终局性评判，最后依然得出与原先相同的结论，造成对行政和司法资源的浪费。

（十二）送达程序

修订前《行政处罚法》第四十条规定："行政处罚决定书应当在宣告后当场交付当事人；当事人不在场的，行政机关应当在七日内依照民事诉讼法的有关规定，将行政处罚决定书送达当事人。"新《行政处罚法》第六十一条规定："行政处罚决定书应当在宣告后当场交付当事人；当事人不在场的，行政机关应当在七日内依照《中华人民共和国民事诉讼法》的有关规定，将行政处罚决定书送达当事人。当事人同意并签订确认书的，行政机关可以采用传真、电子邮件等方式，将行政处罚决定书等送达当事人。"关于送达问题，新修订的内容相较于修订前的更为完善，送达形式更为多样，原来的送达主要有两大类别，一是直接送达，即宣告后当场交付当事人；二是非直接送达，依据《民事诉讼法》的规定，具体还包括委托送达、留置送达、转交送达、邮寄送达、公告送达等方式。新修订的内容将电子送达的方式作为第二款明确下来，一方面符合民事诉讼法关于送达的形式规定，另一方面也符合当下信息化发展的时代背景。但无论是修订前还是修订后，在送达问题上行政机关均应注意以下问题：一是采取电子送达的，需要当事人同意并签订地址确认书，如无此条件，则不能采取电子送达的方式。其实电子送达在行政执法中早已有所应用，现在交通道路管理领域也开始适用短信告知的送达方式，简化便捷的送达方式提高了行政执法的效率。二是确保有效送达，司法案件审查中发现，行政机关采取的最广泛的送达方式为邮寄送达，但邮寄送达涉及签收问题，在没有授权情况下的他人代收不能视为送达成功。而个别快递员的业务不精，也可能会将他人代收的情况写成本人签收或者草签，但签名却并非行政相对人，致使送达未成功。同时也存在个别行政机关对于送达情况缺乏审查核实，直至引发诉讼才发现行政处罚决定并未成功送达。

案件检视：SK公司诉市安全生产监督管理局行政处罚案①——送达方式需符合法定形式和顺序方为有效。2016年，L市安全生产监督管理局向原告颁发危险化学品经营许可证（有效期至2019年11月22日），许可经营方式为不带储存经营（批发无零售），许可范围为含易燃溶剂的合成树脂、油漆等。2017年10月12日，被告调查发现原告SK公司销售KK胶黏剂。同月18日，涉案被查获的KK胶黏剂经被告委托鉴定，鉴定结论为该胶黏剂系易燃

① 浙江省金华市婺城区人民法院（2018）浙0702行初248号。

液体，属危险化学品。同年 12 月 25 日，被告就原告在义乌销售危化品的行为的处理，经集体讨论，形成拟对原告 SK 公司处以责令停止经营活动、没收违法所得 19110 元、并处 10 万元罚款的行政处罚的意见。同月 27 日，被告向原告公司法定代表人陈某某以特快专递邮寄行政处罚告知书、听证告知书，快件备注“必须本人签收”。次日，涉案邮件被退回，载明退回原因为“当事人拒收”。2018 年 1 月 3 日，被告在商报（面向全国发行）上对上述告知书内容进行公告，公告期为 60 日，陈述申辩期为 7 日。同年 3 月 30 日，被告作出行政处罚决定，决定处以责令停止经营活动，没收违法所得 19110 元，并处 10 万元罚款。次日，被告向原告公司法定代表人陈某某寄送行政处罚决定书及交款通知书。其后涉案邮件被退回，退回原因仍标注为“当事人拒收”。原告不服，提起本案诉讼。法院经审理认为，被告送达程序违法，判决确认该行政处罚决定违法。从本案的检视可以看出，送达虽有多种形式，但依然有先后顺序，尤其是当事人明确可寻的情形下，不能任意选之，被告在邮寄送达不成功的情况下，还可采取委托送达、留置送达等方式，待方式穷尽方能选择公告送达，本案中被告在邮寄送达不成时径直选择公告送达，不仅违反法律规定，同时影响当事人陈述申辩等相应权利的行使，属于程序违法的情形。该案的判决正确分析了送达形式选取的先后顺序，纠正了行政机关的错误送达方式。

（十三）听证程序的明确

新《行政处罚法》对听证程序进一步明确，主要修改体现在三个方面：一是扩大了听证适用的范围，将修订前《行政处罚法》中听证适用的责令停产停业、吊销许可证或者执照、较大数额罚款等行政处罚决定扩展为六个方面，分别是较大数额罚款；没收较大数额违法所得、没收较大价值非法财物；降低资质等级、吊销许可证件；责令停产停业、责令关闭、限制从业；其他较重的行政处罚；法律、法规、规章规定的其他情形。这样列举的方式更清晰地体现了听证适用的处罚手段，也与 2021 年修改明确的处罚种类相对应。二是延长了当事人提起听证请求的时间，从原来的 3 日延长为 5 日，保障行政相对人更为充分的维权时间。三是赋予听证制度更重要的地位。主要体现在第六十五条，要求听证结束后，行政机关应当根据听证笔录，依照本法第五十七条的规定作出决定。该条规定使得听证制度非常类似于司法审查的开庭审理程序，未经法庭依法质证的证据不得作为裁判的依据，而从听证审查的内容来看，行政处罚机关已经通过听证充分听取了调查人员提出当事人违法的事实、证据和行政处罚建议，以及当事人的申辩和质证，那么听证审查的结论就能作为行政机关作出处罚决定的依据。进而，司法机关也应在司法审查中关注行政机关是否依法开展了听证程序、听证程序审查的内容是否全面合法以及行政处罚决定是否与听证程序确认的事实和结论相一致。这一改变进一步推动了听证程序的实质化运行，避免了行政机关“听证程序走过场”的错误观念，更为充分地保障了当事人陈述申辩权利的行使。

案例检视：某某乐便利店诉L区市场监督管理局市场管理行政处罚案[①]——听证告知程序应符合法律规定程序。2019年3月7日，被告L区市监局以其检查中发现原告某某乐便利店货架上摆放有两包过期的食用槟榔为由对原告予以立案调查。2019年4月4日，被告作出《行政处罚听证告知书》并于4月9日送达原告，告知其享有听证权及陈述、申辩权，原告随即提出听证申请。2019年4月5日、4月15日，被告分别作出两份《行政处罚告知书》并送达原告，该两份告知书的内容基本一致，均告知原告享有陈述、申辩权。2019年4月25日，被告作出被诉处罚决定，一、责令整改违法行为；二、处以罚款3000元，上缴财政；三、没收上述超过保质期的食用槟榔2包。原告不服，提起本案诉讼。法院经审理认为，被告处以罚款的数额为3000元，确非法律、法规和规章规定的行政机关应当主动组织听证的情形，但被告已向原告送达了《行政处罚听证告知书》，告知其享有听证权利，应视为被告认为该案有必要组织听证，在原告提出听证申请的情形下，应当组织听证。然而，被告在送达《行政处罚听证告知书》后，又制发了《行政处罚告知书》，但未曾撤销或更正相关听证内容，亦未明确驳回原告的听证申请，更未组织听证即作出被诉处罚决定，程序违法。关于本案无论适用修订前还是修订后的《行政处罚法》均不属于应当组织听证的情形，但被告已经告知了原告听证权利，即是通过授权的方式赋予了行政相对人提起听证的权利，若被告认为该案确无必要组织听证，送达的《行政处罚听证告知书》系告知错误，也应当通过谈话或制发撤销（更正）文书的形式明确告知原告，并驳回其听证申请，而不是对于原告提出的听证申请不予理会，径直作出处

① 浙江省温州市鹿城区人民法院（2019）浙0302行初524号。

罚决定，这样处理只会减损行政机关的权威和公信力。

另外，关于提出听证的时间，在司法实践中可能会遇到以下问题。一是对于听证权利的告知的司法评判。行政机关作出行政处罚时应当告知听证权利而未履行告知义务，当事人亦未提起听证申请的，诉讼中原告主张被告未履行听证告知程序，行政机关应当承担程序违法的法律后果。而如果当事人虽未被告知，但已然行使了听证申请权，此时司法裁判往往对行政机关未履行听证告知义务给予相对前者较轻的司法评价，从案件裁判结果来看，主要还是以未影响当事人实体权利而确认违法，少数也存在仅指正而不判决行政机关败诉的情况。二是当事人在被告知听证权利后明确表示放弃，但在法定期限内又提出听证申请的，行政机关未举行听证是否构成程序违法。从案件审查角度来看，此问题也并不统一，一种观点认为放弃后行政相对人不具有听证权利，行政机关未举行听证程序并不违法，另一种观点认为听证期限届满前，当事人均享有申请听证的权利，放弃后又申请，行政机关未举行听证属于程序违法。笔者更倾向于第二种观点。三是对于听证范围的把握尚不明确。由于修订前《行政处罚法》中关于听证的范围界定比较模糊和狭窄，虽然也有等外兜底性内容，但司法审判中不敢轻易通过司法裁判对立法进行解释，大部分案件对于是否应当听证的模糊地带给予了尊重行政执法自由裁量权的态度。新《行政处罚法》的列举式更为清晰明确，给行政机关依法告知听证权利、行政相对人依法提出申请、法院司法裁判都给出了更明确的指引，但值得注意的是本问题出现的核心依然是对于兜底性条款的行政执法适用和司法裁判标准，仍需通过地方立法等方式不断规范听证程序的适用和发展。

三、司法检视对规范行政执法的指引

（一）强化法定职权，提升依法行政意识

法无授权不可为是行政处罚的基本原则。行政执法体制改革对我国行政权的配置运行具有重要意义，关系到行政执法权在纵向和横向两个维度的整合，以及行政执法机关之间的关系处理。新修订的《行政处罚法》巩固了行政执法体制改革成果，进一步明确了相对集中行政处罚权和行政处罚权下放基层政府等内容。处罚权配置的调整和变化关乎适格被告的确定和职权审查，因此，需进一步理顺相对集中行政处罚权和执法权下放基层政府的适用范围，

确保部门之间执法权不缺位、不抢位，基层政府和部门之间明晰职权界限，保证执法权限放得下，基层政府接得住。明确乡镇街道行使行政处罚权的授权规定，配强基层执法力量，提升执法能力，定期开展理论和业务培训，提高执法人员职业素养和专业水平，全面提升执法队伍素质，确保权力在规定范围内依照法定程序予以实施，加强对街道、行政执法工作的指导、组织协调和监督管理，配套建设执法评估考核体系，科学合理设计考评指标，并通过考核提升内部监督，切实增强基层综合治理能力。

（二）准确运用处罚权限，保证文明执法

新修订的《行政处罚法》突出体现了教育和处罚相结合原则，排除单纯的处罚主义，更突出处罚的目的是提升全面自觉守法意识和氛围。通过确立轻微不罚、初次不罚、无错不罚等条款进一步突出教育功能，体现人性执法、增加执法温度。而在三种情形的事实认定和行政裁量权的把握上，需要进一步区分和明确。初次不罚属于相对不罚，也就是可以罚也可以不罚，但新修订的《行政处罚法》对于初次不罚的确定没有给予明确的规定，是否可以跨越处罚领域，是否可以跨越年度，还需进一步作出细化规定。轻微不罚属于绝对不罚，其必须符合三个条件，一是违法行为轻微；二是及时作出改正，此时的改正应当放宽适用，既可以是自我纠错，也可以是在执法人员指出后被动纠正；三是没有造成危害后果。无错不罚原则要求当事人有证据证明其没有主观过错，而证明主观不存在过错具有很大难度，新修订的《行政处罚法》适用过错推定原则，行政处罚过程中如当事人不能举证证明其没有主观过错的，可以推定当事人具有主观过错，依法给予处罚。课题组同时认为当事人举证自己无过错并非容易之事，如经过道路路口，造成闯红灯的违法事实，但该违法行为系因前方大车造成视线阻隔，此时当事人举证说明自己无过错情况，可向交管部门调取监控录像，相关行政机关应当给予配合。诉讼过程中，如行政机关作出因无错不罚的决定，那么此时当事人无过错的举证责任应由行政机关承担。

（三）注重程序正义，保障当事人合法权益

新修订的内容中扩大了简易程序的适用范围，确立了听证程序的适用流程，增加了送达程序的适用形式，尤其需要注意的是引入了行政执法公示制度、执法全过程记录制度、重大执法决定法制审核制度，提高行政处罚效率的同时，进一步规范处罚程序，更好地保护行政相对人合法权益。行政机关应落实好三项制度要求，行政执法机关应依法及时主动向社会公开有关行政执法信息，包括对违法行为给予行政处罚的规定，行政处罚的实施机关、立案依据、实施程序和救济渠道、电子设备设置等内容，执法人员在执法过程中要主动表明身份，接受社会监督。依法落实行政执法全过程留痕，现阶段执法记录仪在行政执法过程中发挥着重要的取证存证作用，执法记录仪拍摄录像应从第一时间发现违法行为或者接触违法行为人开始，到现场执法活动结束为止，保证执法记录的完整性，避免断章取义，确保行政处罚权行使公开透明。保证法制审核人员具备相应资格，提升法制审核人员专业能力，贯彻落实科学依法决策。

（四）修改时效制度，遏制严重违法行为

新修订的《行政处罚法》对于违法行为的最长追溯时效作出了区分和明确，改善了原规定中未区分违法行为性质和危害性一律适用 2 年时效的不完备之处，将涉及公民生命健康安全、金融安全且有危害后果的，期限延长至 5 年，在督促行政机关依法及时履行行政处罚职责避免不作为的同时，体现了行政执法的稳定性，规定更加科学合理，有利于遏制严重的违法行为。行政机关在行政处罚权行使过程中，要注意区分上述最长时效的适用，正确把握涉及公民生命健康安全、金融安全的情形，明确危害后果的内涵，积极发挥行政处罚惩戒和震慑违法行为的作用。

结语

本调研课题梳理了 2018 年至 2020 年全省行政处罚案件，并在新《行政处罚法》的法律适用视角下，检视既往裁判，分析研判新《行政处罚法》的主要内容，并配以相应的案件作为实证研究样本，在实证分析的过程中，不难看出司法裁判的理念往往超前于立法，关于行政处罚受案范围的界定实则明确了行政处罚的概念、种类；关于行政处罚事实认定和法律适用的司法判断，确定了行政处罚自由裁量权的界限，既要合法亦要合理，量罚适当，过罚相当；关于行政处罚立案受理程序、告知程序、听证程序等程序性问题的司法审查要求合法性和正当性兼备；司法裁判坚持贯彻《行政处罚法》的立法精神和法律原则，通过司法审查提升了执法的规范性，提高了依法行政的水平，推动了法治政府建设的进程。本次课题研究虽已将全省 2018—2020 年行政处罚案件悉数梳理统计，但所研究的案件类型并不能囊括所有行政处罚领域、种类，由此也不能将新《行政处罚法》全部修订新设内容逐一研究分析并提出论断，略显遗憾。期待在适用新修订《行政处罚法》的适用过程中，出现更多典型并具有指导意义的行政执法和司法裁判案件，对新修订的精神和内容予以贯彻落实，发挥《行政处罚法》在社会管理和国家治理中的应有之义。

（作者单位：浙江省湖州市中级人民法院）

行政强制拆除案件司法审查“三步”规则探析

——以福建省381份二审裁判文书为分析样本

陈梅华

【摘要】 自立案登记制实施以来，行政诉讼案件数不断增加，行政审判案多人少的矛盾日益凸显，进行类案研究，有利于统一裁判标准，提高行政审判效率，缓解案多人少的矛盾。当事人请求确认强制拆除行为违法的案件是行政诉讼常见的案件类型，也是行政相对人与行政机关矛盾较为尖锐的行政争议类型，本文通过对中国裁判文书网中发布的福建省2019年381份诉强制拆除行为的二审裁判文书进行实证分析，发现该类案件的特点及审判实践存在的一些问题，结合相关法律法规、司法解释及最高人民法院的裁判观点等，归纳总结出从起诉条件的审查、适格被告的审查与处理、行政行为合法性的审查三个步骤来解决该类案件审判实践问题的司法审查规则，以期促进该类案件司法审查标准的统一及行政审判的规范化。

【关键词】 强制拆除　司法审查　裁判

行政强制案件是行政诉讼主要案件类型之一，而行政强制拆除案件[①]又是典型的行政强制案件。行政强制拆除案件主要发生在征收和违法建设的查处过程中，往往是二者交织混合进行，强制拆除行为的实施主体多元复杂难以确认，双方当事人矛盾尖锐。该类案件在司法审查过程中仍存在审查规则不明确、裁判标准不统一等问题，为促进行政审判规范化，提高行政审判效率，笔者以中国裁判文书网中发布的2019年福建省381份诉行政强制拆除行为的二审行政裁判文书为样本进行分析，结合相关法律法规、司法解释及最高人民法院的裁判观点等，归纳总结出从起诉条件审查、适格被告的审查与

① 本文中“行政强制拆除案件”均系指诉行政强制拆除行为的案件，不包含诉强制拆除决定的案件。

处理、行政行为合法性的审查三个步骤来解决该类案件审判实践问题的司法审查规则。

一、实践考察：行政强制拆除案件的现状分析

（一）样本的说明

因二审裁判文书中可以综观一审、二审的裁判观点，二审无论是改判，还是仅纠正一审的裁判理由但未改变裁判结果，均可通过纵向对比一、二审的裁判理由而分析出该类案件审判实践存在的问题；亦可通过横向对比不同法院审理同类案件的裁判观点，从而发现审理该类案件容易出现的问题，总结归纳该类案件的司法审查规则。故而，笔者认为，行政强制拆除案件的二审行政裁判文书是较佳的实证分析样本。笔者于 2020 年 6 月在中国裁判文书网中高级检索的“全文检索”一栏输入“强制拆除”并选择“理由”，“案件类型”一栏选择“行政案件”，“审判程序”一栏选择“行政二审”进行检索，再在初步检索结果中“地域及法院”中选择“福建省”、在“裁判年份”中选择“2019”，检索出 486 份裁判文书，再一份份点击进去查阅，排除掉政府信息公开、土地征收、行政复议、不履行法定职责、征收安置补偿、停水停电等并非诉强制拆除的 66 份裁判文书及诉强制拆除决定的 39 份裁判文书，获得 2019 年福建省 381 份诉强制拆除行为的二审生效裁判文书作为分析样本，其中行政裁定 230 份，行政判决 151 份。

（二）行政强制拆除案件的特点

381 份诉强制拆除行为的裁判文书虽仅是众多行政强制拆除案件的缩影，但已折射出行政强制拆除案件的一些特征：

1. 从案件来源看，常出现相同原因引发一系列强制拆除案件

无论是征收过程中的强制拆除，还是违法建设查处过程中的强制拆除，甚至动物疫情防治过程中的强制拆除，往往都是行政机关在某一段时间内集中对所涉区域内的建筑物、构筑物、设施实施的，导致该类案件多有集中爆发的特征。381 份裁判文书中系列案件中所涉案件数较多的情况如表 1 所示：

表 1　拆除原因相同的涉及 10 件以上案件的情况

拆除原因	拆除对象	文书（案件）数
N 市开展海上养殖综合整治	养殖设备	57
F 市某街旧改项目	该项目用地范围内国有土地上的房屋	46
Z 市某区生态园片区征地搬迁	房屋	21
Q 市房屋征收	职工宿舍楼	18
J 市土地置换	被置换土地上的建筑物	16
非洲猪瘟	生猪养殖场	16

2. 从涉诉主体看，案件适格被告的确定争议较大

实践中，实施强制拆除前少有作出强制拆除决定并送达当事人的，负责征收的县级人民政府、违法建设查处职责的城管等执法部门、作为征收实施单位的乡镇人民政府或街道办等单位的工作人员都有可能会出现在拆除现场，但往往并未告诉当事人实施强制拆除行为的行政机关名称。起诉时原告所列的被告仅是根据其自己的判断而列，可能是一个，也可能是多个，有的原告甚至为了提高级别管辖而故意将县级政府列为共同被告，原告所列的被告是否为适格被告，往往双方争议较大。381 份裁判文书样本中乡镇政府、街道办被列为被告的最多，县级人民政府次之，城管执法部门再次之，详见图 1（其中很多案件是共同被告）。381 份裁判文书中当事人对适格被告的确定有争议的就有 228 份，占总数的 73.49%，终审后因错列被告且拒绝变更而被驳回起诉的共有 134 份。

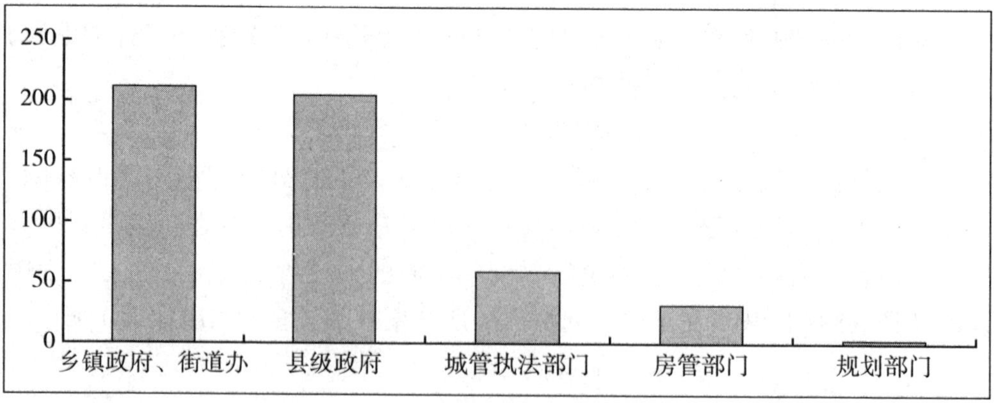

图 1：381 份文书中被诉行政机关分布

3. 从裁判结果看，不予立案少但裁定驳回起诉多，实体判决中被告绝大部分败诉

381 份裁判文书中一审裁定不予立案 5 份，但被二审撤销 3 份，维持 2 份；一审裁定驳回起诉（含部分驳回起诉，部分裁定移送）202 份，二审维持（含部分维持，部分撤销并指令继续审理）191 份；一审判决，二审撤销判决改判驳回对不适格被告的起诉，并确认适格被告强制拆除行为违法的 1 份。表明行政强制拆除案件立案后，审查是否符合起诉条件依然是审判工作的重要组成部分。若当事人的起诉符合起诉条件而进入对被诉强制拆除行为实体审理后，绝大部分被诉强制拆除行为或因超越职权，或因程序违法等而被法院判决确认违法。381 份裁判文书中一审进入实体审理而以判决结案仅 174 件（其中判决确认强制拆除行为违法的 167 份）（详见图 2）；二审维持一审确认违法判决的 144 份，撤销确认两被告行政行为违法的原审判决、改判为确认其中一个被告违法的 1 份，即进入实体审理以判决结案的 174 份裁判文书中，最终判决行政机关败诉的有 145 份（详见图 3）。

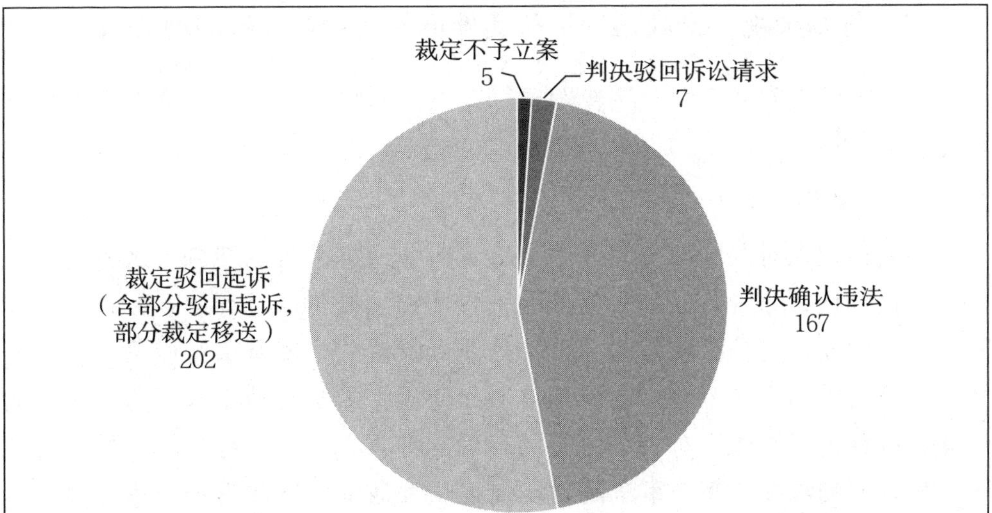

图 2：381 份裁判文书的一审裁判结果分布

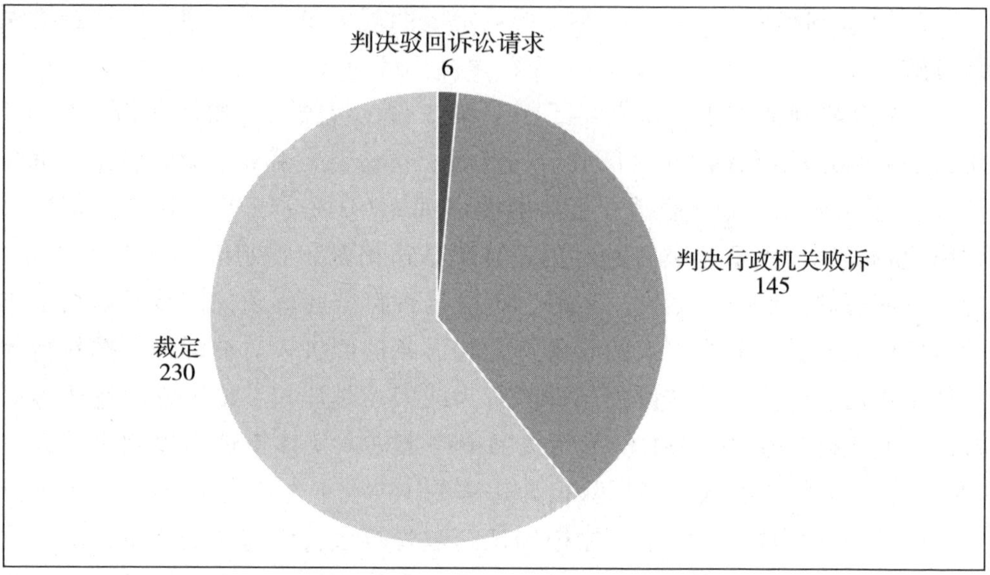

图 3：381 份裁判文书的二审裁判结果分布

二、样本检视：行政强制拆除案件审判实践存在的问题分析

从 381 份裁判文书中，笔者发现行政强制拆除案件的审判实践存在以下问题：

（一）裁判标准不统一

主要体现在对共同被告案件中县级政府非适格被告的裁判方式不同。有的一审法院认为原告将县级政府列为被告属错列被告，经释明，原告拒绝变更，应驳回原告对县级政府的起诉，其他行政机关应属基层法院管辖，不属中级法院管辖和受案范围，亦应裁定驳回起诉，遂全案裁定驳回起诉。有的一审法院裁定驳回原告对县级政府的起诉，将原告对其他行政机关的起诉移送有管辖权的法院。而二审法院对于前述全案裁定驳回起诉的一审裁定，有的维持，有的改判。

（二）“一裁一判”作出顺序及文书内容不规范

在多个被告均属受诉法院管辖的案件中，经审查，其中部分被告不适格，告知原告变更但原告拒绝变更的，应先裁定驳回原告对部分被告的起诉后，对其他适格被告的强制拆除行为再作出实体判决。但有些法院同日作出驳回起诉裁定与实体判决，有些法院则等驳回起诉裁定生效后再作出实体判决。且驳回起诉裁定与实体判决中对被告如何列明也存在不同：有的在裁定书及判决书中均列明所有的被告；有的在裁定书中将案件的所有被告均予以列明，在判决书中仅列明适格的被告；有的则在裁定书中仅列明不适格的被告，在判决书中列明适格的被告。

（三）对一些法律法规的理解与适用不准确

1. 对房屋承租人与被诉强制拆除行为是否具有利害关系仍存在争议

当房屋所有权人同意行政机关拆除其房屋时，房屋承租人与被诉强制拆除行为是否具有利害关系，仍然存在争议。381 份裁判文书中一审以原告与被诉强制拆除行为没有利害关系为由驳回起诉的 32 份，其中二审虽维持但改了驳回起诉的理由，认为原告是房屋承租人与被诉强制拆除行为具有利害关系的 18 份，二审以作为房屋承租人的原告与被诉强制拆除行为具有利害关系为由撤销原裁定的 2 份。

2. 起诉期限的起算点及理解适用仍然容易出现错误

381 份裁判文书中一审以超过起诉期限驳回起诉的 8 份中有 2 份被二审撤销；一审中非以超过起诉期限驳回起诉，二审换成以超过起诉期限为由维持原裁定的 18 份。

3. 对强制拆除程序进行审查时存在适用法律混乱的情形

《行政强制法》第三十四条至第三十八条的规定是对具有行政强制执行权的行政机关进行强制执行的程序规定，没有行政强制执行权的行政机关实施的强制拆除行为是不适用这些法律规定对其程序进行审查的。但许多行政判决并未先审查行政机关是否具有强制拆除的职权，就直接适用《行政强制法》第三十四条至第三十八条的规定对被诉强制拆除行为进行程序审查，从而以此认定被诉强制拆除行为违法；有的行政判决审查认为被告没有职权实施强制拆除行为，但仍适用《行政强制法》第三十四条至第三十八条的规定对被诉强制拆除行为进行程序审查。

三、修正基础：行政强制拆除案件起诉条件的审查

行政强制拆除案件审判实践中存在上述问题的主要原因在于缺乏规范的司法审查规则，审判人员对该类案件的审理思路不够清晰。为解决上述问题，

笔者梳理了该类案件的审理思路，总结归纳出该类案件司法审查“三步”规则。其中，起诉条件的审查是该类案件司法审查的基础，主要审查起诉人是否具备原告主体资格、是否有明确的被告、诉讼请求是否具体、是否有事实根据、是否属于法院的受案范围和受诉法院管辖、是否超过起诉期限且无《行政诉讼法》第四十八条规定的情形（以下简称“法定情形”）等。根据上述实证分析，笔者仅对审判实践中存在问题的原告主体资格、起诉期限的审查两方面进行探析。

（一）原告主体资格的审查

审查强制拆除案件起诉人的原告主体资格，主要是根据《行政诉讼法》第二十五条规定审查起诉人与被诉强制拆除行为是否具有利害关系。被拆除建筑物、构筑物、设施的所有权人与强制拆除行为具有利害关系，这是毋庸置疑的。但房屋实际使用人（如承租人）与强制拆除行为具有利害关系存在一定的争议。笔者认为，拆除房屋不仅影响房屋本身，还可能及于屋内物品以及房屋实际使用人依法享有的居住权益，即强制拆除房屋行为不仅会对房屋所有权人的权利造成损害，也可能对实际使用人（如承租人、《民法典》新增规定的居住权人）的财产甚至人身权利造成损害，故房屋实际使用人与强制拆除行为具有利害关系的，具备原告主体资格。

（二）起诉期限的审查

《行政诉讼法》第四十六条，《最高人民法院关于适用〈中华人民共和国行政诉讼法〉的解释》（以下简称《适用解释》）第六十四条、第六十五条规定了行政诉讼的起诉期限。依照上述规定，行政作为类诉讼的起诉期限的起算点根据不同的情形需要选择行政行为作出之日、知道或者应当知道作出行政行为之日、知道或者应当知道起诉期限之日、知道或者应当知道该行政行为内容之日进行认定，在行政审判中容易出现适用困惑，为此，笔者将当事人不服行政强制拆除行为提起诉讼的起诉期限的审查思路进行了梳理，如图 4 所示：

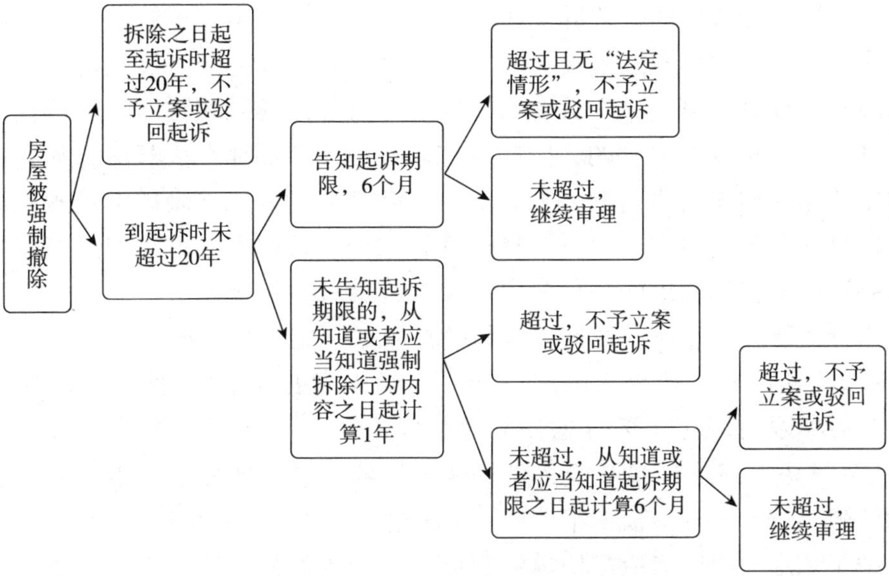

图4：行政强制拆除案件起诉期限的审查思路

2015年5月1日《行政诉讼法》（2014年版）施行前，根据《行政诉讼法》（1989年版）第三十九条的规定，上图中的“6个月”处均为“3个月”；2018年2月8日《适用解释》施行前，根据《执行解释》①（2000年3月10日至2018年2月7日期间施行）的规定，上图的“1年”为“2年”，“20年”处未变。

对于发生在新旧行政诉讼法衔接及新旧司法解释衔接过程中的强制拆除行为的起诉期限应如何适用法律及司法解释？关于新旧行政诉讼法衔接过程中的起诉期限适用问题，最高人民法院的赵大光、李广宇、耿宝建法官曾撰文认为“对行政机关在5月1日前作出的行政行为，当事人在5月1日后提起诉讼，按照旧行政诉讼法及其司法解释的规定尚未超过起诉期限的，应当适用新行政诉讼法及其司法解释六个月起诉期限的规定”。② 最高人民法院（2016）最高法行申1985号行政裁定对该问题阐述得更明确：“关于起诉期限的计算，首先应当适用行政行为发生时有效的法律和司法解释的规定，至修改后的行政诉讼法2015年5月1日实施之日，当事人的起诉期限已经届满

① 本文《执行解释》均系《最高人民法院关于执行〈中华人民共和国行政诉讼法〉若干问题的解释》的简称。

② 赵大光、李广宇、耿宝建：《行政诉讼法新旧法衔接的几个具体问题》，载《人民法院报》2015年5月13日第005版。

的，不再适用修改后的行政诉讼法关于起诉期限的规定；至修改后的行政诉讼法实施之日，起诉期限未届满的，从修改后的行政诉讼法实施之日起开始适用新规定计算当事人的起诉期限，剩余有效起诉期限超过六个月的，按六个月计算，未超过六个月的，按剩余期限计算。”①而对于新旧司法解释衔接过程中的起诉期限适用问题，笔者认为，借鉴最高人民法院的上述观点，如果强制拆除行为发生在《执行解释》施行期间，按照图5的审查思路需要适用从知道或者应当知道行政行为内容之日起最长不得超过2年期限的话，应当适用行政行为发生时有效的《执行解释》的规定，至《适用解释》2018年2月8日实施之日，当事人的起诉期限已经届满的，不再适用《适用解释》关于起诉期限的规定；至《适用解释》实施之日，起诉期限未届满的，从《适用解释》实施之日起开始适用新规定计算当事人的起诉期限，剩余有效起诉期限超过1年的，按1年计算，未超过1年的，按剩余期限计算。

关于认定知道或者应当知道强制拆除行为内容的标准，实践中仍然存在争议。第一种观点认为，只要知道房屋被强制拆除的事实就应认定为知道了强制拆除行为内容，无须知道强制拆除行为的主体。第二种观点认为，知道或者应当知道强制拆除内容的认定标准是知道或者应当知道强制拆除行为的主体从而能够起诉。②笔者同意第二种观点，虽然法律并未明确行政行为内容是否包含行政行为的作出主体，但从文义上理解，行政行为内容应包含行政行为的作出主体这一项，且最高人民法院（2017）最高法行申579号行政裁定书中有明确“行政行为的作出主体属于行政行为内容的一项，认定公民、法人或者其他组织‘知道或者应当知道具体行政行为内容’，不仅要求其知道或者应当知道该行政行为所设定的相关权利、义务等内容，还要求其知道或者应当知道该行政行为的作出主体。”③因此，应以当事人知道或者应当知道强制拆除行为的作出主体作为认定知道或应当知道强制拆除行为内容的标准。

四、修正关键：适格被告的审查与处理

虽然《行政诉讼法》第六十九条第一款第（三）项规定将错列被告且拒绝变更的作为不符合起诉条件、应驳回起诉的一种情形，但根据《行政诉讼

① 参见最高人民法院（2016）最高法行申1985号行政裁定书。

② 赵文、王伏刚、陈洪玉：《行政强制拆除案件若干问题探讨》，载《人民法院报》2019年10月31日，第006版。

③ 参见最高人民法院（2017）最高法行申579号行政裁定书。

法》第四十九条第（二）项所规定，起诉时仅是要求在起诉状中列明明确的被告，并未要求所列的被告系正确的被告。《适用解释》第二十六条第一款规定："原告所起诉的被告不适格，人民法院应当告知原告变更被告；原告不同意变更的，裁定驳回起诉。""'应当'表明告知当事人变更不适格被告是人民法院的一种义务，如果人民法院没有履行告知义务而以原告所列被告不适格为由径行驳回起诉，则其诉讼程序违法，实质上剥夺了当事人的起诉权，不符合起诉权保障原则。"①由此可见，提出明确的被告是原告的义务，确定适格被告是法院的义务，只有原告拒绝变更适格被告的，才会被驳回起诉。因此，笔者将适格被告的审查与处理从起诉条件的审查中单列出来，作为案件审查的第二步骤，在经第一步骤审查符合相关的起诉条件后，才进入第二步骤的适格被告的审查与处理。

适格被告是最终确认承担被诉行政行为法律责任的行政主体，确定适格被告是行政强制拆除案件司法审查的关键。但由于各方当事人对适格被告的确定争议较大是行政强制拆除案件独有的特点，所以适格被告的确定也是该类案件司法审查的难点。

（一）行政强制拆除案件适格被告的主要考量因素

"职权法定原则是行政法的基本原则，行政机关依照法律规定独立行使职权并承担相应的法律责任。对于有多个行政主体实施或参加的行政行为，在确定适格被告时，要根据作出行政行为的行政主体是否具有法定职权、在行政行为中的参与程度和具体分工、有无接受委托或指令等情形，结合相关实体法律规范进行综合判定。"②综上，确定强制拆除案件的适格被告可以从以下三个方面予以考量认定：

一是有条件地以某被告对实施强制拆除行为的自认或被告提供的某案外行政机关对被诉强制拆除行为的自认证明作为认定依据。但适用该规则的前提是，原告提供的证据中并无相反的证据足以推翻该行政机关的自认，也无证据足以证明其他被告有参与强制拆除。如果原告提供的证据中可以证明其他被告也有参与强制拆除，则应认定为共同被告；如果原告提供的证据足以推翻该行政机关的自认，则对该行政机关的自认应不予采信，以防出现 A 行

① 最高人民法院行政审判庭编著：《最高人民法院行政诉讼法司法解释理解与适用（上）》，人民法院出版社 2018 年版，第 154 页。

② 参见最高人民法院（2019）最高法行再 31 号行政判决书。

政机关为 B 行政机关背锅的情形。

二是根据原告提供的证据结合强制拆除背景及被告的职能分工予以认定。行政机关均未自认的，但若原告提供了拆除现场照片、信访答复、申请获得的政府信息、新闻报道、行政决定等文书、公告、裁判文书等证据，结合起诉状中所列的被告的职能分工，从所列的被告中排除不可能是强制拆除主体（如维护秩序的公安机关）或明显没有证据证明实施强制拆除行为的行政机关，然后将证据链所指向的行政机关确定为适格被告。

三是若无行政机关自认，在案证据亦无法直接证明强制拆除行为实施主体的，结合强制拆除背景，根据相关法律法规及司法解释规定，将负有征收或违法建设查处职权的行政机关推定为适格被告。最高人民法院（2017）最高法行再 101 号行政判决就适用了该规则认定该案的适格被告，认为“在国有土地上房屋征收过程中，有且仅有市、县级人民政府及其确定的房屋征收部门才具有依法强制拆除合法建筑的职权，除非市、县级人民政府能举证证明房屋确系在其不知情的情况下由相关民事主体违法强制拆除的，则应推定强制拆除系市、县级人民政府委托实施，人民法院可以认定市、县级人民政府为实施强制拆除的行政主体。”①

（二）共同被告案件出现部分被告不适格的处理程序

共同被告案件往往与管辖的确定交织在一起。若作为共同被告的行政机关属不同层级的，应以级别最高的行政机关确定级别管辖，简称“就高不就低”的原则。② 实践中常常出现以县级政府为共同被告的强制拆除案件经受理的中级法院审查（或开庭审理）后认为县级政府不是适格被告且原告拒绝变更被告的情形，但针对该种情形，381 份裁判文书中体现了两种裁判观点，第一种是全案驳回起诉，另一种是裁定驳回原告对县级政府的起诉，原告对其他被告的起诉属基层法院管辖的，移送有管辖权的法院。笔者认同第二种裁判观点，因为尽管属受诉法院管辖是起诉条件之一，但驳回起诉仅适用于立案阶段发现案件不属受诉法院管辖的情形，在立案之后发现受理的案件不属于受诉法院管辖的，则不能适用《适用解释》第六十九条第一款第（一）项规定裁定驳回原告的起诉，而应适用《行政诉讼法》第二十二条规定移送有管辖权的法院。最高人民法院也有判例明确其对该问题的裁判观点如下：

① 参见最高人民法院（2017）最高法行再 101 号行政判决书。
② 参见最高人民法院（2018）最高法行申 1133 号行政裁定书。

若共同被告中县级政府经审查不是适格被告的，其他层级较低的被告虽因“高无所就”而失去中级法院管辖的依据，但这与起诉时就不属中级法院管辖的案件不同，不宜一概全案驳回起诉；如果已经开庭审理的，中级法院可以依照《行政诉讼法》第二十四条第一款规定继续审理该案，以节约司法资源、减轻当事人诉累；若中级法院认为原告存在故意提高级别管辖嫌疑或有正当理由认为其不宜对案件继续审理的，可以裁定驳回对县级以上政府的起诉后，将案件移送有管辖权的法院，而不应当全案驳回起诉。①

笔者对共同被告案件在起诉时依据“就高不就低”原则确定的管辖正确的前提下，在审理中发现部分被告不适格情形的处理程序进行梳理，绘制了既可以适用中级法院一审案件，又可以适用基层法院一审案件的示意图，见图 5：

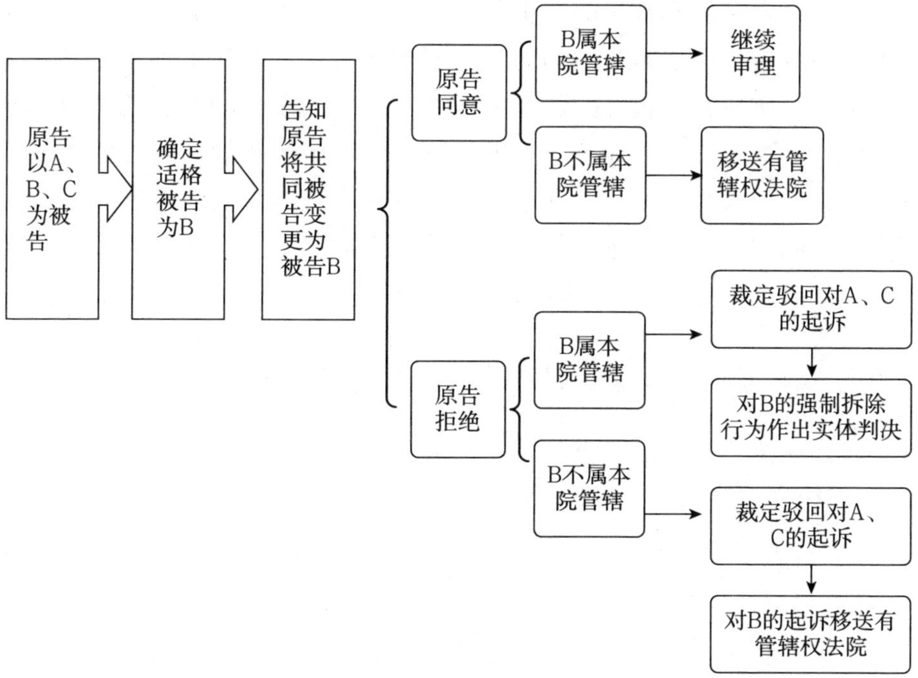

图 5：共同被告案件中部分被告不适格的处理程序

原告拒绝变更被告的，无论最终是需要作出实体判决还是移送有管辖权的法院，均应待驳回原告对不适格被告的起诉的裁定生效后才能作出，如果当事人对驳回起诉的裁定提起上诉，对被诉行政行为的合法性审查可依法中

① 参见最高人民法院（2018）最高法行申 1133 号行政裁定书。

止诉讼。理由如下：实体判决是对被诉行政行为合法性的审查，需建立在查明强制拆除行为实施主体即适格被告的基础上，此时，判决的作出须以该裁定的结果为依据，若未待驳回起诉的裁定生效就作出实体判决，实质上违反了法定程序，如果当事人仅对裁定提起上诉，二审过程中发现驳回起诉裁定错误，撤销原裁定指令继续审理，则意味着已生效的实体判决所查明的强制拆除实施主体也是错误的，即认定基本事实错误，只能通过再审程序对生效判决进行纠正，再审案件案号与指令继续审理案号不同，如何在两个案件审理同一个被诉行政行为将成为难题。同理，裁定移送的前提应是驳回起诉的裁定生效后，原告对适格被告的起诉不属受诉法院管辖才进行的。

至于当事人诉讼地位在上述前后作出的两份裁判文书中如何列明的问题，因对于驳回原告对部分被告的起诉，另一些被告有可能不服，认为被法院认定为不适格的被告也是实施主体之一，驳回起诉裁定实际上加重了其本身应承担的责任，如在驳回起诉的裁定中将所有被告均予以列明，既可以呈现出起诉时各方当事人的诉讼地位，又能让这些被认定为强制拆除行为实施主体的被告有上诉的权利，比较有利于保障各方当事人的合法权益和查清强制拆除行为的实施主体；而当作出实体判决或移送的裁定时，驳回起诉的裁定已经生效，此时这些不适格的被告不应再在判决或移送的裁定中列明。

五、修正实质：行政强制拆除行为的合法性审查

经过前述两个步骤的审查，原告的起诉未有应驳回起诉的情形，才能进入案件司法审查的第三步，即对被诉行政强制拆除行为合法性的实体审查。

（一）强制拆除职权依据的审查

《行政强制法》第十三条规定："行政强制执行由法律设定。法律没有规定行政机关强制执行的，作出行政决定的行政机关应当申请人民法院强制执行。""强制拆除属于典型的直接强制执行，应当遵循《行政强制法》第十三条关于行政强制执行由法律设定的规定。依照法律规定强制拆除有两种情形：行政机关自行强制拆除和申请法院强制拆除。"① 《城乡规划法》第六十五条、第六十八条，《港口法》第四十六条第一款、第五十五条，《大气污染防治

① 全国人大常委会法制工作委员会行政法室编著：《中华人民共和国行政强制法解读》，中国法制出版社 2011 年版，第 147 页。

法》第一百零七条，《公路法》第七十九条、第八十一条，《水法》第六十五条第一款、第二款、第六十七条第一款等法律条文规定了相应的行政机关具有强制拆除的职权，其中《城乡规划法》是审理强制拆除违法建设案件最常用的认定行政机关是否具有强制拆除职权的法律。而对被征收房屋的强制拆除，法律并没有规定行政机关强制执行。《土地管理法实施条例》第六十二条①，《国有土地上房屋征收与补偿条例》第二十八条第一款规定②虽未明确规定强制拆除，但结合实践，交付土地及搬迁后就是对地上的房屋及其他附着物进行拆除，审判中经常引用这两个条文作为征收过程中需要申请法院强制拆除的依据。最高人民法院在其判例中亦明确“无论是征收集体土地还是征收国有土地上的房屋，均应在完成补偿安置工作的情况下由行政机关申请人民法院强制执行，在获得法院的准许强制执行裁定前，行政机关没有直接强制拆除被征收房屋的权力。即使在被征收人已经依法得到安置补偿或者无正当理由拒绝接受安置补偿的情况下，征收机关若要实现强制搬迁和拆除，也必须按照法定程序申请人民法院强制执行。”③

被征收房屋被强制拆除的，有的行政机关在应诉时主张其是强制拆除违法建设，具有强制执行权，此时如何审查？笔者认为，如果被告的证据可以证实其已履行了对违法建设的查处程序，如对违法建设进行认定并作出限期拆除的决定等，则以强制拆除违法建设相关的法律审查其职权，并以拆除违法建设的法定程序审查其执法程序。否则，应对被告的主张不予采信，以对征收过程中实施的强制拆除行为的审查规则进行审查。

（二）执法程序的审查

若经过职权依据审查后发现被告不具有强制拆除职权，则被告实施强制拆除行为超越法定职权，应确认违法。只有经审查后确定被告具有强制拆除的法定职权后，才需要对其实施强制拆除的程序进行审查。因征收过程中实施强制拆除行为的案件，行政机关并无强制拆除的职权，依法应申请法院强

---

① 《土地管理法实施条例》第六十二条规定：“违反土地管理法律、法规规定，阻挠国家建设征收土地的，由县级以上地方人民政府责令交出土地；拒不交出土地的，依法申请人民法院强制执行。”

② 《国有土地上房屋征收与补偿条例》第二十八条第一款规定：“被征收人在法定期限内不申请行政复议或者不提起行政诉讼，在补偿决定规定的期限内又不搬迁的，由作出房屋征收决定的市、县级人民政府依法申请人民法院强制执行。”

③ 最高人民法院（2018）最高法行申 4205 号行政裁定书。

制执行，因此无须再对该类案件进行执法程序的审查。行政审判中最常见的是对违法的建筑物、构筑物、设施的强制拆除，规定强制拆除职权的具体法律（如《城乡规划法》等）一般会规定对应的主管部门发现违法建设时，先作出责令停止建设、限期改正或限期拆除等决定，逾期不改正、不拆除的，再强制拆除。但对实施强制拆除前应履行的法定程序并未作详细规定，需要结合《行政强制法》第四章“行政机关强制执行程序”第一节（第三十四条至第四十四条）规定进行审查。《行政强制法》第三十四条至第三十八条规定了行政机关作出行政决定后，当事人在行政机关决定的期限内不履行义务的，具有行政强制执行权的行政机关经书面催告、听取当事人陈述和申辩、作出强制执行决定并送达的程序。《行政强制法》第四十四条则规定：“对违法的建筑物、构筑物、设施等需要强制拆除的，应当由行政机关予以公告，限期当事人自行拆除。当事人在法定期限内不申请行政复议或者提起行政诉讼，又不拆除的，行政机关可以依法强制拆除。”这些规定在理解与适用过程中容易存在困惑，到底完整的强制拆除违法建筑需要履行什么程序？实践中仍存在争议。最高人民法院（2019）最高法行申 3589 号行政裁定书中对依据《城乡规划法》第六十八条进行强制拆除的程序进行了梳理，认为根据《行政强制法》第三十五条第（一）项、第四十四条和《城乡规划法》第六十八条等规定，“建设工程所在的市、县级以上人民政府责成的有关部门，有权按照行政强制法的规定强制拆除违法建筑；强制拆除违法建筑应当事先予以公告，并在法定申请行政复议和提起行政诉讼的期限届满后实施；实施强制拆除前，应当发出催告履行通知书，要求被处罚人在合理的期限内自行拆除”。但笔者认为该阐述仍不够详尽，对公告内容也未予以明确。根据《行政强制法》第四章第一节的规定，强制拆除违法的建筑物、构筑物、设施，主管机关应作出限期当事人自行拆除的决定并予以公告（公告的内容系限期当事人自行拆除），在当事人对限期拆除决定申请行政复议或者提起行政诉讼的法定期限届满后仍不自行拆除的，应对当事人发出催告履行的书面通知，要求当事人在合理期限内自行拆除，当事人有权进行陈述和申辩，主管机关应充分听取当事人的意见，经催告，当事人逾期仍不自行拆除且无正当理由的，主管机关可以作出强制拆除决定并送达当事人，之后才实施强制拆除行为。

（作者单位：福建省漳州市中级人民法院）

关于证券行政处罚非诉强制执行有关情况的调研报告

北京金融法院课题组*

【摘要】随着证券监管力度的持续加大，我国证券市场已经从“重发展”转入“促规范”或者说发展与规范并重的新时代。新《证券法》实施后，证券行政处罚作为证券市场健康发展的最强有力保障，将扮演着越来越重要的角色。在“强监管、促规范”的新时代，证券监管措施和资本市场的波动无一不影响着投资者的信心。人们往往聚焦于动辄亿元的巨额罚单，而忽视或者遗忘了这些罚单的执行。法律的生命力在于实施，一份“空罚白判”的行政处罚决定如同白纸。只有得到有效执行的证券行政处罚决定，才能彰显证券监管的法律权威。为全面了解我国证券行政处罚的非诉执行情况，开展相应的调研具有非常重要的实践意义，本课题是我院承担北京法院2021年重点调研课题。

本调研报告分为五个部分：第一部分，证券行政处罚相关数据统计分析，包括证券行政处罚、非诉强制执行、司法审查执行的基本情况。第二部分，总结证券行政处罚非诉强制执行特点。第三部分，分析证券行政处罚非诉强制执行的主要问题。第四部分，分析证券行政处罚非诉强制执行难的成因。第五部分，提出证券行政处罚非诉强制执行的对策建议。

【关键词】证券行政处罚　非诉强制执行　调研报告

* 课题组成员：蔡慧永、薛峰、雷运龙、陈良刚、陈广辉、向绪武。

一、基本情况

（一）证券行政处罚作出情况

2018年至2020年，中国证券监督管理委员会（以下简称证监会）共作出处罚决定975份，涉及2821个机构和个人，罚没款合计202.02亿元。截至2020年年底，实际执行到账合计22.04亿元，金额执行到位率10.9%；从被执行的情况来看，共2390名当事人已完全缴纳罚没款，人员执行到位率约84.7%。从罚没款金额和被执行人数综合来看，总体执行到位率呈“人多钱少”的特点，即85%已缴纳罚没款的当事人，仅占应缴罚没款总金额的10%左右；15%未缴纳罚没款的当事人，应当缴纳的罚没款金额占到罚没款总金额的90%以上。

（二）证券行政处罚执行情况

2018年至2020年，证监会开出亿元以上罚没款的行政处罚决定23份，涉及21名当事人（存在1名当事人收到多份处罚决定），罚没款合计171.16亿元，占三年以来罚没款总额的84.7%。其中未缴纳完毕的有21份，未缴纳完毕的罚没款金额合计167.8亿元，占近三年来未缴纳完毕罚没款总额的93.2%。

（三）司法审查执行基本情况

在北京金融法院成立以前，证券行政处罚的非诉执行案件由北京市西城区人民法院（以下简称西城区法院）管辖。证监会近10年来申请西城区法院非诉强制执行250件，总金额约128亿元，其中2020年高达70.4亿元。北京金融法院自2021年3月18日挂牌以来，共收到证监会非诉执行申请25件，已立案审查10件，其中5件已裁定准予执行。其他案件因存在申请材料不齐全、超过法定期限等原因，正在立案审查阶段，暂未立案受理。

二、主要特点

（一）罚款、没收违法所得适用率较高

2010年至2020年，北京法院共审理以证监会为被告的行政案件371件，其中149件给予罚款、没收违法所得行政处罚，占全部案件的40%左右。从

违法行为的类型看，涉及信息披露案件 58 件、内幕交易案件 26 件、未尽勤勉义务案件 24 件、操纵证券市场案件 23 件，该 4 类案件占全部证券行政处罚类案件的 88%左右，其余的案件为行政复议、政府信息公开、投诉举报、要求履行法定职责等。

（二）罚款、没收违法所得执行率较低

证券行政违法行为大多属于资本市场高智行为，违法行为人反调查能力高、逃避处罚意识强，提前转移财产规避执行较为普遍，导致罚款、没收违法所得的执行难度大，尤其是涉案金额比较大的“牛散”① 等非持牌机构违法案件，大多执行不能或者无财产可供执行。统计数据显示，占比 82%的罚款、没收违法所得案件不能执行，实际执行到位率极低。由于资本市场业态多元，不少涉案主体通过配资引入杠杆资金从事证券违法行为，待强制执行时通常已将收益分配和本金返还，基本无力缴纳罚没款。证券行政处罚的高额罚单不能实际执行，导致证券资本市场行政处罚的威慑效应大打折扣，既影响国家金融监管目标的实现，又对人民法院司法权威造成严重损害。

（三）申请强制执行的案件数量及金额上升

在强监管、零容忍的态势下，证监会作出的行政处罚决定数量总体呈逐年攀升趋势，需要申请强制执行的案件越来越多，需要强制执行的罚没款金额也越来越大。统计显示，近 10 年来证监会申请北京法院非诉强制执行金额约 128 亿元，其中 2020 年高达 70.4 亿元左右，对人民法院非诉执行提出了更高的司法需求和期待。

（四）证券行政处罚案件强制执行方式单一

证券行政处罚案件的执行方式单一，除被处罚人主动缴纳罚没款外，大部分案件需要人民法院强制执行。证券行政处罚案件在行政阶段的履行机制、行政和解机制、执行追缴机制、变更执行机制等自动履行、执行手段和途径尚未有效开展，缴纳罚没款与减轻处罚对接机制不明确。一方面，有关证券行政处罚的立法规定与普通行政处罚的相关规定一致，没有类似于刑事案件的判前预先收取罚款、没收违法所得等保证金制度，一般情况下难以最大限

① 例如，（2018）47 号中国证监会行政处罚决定书（高某），高某操纵“精华制药”案，被证监会处以没收高某违法所得 897387345.82 元，并处以罚款 897387345.82 元。

度调动被处罚人主动缴纳罚没款的积极性。另一方面，调动被处罚人积极履行缴纳罚没款义务的配套措施不足。若被处罚人认为罚没数额较大，超出其支付能力，或者认为缴纳罚没款与其可能获得的减轻处罚收益失衡时，一般会放弃自动履行。尤其是在 2020 年，证监会申请人民法院非诉执行约 70.43 亿元，自动履行仅 20 万元，自动履行率极低。

（五）缺乏有效措施应对证券执行难的问题

行政诉讼普遍存在“二高四低”① 程序空转现象，证券行政处罚案件被处罚人服罚息诉率较低，执行成本和上诉率高是不争的事实。证券违法行为人实施违法行为一般具有隐蔽性的特点，几年之后进入监管机构的视线时已经滞后。由于证券监管机构前端控制财产措施不足，被处罚人在提起行政复议、行政诉讼维护权益的期间，可以从容处理相关事宜。行政诉讼“实质性解决”② 理念在证券监管领域体现不明显，行政执法措施不力的矛盾从行政执法阶段向诉讼执行阶段转移。真正到了司法执行阶段时根本查控不到被执行人名下财产，基本沦为“执行积案”和“空罚白判”。

三、主要问题

从调研情况看，证券行政处罚非诉强制执行的现状与资本市场对金融监管的期待相比，还有很大的差距。这里面既有客观条件限制或外部环境的影响，也有证券立法、金融监管和司法执行本身的原因。

（一）外部社会环境影响

1. 社会诚信体系不够健全

社会信用体系建设滞后，对不守诚信的被执行人缺乏有效的评价机制和联合惩戒手段，守信成本和收益失衡情况时有发生，致使一些社会公众没有树立诚实守信的价值观念，认为拖、逃、赖不是可耻的事，而是“本事”，这种认识在一定程度上助长了被执行人规避执行行为的发生。

---

① 参见最高人民法院于 2012 年 9 月 6 日召开的“着力解决行政审判突出问题，积极回应人民群众司法需求”视频会议资料，即“上诉率高、申诉率高、实体裁判率低、被告败诉率低、发回重审和改判率低、原告服判息诉率低”。

② 江必新：《论行政争议的实质性解决》，载《人民司法》2012 年第 19 期。

【案例 1】[①] 2013 年 5 月，因在绿大地（现名：云投生态，002200. SZ）欺诈发行过程中未能勤勉尽责，担任其审计机构的深圳市某城会计师事务所有限公司（以下简称深圳某城）被证监会撤销证券服务业务许可。由于深圳某城在 2012 年下半年与另一会计师事务所进行合并，相关业务、人员也转入新公司，被罚企业已“金蝉脱壳”，处罚决定最终陷入“尴尬”境地。

2. 执行联动机制运行不够顺畅

执行信息共享程度不高。法院与其他联动单位还存在信息共享不全面、沟通查询不及时、协同联动反应慢等问题。执行财产网络查控机制不完善。“总对总”和“点对点”执行查控系统尚未实现财产范围与财产类型全覆盖，尤其是对不动产以及银行理财产品、投资型保险、专利商标等新类型财产无法有效查控。法院、检察院、公安机关对拒不执行判决、裁定罪的构成、立案标准等认识不统一，进而打击乏力。

3. 公众对“执行不能”理解有偏差

社会公众对执行工作的认识还需要进一步提升，特别是要正确区分“执行不力”与“执行不能”的界限，积极消除执行难的消极影响。从“执行不能”来看，主要是被执行人通过配资加杠杆的形式实施违法行为，在执行阶段已将资金返还、收益分配或者消耗而无财产可供执行，另外也有规避转移财产的问题。

【案例 2】[②] 2018 年证监会对北八道集团及相关责任方林氏父女操纵市场行为，开出了“没一罚五”的顶格处罚，涉及罚金高达 56. 7 亿元，由于北八道集团在证监会调查期间已经营困难面临破产，客观上已无执行可能。

（二）证券行政执法阶段

1. 证券行政处罚非诉执法机制不完善

（1）证券执法强制措施前移不充分

①查找被处罚人财产线索有待加强。证券监管需要依法履行《中华人民共和国证券法》（以下简称《证券法》）第一百七十条第一款所赋予的现场

① （2013）23 号中国证监会行政处罚决定书（云南绿大地生物科技股份有限公司、赵某某等 12 名责任人。

② （2018）27 号、（2018）28 号、（2018）29 号中国证监会行政处罚决定书（北八道集团有限公司、林某某等 4 名责任人员）。

检查、入场调查、询问、查阅复制资料、查询账户、封存扣押文件等调查手段，并将相关调查手段充分前移，做到尽早发现、全面控制拟被行政处罚人财产，或者摸清其财产状况和财产线索，为后端非诉执行创造有利条件。

我们调研查询西城区法院近 90 份非诉执行卷宗，证监会基本没有提供被处罚人的财产线索。

②行政冻结、查封与司法保全衔接不足。证券监管依法履行《证券法》第一百七十条第一款第（六）项所赋予的冻结或者查封涉案财产的职能作用发挥不明显，证券监管机构及早冻结或者查封拟被处罚人有可能转移或者隐匿涉案财产的意识有待进一步加强，证券冻结、查封措施与司法冻结、查封措施的程序还不能有效衔接。

我们调研查询西城区法院近 90 份非诉执行卷宗，显示行政冻结、查封与司法保全还没有形成有效的衔接机制。从法律规定来看，2005 年 4 月 29 日出台的法［2005］55 号《最高人民法院关于印发〈关于证券监督管理机构申请人民法院冻结资金账户、证券账户的若干规定〉的通知》，2005 年 4 月 29 日出台的法释［2005］2 号《最高人民法院关于证券监督管理机构申请人民法院冻结资金帐户、证券帐户的若干规定》，上述通知内容虽已被《证券法》《行政强制法》代替，并于 2013 年 2 月 26 日经最高人民法院法释［2013］7 号废止，但我们没有发现证券监管机关有实施冻结措施的情形。

（2）对申请期限的把握不够准确

《中华人民共和国行政强制法》（以下简称《行政强制法》）第五十三条规定，当事人在法定期限内不申请行政复议或者提起行政诉讼，又不履行行政决定的，没有行政强制执行权的行政机关可以自期限届满之日起三个月内，依照本章规定申请人民法院强制执行。该法第五十四条规定，行政机关申请人民法院强制执行前，应当催告当事人履行义务。催告书送达十日后当事人仍未履行义务的，行政机关可以向所在地有管辖权的人民法院申请强制执行。

从查阅的材料及我院收到的强制执行申请来看，有的案件证监会超过三个月法定期限申请强制执行，有的案件在催告书送达被申请人后不满十日提出强制执行申请，均不符合申请强制执行的法定条件。还有的案件证监会在申请期限届满前的最后几日申请强制执行，因此需要提升申请强制执行的工作效率。上述情形反映了证监会对非诉强制执行申请期限把握不够精准。

（3）强制执行申请书记载事项不够全面和具体

目前我院已审结的5件非诉执行案件均属于经过行政诉讼程序后申请强制执行的案件，强制执行申请书应当记载行政决定作出时间、送达时间，申请复议或提起行政诉讼的简要经过及人民法院所作判决生效时间，催告书作出时间、送达时间，以及催告后履行情况、被申请人的住址和联系方式等内容。审查中，我们发现证监会提交的申请书对相关事项的记载不够全面和具体。另外，有的案件申请书所列被申请人的住址和联系方式与行政处罚决定、催告书中的记载一致，但现行住址和联系方式实际上已发生变化。

（4）提交的申请材料不够齐备

通常而言，行政机关申请强制执行时应当提交作出行政决定的全部卷宗材料。在我院已审结的5件非诉执行案件中，考虑到申请执行的行政处罚已经过行政审判程序，为减轻证监会提供材料的负担，我院未再要求证监会提供全部卷宗材料，但证监会提出申请时亦未就行政决定所依据的事实、理由和依据作出说明。在其中1件案件中，证监会提交的催告书中所记载的没收和罚款金额与行政处罚决定书记载的金额不完全一致，同时亦未就金额不一致的原因作出说明。此外，有的案件中证监会既未提交催告书原件，提交的催告书复印件上亦未发现加盖有证监会印章。

2. 证券监管执法中宣示性处罚的影响

在行政执法过程中，一般情况不考虑能否执行的问题。在拟被处罚人已经明显无财产可供执行的情形下，为了严肃证券监管秩序、惩戒违法行政相对人，回应社会关切和引导社会舆论，证券监管机关必须严格依法作出行政处罚，对证券处罚的执行到位率有一定的影响。

如上文案例2中，证监会对北八道集团及相关责任方林氏父女操纵市场行为按盈利9.45亿元为基数，开出了“没一罚五”的顶格处罚，涉及罚金高达56.7亿元，刷新历史纪录。而当时北八道集团在证监会调查期间已经营困难面临破产，客观上已无执行可能。

（三）司法审查执行本身

1. 普遍存在的执行难问题

执行不能具有多方面的原因。2016年最高人民法院提出“用两到三年时间基本解决执行难问题”，表明案件的“执行难”是人民法院的“老大难”。

在开展“切实解决执行难”专项行动中，证券行政处罚案件执行不到位的情形同样比较明显。究其原因有的是执行能力跟不上形势任务需要，有的是执行中对终结本次执行程序（以下简称终本）案件标准把握不准确，还有的是运用强制措施力度不足。例如，对拒不履行法律义务的被执行人采取拘留、罚款、纳入失信名单、限制高消费、限制出入境等强制措施力度不够。据统计，目前还没有因证券行政处罚非诉强制执行的被执行人被判处拒不执行判决裁定罪的典型案例。

2. 执法司法协同机制不完善

部分证券行政处罚案件的执行，需要经历稽查立案、作出行政处罚决定、行政复议、行政诉讼二审终审后，再进入执行程序，周期多在 2 年以上。在此期间违法行为人有足够时间采取应对措施、转移财产。针对证券行政处罚案件特点，证券监管与司法审判协同机制还不完善，在行政执法阶段的冻结资金作用发挥不明显，还没有形成有效的证券行政处罚案件处罚与执行协同机制。另外，还存在执行联动机制运行不顺畅、证券执行信息共享程度不高的问题。法院与其他联动单位也存在信息共享不全面、沟通查询不及时、协同联动反应慢、公检法配合协作有待加强等问题。

3. 立审执协同办案机制不完善

北京金融法院成立之前，证券行政处罚案件的立案、审判与执行各管一段。证券行政处罚的非诉审查执行由西城区法院管辖，其他行政案件的司法审查由北京市第一中级人民法院管辖。由于没有形成立案、审判与执行的协同办案机制，法院之间还存在沟通协调不顺畅，不能形成合力的问题。在立案阶段，诉讼前、诉讼中财产保全制度的作用还没有得到有效发挥，有的行政相对人利用审理期限从容转移资产、规避执行，导致判后难有财产可供查控。

4. 异地执行案件多且执行难度大

据统计数据显示，证券行政处罚案件大多需要异地执行，审判地北京法院与违法行为人财产所在地通常相距甚远，对被执行人的基本情况掌控难全面，异地执行难度大，委托执行的效果也不尽如人意。另外，人民法院查控违法行为人账户没有可供执行的财产，或者登记在名下的不动产，而其他执行手段又极为有限，也没有相应的财产追缴机制。此外，有的违法行为人事后经济状况一般，执行时违法收益已被消耗，可以归入“执行不能”的情形。

5. 案件执行终结机制功能发挥不明显

对于被执行主体已灭失（当事人死亡或公司破产）的处罚决定，证监会并无行政处罚的执行终结机制。一方面是客观上已无法继续执行的处罚决定，另一方面又是罚没款始终挂账形成积案，执行基数虚高。

【案例3】①：证监会2016年对米云科技处以6197万元罚没款，经行政诉讼后即向人民法院申请强制执行。2019年上半年，米云科技向人民法院申请破产，证监会申报债权后最终只获偿约1088万元，其余的5000余万元成为“坏账”。

（四）制度规范依据难以适应需求

《中华人民共和国行政处罚法》（以下简称《行政处罚法》）第七十三条第一款规定，当事人对行政处罚决定不服，申请行政复议或者提起行政诉讼的，行政处罚不停止执行，法律另有规定的除外。依据该规定，当事人负有不因复议或诉讼而停止履行行政决定的义务，有强制执行权的行政机关不应因当事人申请复议或提起诉讼而停止执行。由于证监会并无强制执行权，其作出的行政处罚决定需要申请人民法院强制执行，客观上为行政相对人利用申请复议或提起诉讼之名，行规避执行之实提供了便利条件。

【案例4】②：唐某某操纵“航天动力”案历经法院一审、二审、再审及检察院审判监督程序，历时8年，待程序终结后再申请强制执行已时过境迁。

（五）检察机关实施法律监督缺位③

行政处罚的执行是《证券法》及金融监管措施有效实施的重要保障，有利于维护正常证券市场秩序和社会公共利益。根据法律规定，金融法院依法对证监会提出的强制执行申请进行受理、审查、裁定和实施，旨在阻止违法行政行为进入执行程序，保障合法行政行为得以实现。人民检察院作为国家法律监督机关，对非诉执行案件实施法律监督，有利于确保行政处罚决定得到有效执行，主要是督促行政机关依法行政，以维护国家利益、社会公共利益和行政相对人合法权益。据统计显示，在证券行政执法领域，检察机关的

---

① （2016）135号中国证监会行政处罚决定书（杭州米云科技有限公司、柳某），没收杭州米云违法所得15493446.29元，并处以46480338.87元罚款。

② （2012）43号中国证监会行政处罚决定书（唐某某），没收唐某某违法所得168584294元，并对唐某某处以168584294元罚款。

③ 参见中共中央办公厅、国务院办公厅《关于依法从严打击证券违法活动的意见》第十一条。

法律监督职能属于被忽视或者遗忘的部分，相关法律监督程序和规范性文件也不健全。随着改革开放资本市场不断深化，司法机关已成为保障资本市场改革发展和市场安全运行的重要力量，证监会需要全面落实“建制度、不干预、零容忍”方针，共同为经济社会发展营造良好的金融法治环境。在此背景之下，推动检察机关行政非诉强制执行的法律监督，对维护资本市场秩序，推进资本市场执法司法体系建设具有重要意义。

四、成因分析

本课题拟从思想认识观念、证券市场发展、证券行政执法、法律法规供给四个层面，分析研究证券处罚非诉执行难的形成原因。

（一）思想认识观念层面

1. 协助执行难配合

协助执行难是执行工作中普遍存在的问题。有的单位和部门站位不高，没有把解决证券非诉强制执行难提升到推进全面依法治国、实现国家治理体系和治理能力现代化的高度来认识。有的执行联动单位认为执行工作是法院一方的事情，与其没有太大的关系，将执行联动责任、协助义务视为“友情帮忙”。

2. 监管理论严处罚

证券监管坚持“零容忍”方针，不断加强对大案、要案的查处力度，强化震慑效应，对实施证券违法行为的被执行人实施顶格处罚多，开出了大量巨额罚单。例如，2015—2016 年，处罚金额 10—50 万、50—100 万的罚单较多；2017—2018 年，处罚金额 100 万以上的罚单数量最多[①]；2018—2020 年，亿元以上的处罚决定就有 23 份。而这些被处罚人往往规避能力和手段非常强，有履行能力的被执行人无视法律权威，采取拖、赖、躲、逃等手段规避执行。

【案例 5】[②]：杭州恒生网络技术服务有限公司（以下简称“恒生网络”）因 2015 年场外配资事件，2016 年被证监会行政处罚约 4. 4 亿元。截至 2018 年

① 参见《中国证券行政处罚研究报告》《中国证券行政处罚研究（2015-2018）》。

② （2016）123 号中国证监会行政处罚决定书（杭州恒生网络技术服务有限公司、刘某某、官某某），没收恒生网络违法所得 109866872. 67 元，并处以 329600618. 01 元罚款。

3 月 9 日，恒生网络在缴付 2265 万元罚金后，尚未缴付约 4.17 亿元，但其货币资金余额仅约为 49.73 万元（未经审计），截至 2017 年末其净资产金额约为-4.21 亿元。2018 年 3 月 10 日，恒生网络的母公司恒生电子发布公告称，恒生网络已无法正常持续运营，净资产不足以偿付证监会行政处罚，逾 4 亿元罚金面临无法执行。

【案例 6】①：2017 年 3 月 30 日，证监会对鲜某操纵“多伦股份”给予“没一罚五”的顶格处罚，即没收鲜某违法所得 5.78 亿元，并处以 28.9 亿元罚款，合计罚没 34.7 亿元。从鲜某的实际资产情况来看，不足以支付证监会的罚没款。如何让“最贵”罚单落地，需要我们对“执行不能”有正确的认识。

（二）证券市场监管层面

1.《证券法》修改扩大处罚范围，强化法律责任

证券市场在某种程度上反映了一国经济发展的基本状况，我国证券市场的发展越来越受到社会的广泛关注。在经济下行压力下，拓宽实体经济融资渠道是发展经济的重要举措。为了改善直接融资环境，保障“注册制”改革顺利推行，《证券法》修改新增 9 项违法行为的法律责任，大幅提高行政罚款力度。包括大幅提高欺诈发行的发行人及其控股股东的处罚力度，压实中介机构责任等。《证券法》修改的同时大幅提高虚假陈述处罚力度，区分“未按规定报送或披露”与“信息虚假”的处罚标准，明确包括“传播媒介及其相关工作人员”在内的任何单位和个人违反消极信息披露义务的行政责任，增加了证券公司未履行或者未按规定履行投资者适当性管理义务的行政责任。我们预估涉证券行政处罚的案件会有大幅度增加，金融法院非诉行政强制执行的案件会持续增长。

2. 上市公司治理结构需完善，难以适应金融监管要求

现行《公司法》《证券法》以及《上市公司治理准则》《上市公司独立董事履职指引》等法律、法规、规章及行业自律规范共同构成独立董事的法律制度规范。独立董事对公司负有勤勉义务，应当依法独立履职，保证上市公司所披露的信息真实、准确、完整。近年来，在强监管背景下，董事因上

① （2017）29 号中国证监会行政处罚决定书（鲜某），没收违法所得 578330753.74 元，并处以 2891653768.70 元罚款。

市公司违法而被处罚的情形频发，有的差不多被“一网打尽”[①]。其中以被处罚的独立董事不服的比例最高。[②] 一时间“独立董事”从“抢手货”变成了“烫手山芋”。

从独立董事有关不担责的抗辩来看：一是已经勤勉履职。亲自参加了董事会等相关会议，就相关事项询问了相关人员并得到了合理解释，也提出了改进建议等。二是主观无过错，认为公司管理层刻意隐瞒真实情况，自己无从知晓，也未参与违法行为。三是具有免责事由，未参与经营，不了解公司经营状况；超出业务能力，法律董事不懂财会、财会董事不懂法律；合理信赖第三方的审计财务报告等。四是未领取薪酬、充当“花瓶”董事等。

上述抗辩理由是我国上市公司管理层治理结构的真实反映，作为上市公司的管理层，不知道自己有哪些职责，应当履行什么义务。其实，对董事的勤勉义务，行政执法和司法裁判已经明确的标准是“要求董事在履行职责的过程中尽责，而不是要求其对最终财务数据的准确性承担保证责任，更不是要求去对审计报告承担责任。只要独立董事在履职过程中尽了责，即使最终披露的结论存在虚假，独立董事也不一定承担法律责任。”面对争议，只能说明上市公司的管理层“董事不管事”情形不在少数，其离金融监管的要求还有较大差距。

（三）证券行政执法层面

1. 违法所得的认定标准亟待统一[③]

没收违法所得是我国《行政处罚法》处罚种类之一，其功能在于剥夺非法收益。但《行政处罚法》未规定“违法所得”的确定标准。实践中由于执法标准不统一，不同行政机关对违法所得认定存在明显差异，同一行政机关对同一类案件认定标准有时候也不统一。本课题简要介绍以下几种违法所得认定情形：

一是将从事违法活动所取得的全部收入认定为违法所得。《工商行政管理

---

① 例如，（2021）京 74 行审 7-11 号，中国证监会申请执行东方金钰行政处罚强制执行案，该案中公司管理层 20 余人被处罚，仅 9 人免于处罚。

② 自 2001 年陆某某案以来，被中国证监会及其派出机构行政处罚的独立董事，先后有 18 名独立董事提起了 15 起诉讼。

③ 参见耿宝建：《行政处罚案件司法审查的数据变化与疑难问题》，载《行政法学研究》2017 年第 3 期。

机关行政处罚案件违法所得认定办法》第六条规定："违反法律、法规的规定，为违法行为提供便利条件的违法所得按当事人的全部收入计算。"

二是将违法从事生产、经营活动所取得的销售收入认定为违法所得。原农业部办公厅《关于认定违法所得问题的函》（农办政函（〔2012〕38 号）、《关于认定蚕种违法所得问题的函》（农办政函〔2014〕15 号）即持此类观点。原卫生部《关于对如何认定食品生产经营违法所得的批复》还将食品售出后尚未收到的货款认定为违法所得。

三是将违法收入扣除合理成本后的部分认定为违法所得。《工商行政管理机关行政处罚案件违法所得认定办法》第二条、第三条、第四条、第五条和第七条关于"工商行政管理机关认定违法所得的基本原则"的规定以及关于"违法生产商品的违法所得""违法销售商品的违法所得""违法提供服务的违法所得"和"违法承揽的案件"违法所得的计算规定等，均将收入扣除合理支出后的部分认定为违法所得。

四是根据案情分别作出不同认定。如国家食品药品监督管理总局《关于〈药品管理法〉〈药品管理法实施条例〉"违法所得"问题的批复》（国食药监法〔2007〕74 号）规定："一般情况下，《药品管理法》、《药品管理法实施条例》中的'违法所得'，是指'实施违法行为的全部经营收入'。《药品管理法》第八十二条、第八十七条规定的'违法所得'是指'实施违法行为中收取的费用'。《药品管理法实施条例》第八十一条规定的'违法所得'是指'售出价格与购入价格的差价'。"

五是将被指定的经营者通过销售质次价高商品或者滥收费用所获取的非法收益认定为违法所得。原国家工商行政管理局《关于〈反不正当竞争法〉第二十三条滥收费用行为的构成及违法所得起算问题的答复》（工商公字〔1999〕第 310 号）规定，滥收费用所得属违法所得。该局《关于〈反不正当竞争法〉第二十三条和第三十条"质次价高"、"滥收费用"及"违法所得"认定问题的答复》（工商公字〔1999〕第 313 号）第一条明确规定："'违法所得'是指被指定的经营者通过销售质次价高商品或者滥收费用所获取的非法收益，主要包括下列情况：……（3）应当收费而超过规定标准收费所多收取的费用；（4）不应当收费而收取的费用。"

在行政管理中，"违法所得"主要是依照国家部委的相关解释和答复进行认定，司法裁判一般尊重并参考部委专门解释——除非此类专门解释明显不合理，或者明显侵犯被处罚人权益。

2. 证券行政处罚执法实践

根据《证券法》第十三章法律责任相关规定，没收违法所得并以此为基数处以一定倍数的罚款，是证券行政处罚案件中必然适用的一种行政处罚类型。[①] 违法所得的认定不仅关系没收违法所得数额，还直接影响罚款数额，对被处罚人权益影响重大。从审判实践来看，操纵市场违法所得认定不统一，是被处罚人提起行政诉讼的主要抗辩理由。

【案例 7】[②] 郁某某不服证监会行政处罚决定及行政复议决定案。本案中原告控制使用“郁某某”等 40 个账户操纵股票价格，被告将原告控制的 40 个账户作为一个整体予以认定，并据此计算违法所得，处罚责令郁某某依法处理非法持有的证券，没收违法所得 5842003.07 元，并处以 17526009.21 元的罚款。在计算原告的违法所得时，被告对“经纬纺机”“云南锗业”“先锋新材”三只股票均采取了“盈亏相抵”的计算方法计算违法所得。而“圣农发展”股票在“盈亏相抵”后存在亏损，在计算违法所得时，被告将该股票的违法所得按零计算。即单只股票盈亏相抵，不同股票之间盈亏不相抵、亏损股票违法所得按照零计算，不单独定额罚款。

【案例 8】[③] 谢某某不服证监会行政处罚决定及行政复议决定案。本案中，谢某某实际控制“谢某某”等 11 个账户，操纵“红宇新材”等 7 只股票，累计盈利 6543998.61 元。证监会决定没收谢某某违法所得 6543998.61 元，并处以 19631995.83 元的罚款。本案原告操纵的单只股票不同时间段有盈有亏。在违法所得计算上，单只股票不同时间段盈亏不相抵，不同股票之间盈亏不相抵，亏损部分违法所得按零计算，不单独定额罚款。

【案例 9】[④] 王某某不服中国证监会行政处罚决定及行政复议决定案。本案中王某某利用控制使用 344 个证券账户中的 227 个证券账户，操纵“如通

① 参见王青斌：《行政法中的没收违法所得》，载《法学评论（双月刊）》2019 年第 6 期（总第 218 期）。

② 参见北京市第一中级人民法院（2019）京 01 行初 67 号行政判决书，（2018）61 号中国证监会行政处罚决定书（郁某某），没收违法所得 5842003.07 元，并处以 17526009.21 元罚款。

③ 参见北京市第一中级人民法院（2019）京 01 行初 387 号行政判决书，（2018）60 号中国证监会行政处罚决定书（谢某某），没收谢某某违法所得 6543998.61 元，并处以 19631995.83 元的罚款。

④ 参见北京市第一中级人民法院（2019）京 01 行初 516 号行政判决书，（2018）64 号中国证监会行政处罚决定书（王某某），没收王某某违法所得 346324980.52 元，并处以 1042974941.56 元的罚款。

股份”“清源股份”“亚振家居”股票价格。证监会决定：一、对原告操纵“如通股份”价格行为，没收违法所得346324980.52元，并处以1038974941.56元的罚款；二、对原告操纵“清源股份”价格行为处以2000000元的罚款；三、对原告操纵“亚振家居”价格行为处以2000000元的罚款。综上合计，没收原告违法所得346324980.52元，并处以1042974941.56元的罚款。体现单只股票不同时间段有盈有亏。在违法所得计算上，单只股票不同时间段盈亏不相抵，亏损部分定额罚款。

3. 统一标准对于证券非诉执行的意义[①]

（1）操纵市场基本情况

根据行为人借助的资源和使用的手段不同，操纵证券市场行为可分为三种类型：交易型操纵主要依赖异常的证券买卖行为，如连续交易、约定交易、洗售交易、虚假申报等；信息型操纵主要借助传播、散布与证券市场价格变动相关的各种信息，如抢帽子交易、蛊惑交易；行为型操纵则力图改变上市公司资产状况和可见的投资价值，如公司不当管理。从证监会的现有行政处罚案例来看，国内市场上的操纵手段仍以交易型为主。[②]

对于交易型操纵的处罚，前述案例中当事人操纵市场盈利的按获利基数处罚，未盈利的定额处罚。

【案例10】[③] 新某益集团案中，行为人通过人为拉高收盘价而实现高价减持的获利实际为1642万元，但行为人前一日因操纵收盘价而高价买入的证券最后卖出亏损1122万元，证监会按照两种盈亏相抵的金额认定操纵市场违法

① 《证券法》（2014年）第二百零三条规定，违反本法规定，操纵证券市场的，责令依法处理非法持有的证券，没收违法所得，并处以违法所得一倍以上五倍以下的罚款；没有违法所得或者违法所得不足三十万元的，处以三十万元以上三百万元以下的罚款。单位操纵证券市场的，还应当对直接负责的主管人员和其他直接责任人员给予警告，并处以十万元以上六十万元以下的罚款。《证券法》（2019年）第一百九十二条规定，违反本法第五十五条的规定，操纵证券市场的，责令依法处理其非法持有的证券，没收违法所得，并处以违法所得一倍以上十倍以下的罚款；没有违法所得或者违法所得不足一百万元的，处以一百万元以上一千万元以下的罚款。单位操纵证券市场的，还应当对直接负责的主管人员和其他直接责任人员给予警告，并处以五十万元以上五百万元以下的罚款。

② 汤欣、高海涛：《证券市场操纵行为认定研究——行政处罚案例的视角》，载《当代法学》2016年第4期。

③ 如新某益集团案（证监罚字［2011］44号），行为人为了在下跌行情中以相对高价减持，在收市前十分钟内集中资金优势连续高价买入“京东方A”股票，致使尾市期间股价涨幅达5.72%，通过拉高收盘价使得第二日的跌幅限制价格（跌停价）上升了0.39元，从而在第二日以跌停价减持时多实现收益521万元。

所得数额。

【案例 11】[①] 在浙江某逸集团案中，虽然行为人拉高股价实际亏损了 737 万元，但因此股价维持在增发价格之上而保证了定向增发的顺利完成，不仅难以衡量行为人因增发带来的股权增值收益与操纵市场行为的相关性，进而难以确定这部分收益情况，两种收益结果能否相抵无从定论。

另外，随着金融衍生品市场的不断创新及场外市场的兴盛，越来越多的投资者并不直接通过集中交易市场证券获取价格差，而是通过与其关联的衍生品投资结构来对冲风险或套利。行为人通过各种手法恶意影响证券品种的交易结算价格，进而在与其结算价格联动的金融衍生产品交易中获取非法利益，其不仅诱骗了以该证券供需关系变化为决策依据的市场投资者，同时也欺诈了以该证券价格为基础价格的相关衍生品或场外金融产品的交易参与人，严重干扰了价格形成机制和交易市场秩序。在操纵市场手段复杂化、动机多元化的今天，这种手法不仅可能是未来特定时间价格操纵的主要形式，也是跨市场操纵演化的一种具体路径。此时，如何综合认定行为人的违法所得将更为复杂，可以说计算操纵市场的违法所得是行政处罚的难题。

（2）不同计算方法对行政处罚的影响

本课题涉及违法所得计算，仅仅是交易性处罚的部分问题。从 2017 年至 2021 年证券行政处罚情况来看，违法所得存在以下不同计算方法：一是盈亏相抵标准不统一。因证券市场存在波动，有的处罚决定将被处罚人操纵全部股票盈利，减去亏损进行折抵计算违法所得。有的处罚将操纵的单只股票的盈利和亏损进行折抵，有的处罚将单只股票按不同时间段，分别计算盈利。二是亏损部分的认定。操纵市场亏损的，盈利按零计算，对于亏损部分按照定额罚款。

（四）法律法规供给层面

1. 执行配套规范供给不足

相关法律和配套制度不完善，执行程序在民事诉讼法中规定较原则，如规避执行行为得不到依法制裁，“协助执行”规定又过于简单，有关拒不履

① 浙江某逸集团案（证监罚字［2014］41 号）。另如薛某某案（证监罚字［2015］98 号），认为行为人所发送的交易指令短信中“须收在 8 元以上”等内容已经表明其有明显的股价操纵意图。

行判决裁定罪的司法解释还有待完善。国家尚未建立个人破产制度①，与执行案件有关的救助制度也不完善。有些可以通过破产方式彻底终结的案件只能“终本”，无法彻底退出执行程序，实际上不能执行的案件基数越积越多。

2.《证券法》修改的影响

新《证券法》在旧法规定“法律责任”一章53个条文的基础上进行了较大幅度修改，一是扩大监管范围，新增《证券法》第一百九十条、第一百九十一条第二款、第一百九十三条第三款、第一百九十八条、第一百九十九条、第二百条第二款、第二百零一条、第二百零六条、第二百零九条第二款等9项违法行为的法律责任。二是大幅提高行政罚款力度，提高罚款倍数或金额下限，将“买卖证券等值”作为罚款上限，部分实行双罚制等。旧《证券法》处罚力度不足②是不争的事实，獐子岛扇贝多次“跑路”、长春长生因疫苗事件退市等一系列上市公司恶性违法、违规事件揭示了市场主体的私利性、贪婪性而引发的道德风险、违约风险及欺诈风险会对市场规则产生冲击与破坏。证券监管执法威慑不足，处罚金额太低与违法收益严重不匹配，③大幅提高证券罚款额度成为共识。新《证券法》将旧法的“没一罚五”改为“没一罚十”，证券行政处罚百万元、千万元甚至亿元的大额罚单将成为常态。若应对措施不力，将形成证券行政处罚“满地难”的窘境，反映在证券行政处罚非诉强制执行中即“空罚白判”现象。

五、对策建议

设立北京金融法院是党中央作出的重大决策部署，金融案件集中管辖为解决证券行政处罚执行难提供了有利条件，应将解决证券行政处罚非诉执行难作为推进金融审判体制机制改革的有力抓手，“一盘棋”推进资本市场法治化建设。

---

① 继深圳通过首部个人破产法规后，浙江也正式探索个人破产制度。

② 根据原《证券法》，上市公司即使涉嫌千万元甚至亿万元的财务造假，也仅面临顶格六十万元的行政处罚。相比于巨大的违法收益，上市公司通过违法行为可获得的巨额“利润”诱惑太大。有学者分析我国证券市场自诞生之日起，违法违规行为层出不穷、屡禁不止的乱象离不开行政处罚力度过小、违法违规成本过低、证券监管威慑力不足的深层制度原因。

③ 王瑞方、先明：《证券监管执法的市场反应研究——来自中国A股的证据》，载《证券市场导报》2019年第9期。

（一）正确认识证券行政处罚非诉执行难

随着证监会全面落实"建制度、不干预、零容忍"的监管政策。行政处罚总体呈现罚没金额大、顶格处罚多，处罚数量和金额逐年上升的趋势。最为明显的是2018年至2020年，亿元以上的处罚决定就有23份。证券市场的被处罚人往往具有很强的规避能力强和手段，他们无视法律权威，拖延执行的情形非常普遍。随着证券市场发展和"注册制"改革的推进，《证券法》修改扩大监管范围，大幅提高处罚上限，涉证券行政处罚的案件会不断增加。修法新增9项违法行为的法律责任，尤其是新《证券法》将旧法的"没一罚五"改为"没一罚十"，证券行政处罚百万元、千万元甚至亿元的巨额罚单将成为常态。考虑到宣示性处罚的因素，证券行政处罚非诉执行案件的"执行不能"将会成为常态，对此要有相应的应对措施。

（二）加强证券行政处罚非诉强制执行制度建设

1. 完善司法与行政协同机制，提升执行质效

第一，积极推动搭建府院沟通平台，以北京金融法院为纽带，建立法院与证监会的全方位协同机制。（1）依托信息技术，实现北京金融法院与证监会的数据协同、政策协同、资源协同，挖掘海量审判数据蕴含的信息价值，为证监会及时发现行政违法线索并开展调查提供便利。（2）针对典型案件或影响重大的案件，在行政立案调查阶段，可以考虑司法审查与执行机构提前介入预判，依法采取行政强制措施，确保证监会依法高效行政。（3）金融法院专人与证监会对接，就证监会依法用好用足调查控制措施、执行案件受理与办理流程、可以申请强制执行的行政处罚范围、行政复议与行政诉讼不中止执行、行政处罚执行案件退出机制、证监会依法采取的查控措施与司法保全措施的衔接等法律适用问题进行会商并达成规范意见。并就探索建立行政处罚执行保全机制开展协同研判和深度调研，力争形成创新机制，并提出立法建议。（4）共同督促中国证券登记结算有限公司指导北京分公司、上海分公司、深圳分公司，尽快为北京金融法院和证监会配备访问三家分公司网络的密钥，以利北京金融法院和证监会向三家分公司直接送达相关法律文书和手续，实现对全国股票的在京网络查询、冻结和过户。北京金融法院和证监会在办理案件的过程中，均有对登记在三家分公司的股票进行查询、冻结及过户的需要，通过配备密钥的方式，可以实现远程线上办理，提高工作效率，

节约办案资源。(5) 共同探索建立大宗股票司法处置机制，减少行政强制执行对上市流通股票价格的冲击，防止大标的额案件执行引发市场动荡。(6) 双方共同加强信息技术建设和应用，实现案件办理过程中的立案、谈话、送达、递交材料和案款发还等线上办理。(7) 探索建立涉证券民商事纠纷的执行前、执行外调解机制。证监会协调、指导证券业纠纷调解组织加强对调解员的专业培训，培养既懂证券、又懂执行的调解专业人员。

第二，探索构建“高效率、全范围”执行工作机制。(1) 执行局内部设立专门团队，对非诉行政执行案件实施集约化管理。对涉及罚款数额较大的案件，成立团队，集中力量快速处理。(2) 借助北京金融法院的后发优势，凭借先进的信息技术，与协执法院执行局实现信息共享，充分扩大委托执行的范围，在全国范围内实现“一键式”异地执行模式，切实提升执行效率。(3) 加强联合惩戒，对在法定期限内未全部履行罚没款缴纳义务的被处罚人，由证监会将其列入资本市场诚信数据库，按照规定实施联合惩戒；对被依法裁定准予执行的被执行人，未全部履行罚没款缴纳义务的，依法采取限制出境、限制高消费、纳入失信被执行人名单，最大限度挤压失信被执行人生存空间。(4) 对符合法律及司法解释规定的终结本次执行程序、终结执行条件的案件，北京金融法院依法及时裁定终结本次执行程序、终结执行。

2. 充分发挥证券监管职能，进一步提升监管效能

(1) 及时发现被处罚人的财产，是提高行政处罚执行到位率的重要前提。建议证监会用足、用好新《证券法》第一百七十条所赋予的现场检查、入场调查、询问、查阅复制资料、查询账户、封存扣押文件等调查手段，建立对被处罚人财产承担能力的调查追踪机制，向法院提供查明的财产去向，以利法院发现财产线索。要充分运用法定调查手段，对被处罚人的财产进行全面调查，及早发现被处罚人财产。(2) 及早冻结查封涉案财产，不给被处罚人转移或者隐匿的机会，是保障执行到位的坚实基础。建议证监会用足、用好新《证券法》第一百七十条第一款第（六）项所赋予的冻结查封涉案财产的权力，依法及早冻结查封可能被转移或者隐匿的财产。(3) 证券行政处罚非诉强制执行的被处罚人及其财产遍布全国各地，存在大量异地财产需要进行查控、评估、处置、过户等程序。建议证监会发动各地方局的积极性，对涉及异地车辆、房产等财产执行的案件，在财产查控、评估、处置、过户等环节协助法院开展执行工作。(4) 建议证监会充分运用新《证券法》第一

百七十一条关于中止调查和终止调查制度的规定，可以减少证监会调查结束后作出行政处罚决定的数量，节省行政资源和司法资源。[①]（5）建议证监会积极落实证券行政执法和解机制，采取多种措施激励行政相对人在行政调查阶段自认并主动接受处罚，实质性解决证券监管难题。

3. 检察机关实施法律监督，代表国家提起公益诉讼

针对有的案件中，被处罚人通过离婚转移财产，证监会可否针对被处罚人处分财产的行为提起撤销权之诉的问题。鉴于目前的法律和司法解释未赋予证监会此项程序性权利，需要就此问题进行深入调研，以寻求立法上的支持。最理想的状态是立法先行，针对证券行政处罚构建被执行人转移财产的撤销权制度，实施证券违法行为的杠杆资金、场外配资和利润分配的回转执行制度。根据公益诉讼的实践，可以研究能否引入检察机关提起公益诉讼制度，由检察机关代表国家提起公益诉讼，追回被执行人转移的财产，以及被执行人操纵市场的杠杆资金、场外配资以及已分配利润。

（三）加强调查研究，推动破解执行难题

1. 研究行政强制措施与司法查控措施衔接

新《证券法》第一百七十条赋予证监会采取冻结查封措施的权力，但最长冻结查封期限为二年。考虑到部分案件调查周期超过二年的实际情况，面临证监会的冻结查封措施与人民法院司法查控措施无法紧密衔接和自动转化的现实问题。目前，对于行政冻结查封与司法查控如何对接尚缺乏明确法律规定，证监会与金融法院需要开展相关调研，再提出合理化解决方案。

2. 依法实施执行终结机制

北京金融法院将严格依照法律和最高人民法院的相关规定，对符合终结执行条件的案件作执行终结处理，对符合终结本次执行程序的案件作终结本次执行程序处理。同时，将与证监会就上述两类案件的结案条件进行深入探讨和共同研究。

---

① 新《证券法》第一百七十一条规定：国务院证券监督管理机构对涉嫌证券违法的单位或者个人进行调查期间，被调查的当事人书面申请，承诺在国务院证券监督管理机构认可的期限内纠正涉嫌违法行为，赔偿有关投资者损失，消除损害或者不良影响的，国务院证券监督管理机构可以决定中止调查。被调查的当事人履行承诺的，国务院证券监督管理机构可以决定终止调查；被调查的当事人未履行承诺或者有国务院规定的其他情形的，应当恢复调查。具体办法由国务院规定。国务院证券监督管理机构决定中止或者终止调查的，应当按照规定公开相关信息。

3. 优化非诉审查与申请强制执行程序

证监会提出只申请准予强制执行，不再另行申请强制执行行政决定的要求。由于申请强制执行与申请出具准予强制执行裁定属两个独立程序，需要提交不同的立案申请材料和证明材料，故在确保符合执行立案条件的前提下，证监会可以只提出一次申请，即证监会提出证券行政处罚非诉强制执行申请时一并提交执行申请材料，北京金融法院经审查准予强制执行的，可直接转交本院执行局执行。

4. 正确理解行政处罚起诉不停止执行原则

《行政处罚法》（2021 年修订）第七十三条第一款①规定了行政处罚的复议诉讼不停止执行的制度。此处的“不停止执行”是指行政相对人负有的自动履行义务并不停止或消灭，有强制执行权的行政机关亦可以继续自行强制执行；另外，此处的“不停止执行”并不是指法院的强制执行不停止，因为法律对于行政机关申请法院强制执行的条件有明确规定，行政复议或行政诉讼仍在进行中的，不符合法院准予强制执行的条件。② 综上，此处的“不停止执行”并非指不停止法院的强制执行，法院不能在行政诉讼或行政复议尚未审结的情况下开展强制执行。

（四）加强证券行政处罚申请执行规范化建设

1. 准确把握法定期限，及时提出强制执行申请

根据《行政强制法》第五十三条的规定，当事人在法定期限内不申请行政复议或者提起行政诉讼，又不履行行政决定的，没有行政强制执行权的行政机关可以自期限届满之日起三个月内，依照本章规定申请人民法院强制执行。该法第五十四条规定，行政机关申请人民法院强制执行前，应当催告当事人履行义务。催告书送达十日后当事人仍未履行义务的，行政机关可以向所在地有管辖权的人民法院申请强制执行。《最高人民法院关于适用〈中华人民共和国行政诉讼法〉的解释》第一百五十三条第三款规定，逾期申请的，除有正当理由外，人民法院不予受理。我们发现有的案件证监会在催告

---

① 《行政处罚法》（2021 年修订）第七十三条第一款规定，当事人对行政处罚决定不服，申请行政复议或者提起行政诉讼的，行政处罚不停止执行，法律另有规定的除外。

② 《行政强制法》第五十三条规定，当事人在法定期限内不申请行政复议或者提起行政诉讼，又不履行行政决定的，没有行政强制执行权的行政机关可以自期限届满之日起三个月内，依照本章规定申请人民法院强制执行。

书送达被申请人后尚不满十日的情况下提出强制执行申请，不符合申请强制执行的法定条件；有的案件证监会向我院提出申请时已经逾期，将面临执行不能的风险。建议证监会在法定申请期限内及时提出申请，避免超期申请，亦尽可能避免在法定期限即将届满时甚至最后一天才提出申请。另外，要及时依法催告，在催告期满且当事人仍未履行义务时即可提出申请。

需要指出的是，根据《最高人民法院关于行政机关申请人民法院强制执行前催告当事人履行义务的时间问题的答复》[（2019）最高法行他 48 号]的精神，当事人在行政决定所确定的履行期限届满后仍未履行义务的，行政机关即可催告当事人履行义务。行政机关既可以在行政复议和行政诉讼期限届满后实施催告，也可以在行政复议和行政诉讼期限届满之前实施催告。

2. 申请书全面记载相关内容，与申请材料保持一致

根据《行政强制法》第五十五条等相关规定，强制执行申请书应当包括以下内容：（1）申请执行人名称、法定代表人的姓名和职务；（2）被申请执行人的姓名或名称、住址、联系方式等内容；（3）申请执行的行政决定；（4）申请执行的标的及相关情况；（5）申请执行人催告履行及被申请执行人的意见；（6）申请执行金钱给付义务的，被申请执行人财产状况和可供执行的财产线索；（7）其他应当说明的事项；（8）申请执行人负责人签名签章，加盖机关印章，并注明日期。

对于经过行政诉讼程序的申请强制执行案件，强制执行申请书中应当就行政决定作出时间、送达时间，申请复议或提起行政诉讼的简要经过及人民法院所作判决生效时间，催告书作出时间、送达时间，以及催告后履行情况等作出说明。对于未经行政诉讼诉讼程序的申请强制执行案件，强制执行申请书中应当就行政决定作出时间、送达时间，当事人未申请行政复议、提起行政诉讼的情况，催告书作出时间、送达时间，以及催告后履行情况等作出说明。

3. 区分不同情况，全面提交相关申请材料

根据《行政强制法》第五十五条、第五十八条的规定，行政机关向人民法院申请强制执行，应当提供下列材料：（1）强制执行申请书；（2）行政决定书及送达文书；（3）行政决定所依据的事实、理由和依据；（4）行政机关催告情况及当事人的意见；（5）申请强制执行标的情况；（6）法律、行政法规规定的其他材料。人民法院发现有下列情形之一的，在作出裁定前可以听

取被执行人和行政机关的意见：(1) 明显缺乏事实根据的；(2) 明显缺乏法律、法规依据的；(3) 其他明显违法并损害被执行人合法权益的。

对于未经过行政诉讼程序的强制执行申请，人民法院应审查行政决定是否存在“明显缺乏事实根据”“明显缺乏法律、法规依据”“其他明显违法并损害被执行人合法权益的”情形，故证监会应提交行政决定卷宗以及行政处罚决定书原件等证据，以符合人民法院对行政行为进行合法性审查的基本要求。如果证监会不提交作出行政决定的卷宗材料，人民法院无从审查和判断行政决定是否合法，也就难以作出准予强制执行的裁定。

对于经过行政诉讼程序且人民法院对行政决定合法性作出实体判决的情形，证监会申请强制执行时可以不提交作出行政决定的全部卷宗材料，但亦应提交《行政强制法》第五十五条、第五十八条所规定的材料，其中包括对行政决定所依据的事实、理由和依据的书面说明。

证监会应对申请强制执行应当提交的材料采取清单式管理，避免遗漏和反复补正。同时避免申请材料出现形式上的瑕疵和内容上的不一致，且对行政处罚决定和催告书以提交原件为宜。

此外，建议证监会在申请强制执行之前核实被申请人的住址、联系方式等信息，避免因联系方式不准确无法送达法律文书，进而影响强制执行的有效性和及时性。

结语

金融是国家重要的核心竞争力。截至本报告定稿，我国沪深两市证券市场共有 4421 家上市或者即将上市的公司，每天有几千亿甚至上万亿人民币的交易量。面对有增无减的行政处罚数量，反映在司法程序末端的强制执行如同空谷余音，引人深思。我们感慨于有的上市公司高管因违法被“一网打尽”，感叹于现代公司治理还任重道远。我们既要看到资本市场的蓬勃发展，更要看到法治在规范市场行为中的导向作用。毫无疑问，金融监管要“长牙齿”，不能只说不做。在巨大的利益面前，监管机构的口头警告缺乏相应的威慑力。证券监管的年行政处罚率上升到约 5%。早在 2011 年司法就已注意到

"部分类型的证券违法行为的特殊性"。[①] 如果我们不能正视资本市场中的特殊性，不能在立法和司法政策上正本清源，争议还将持续。

建设中国特色社会主义法治体系要求司法必然要在实现社会治理过程中担任重要角色，也就是说中国的司法必须回应中国的问题，当代中国的司法必须有效回应当代中国的问题，即使司法有难处，即使以前缺乏经验。任何国家的司法都必须分担一定的治理国家和社会的政治责任。[②] 参照 2020 年以来最高人民法院针对知识产权审判专门化出台 10 余件司法解释的重视程度，[③] 发挥金融案件集中管辖后规则供给的"裁判波及效应"和"政策形成机能"，更好协同金融监管，将为金融法院的发展勾勒出美好愿景。

---

① 《最高人民法院印发〈关于审理证券行政处罚案件证据若干问题的座谈会纪要〉的通知》第一点中提到，应当考虑到部分类型的证券违法行为的特殊性。

② 朱苏力：《关于能动司法与大调解》，载《中国法学》2010 年第 1 期。

③ 如《关于涉网络知识产权侵权纠纷几个法律适用问题的批复》《关于知识产权民事诉讼证据的若干规定》《关于审理侵害知识产权民事案件适用惩罚性赔偿的解释》等。

规范性文件

关于无偿收回国有土地使用权决定被依法撤销前行政机关出让被收回土地使用权行为有关法律适用问题的复函

行复［2021］42 号

第一巡回法庭：

贵庭《关于对海南鑫铭房地产有限公司申请再审一案法律适用问题征求意见的函》收悉。经研究，提出如下意见：

行政机关通过招拍挂程序，将无偿收回的国有土地使用权依法出让给第三人，第三人支付土地出让金、取得国有土地使用证后，生效判决撤销无偿收回土地使用权行政处罚决定，原土地使用权人起诉，请求撤销给第三人颁证行为的，人民法院应当充分考虑政府信赖保护原则，依法维护第三人合法权益，维护社会交易安全，维护国家利益和社会公共利益。如需判决撤销颁证行为的，行政机关应当依法给予第三人行政赔偿。

本院 2016 年第 12 次（总第 243 次）民事行政审判专业委员会会议纪要，对（2016）行再 2、3 号案件有较明确的分析和处理意见，应当作为处理本案的重要参考。

以上意见，仅供参考。

最高人民法院行政审判庭

2021 年 7 月 5 日

征稿启事

《行政执法与行政审判》是最高人民法院针对行政审判工作出版发行的唯一的综合指导性图书。丛书自出版以来，深受全国各地法院行政审判法官、行政执法人员和专家学者的普遍欢迎和好评。对各级法院行政审判工作具有权威的指导作用，对各级各部门行政机关依法行政和行政法、行政管理专业的专家学者具有较强的参考作用。

本丛书及时刊登行政法的最新司法解释、司法文件、司法政策及解读，具有典型和指导意义的审判案例及分析，行政执法和行政审判的调研信息及成果等内容，设有“大法官论坛”“理论探索”“案例分析”“实务争鸣”“调查研究”“司法文件”等栏目。现编委会竭诚向全国的行政执法和行政审判理论和实务工作者征稿。来稿要求：

一、稿件应属未公开发表的作品。请勿一稿两投。

二、优先发表在本书所涉领域有创见的、高水平的文章，来稿采用与否以理论和实务价值为标准。

三、稿件引文应当注明出处，注释体例参见本书“写作体例说明”。

四、稿件最好为附打印稿的 word 文件电子版。

五、稿件一经发表，文责自负，但编者保留对来稿进行技术性加工处理的权利。文章一经采用，由本编辑部统一付给稿酬。

六、来稿请按以下联系方式寄送：

地址：北京市东城区东交民巷 27 号

最高人民法院行政审判庭　章文英

邮编：100745

请在信封正面注明“《行政执法与行政审判》来稿”字样。

E-mail：zgfyxzt@ sohu. com

《行政执法与行政审判》编委会

写作体例说明

一、交付稿件要求

（一）总体要求

齐（不缺页、不缺件）、清（稿面清楚）、定（已定稿的稿件）。提供稿件电子版，并附打印清样，出版社视清样为最终定稿。

（二）具体要求

纸样用 A4 纸，单面打印。

电子版内容一定要与提供的清样内容相同。

二、编辑体例

正文编码顺序按“一、（一） 1. （1） ①第一，其一”等来编排。

三、技术规范

数字用法：

统计数字、时间、物理量等均用阿拉伯数字（如：100kg　45.8 万元　11 个月　4.9 万册　12.4 亿人）；法条号尊重原文，即原文是汉字的用汉字，原文是阿拉伯数字的用阿拉伯数字。

注释方法：

1. 一般原则

（1）注释采取页下注，注释号每页重新起算；

（2）引注作品的，注释应完整；

（3）作者为三人或三人以上的，首次引用时应显示全部作者，重复出现时可在第一作者之后加“等”字样。

2. 著作引文注释范例

一般格式：作者/书名/出版社/出版年代/页码

如：×××/×××编著/×××主编：《×××》，××出版社××年版，第××页。

3. 文章引文注释范例

一般格式：作者/文章题目/引自何种出版物/出版时间/页码

（1）著作中文章

××：《文章名》，载××主编：《书名》，××出版社××年版，第××页。

（2）期刊中的文章

××：《文章名》，载《期刊名》××年第×期。

（3）报纸上的文章

××：《文章名》，载《报纸名》××年××月××日，第×版。

图书在版编目（CIP）数据

行政执法与行政审判．总第90集／中华人民共和国最高人民法院行政审判庭编．—北京：中国法制出版社，2023.8

ISBN 978-7-5216-3227-9

Ⅰ.①行… Ⅱ.①中… Ⅲ.①行政执法-中国-丛刊②行政诉讼-审判-中国-丛刊 Ⅳ.①D922.11-55②D925.318.2-55

中国国家版本馆CIP数据核字（2023）第008872号

责任编辑　周琼妮（zqn-zqn@126.com）　　封面设计　杨鑫宇

行政执法与行政审判（总第90集）

XINGZHENG ZHIFA YU XINGZHENG SHENPAN（ZONG DI-90 JI）

编者/中华人民共和国最高人民法院行政审判庭
经销/新华书店
印刷/三河市紫恒印装有限公司
开本/710毫米×1000毫米　16开　　印张/18　字数/247千
版次/2023年8月第1版　　2023年8月第1次印刷

中国法制出版社出版
书号 ISBN 978-7-5216-3227-9　　定价：68.00元

北京市西城区西便门西里甲16号西便门办公区
邮政编码 100053　　传真：010-63141600
网址：http：//www.zgfzs.com　　**编辑部电话：010-63141807**
市场营销部电话：010-63141612　　**印务部电话：010-63141606**

（如有印装质量问题，请与本社印务部联系。）